Der Weg zur finanziellen Freiheit

C(

Bodo Schäfer, Millionär, Autor und Geld-Trainer, konnte bereits im Alter von 30 Jahren von den Zinsen seines Kapitals leben. Seit mehreren Jahren veranstaltet er u. a. in den Niederlanden und in Deutschland Seminare zum Thema Finanzen. Zur Zeit lebt und arbeitet er in Köln.

Bodo Schäfer

Der Weg zur finanziellen Freiheit

In sieben Jahren die erste Million

Campus Verlag
Frankfurt/New York

Die Deutsche Bibliothek – CIP-Einheitsaufnahme

Schäfer, Bodo:
Der Weg zur finanziellen Freiheit : in sieben Jahren die erste Million /
Bodo Schäfer. – 8. Aufl. – Frankfurt (Main) ; New York :
Campus Verlag, 1999
ISBN 3-593-36027-6

8. Auflage 1999

Umschlaggestaltung: Guido Klütsch, Köln
Satz: Fotosatz L. Huhn, Maintal-Bischofsheim
Druck und Bindung: Friedrich Pustet, Regensburg
Gedruckt auf säurefreiem und chlorfrei gebleichtem Papier.
Printed in Germany

Inhalt

Danksagung

Außergewöhnliche Leistungen sind immer das Ergebnis von einem wunderbaren Zusammenspiel unterschiedlicher Menschen. Ich hatte das Privileg, von einzigartigen Menschen zu lernen. Leider ist es unmöglich, sie an dieser Stelle alle aufzuführen, aber ihnen allen gilt mein ganz besonderer Dank. Einige möchte ich dennoch namentlich erwähnen, da sie mich besonders geprägt haben: den Geistlichen Dr. Winfried Noack, Peter Hövelmann, meinen ersten Coach, der mir die Grundlagen des Erfolgs und die Schönheit einer vertrauensvollen Beziehung vermittelt hat, Shami Dhillon, den Meister der Kommunikation, sowie den Milliardär Daniel S. Peña Sen., der mich in die Welt der Hochfinanz einweihte.

Dieses Buch ist das Ergebnis meiner Beziehung mit ihnen sowie der kritisch-konstruktiven Hilfe meiner Lektoren vom Campus Verlag, Frau Querfurth und Herrn Schickerling. Keiner von ihnen hat es mir je besonders leicht gemacht – und bekanntlich ist das für die Entwicklung eines Menschen gut.

Besonders möchte ich mich bei den Teilnehmern meiner Seminare bedanken, die mir unzählige Anregungen gegeben haben. Hervorheben möchte ich unseren Geschäftsführer Jeroen Vetter, der mit beispiellosem Einsatz und Können die Seminare immer mehr Menschen zugänglich gemacht hat.

Last but not least danke ich meiner Partnerin Cécile, die mir eine Kraftquelle für meine Unternehmungen und eine Bestätigung für meine Träume ist. Durch sie erlebe ich vieles bewußter, schöner und tiefer.

Vorwort

Wissen Sie, was die meisten Menschen davon zurückhält, das Leben zu leben, von dem Sie träumen? Geld, schlicht und einfach Geld. Denn Geld ist ein Symbol für eine bestimmte Lebenseinstellung, eine Meßlatte für eine ganz bestimmte Geisteshaltung. Geld kommt nicht zufällig in unser Leben. Es handelt sich bei Geld vielmehr um eine Form von Energie: Je mehr Energie wir in die wirklich wichtigen Dinge des Lebens legen, um so mehr Geld fließt uns zu. Wirklich erfolgreiche Menschen haben immer auch die Fähigkeit, viel Geld zusammenzutragen. Einige behalten es, und andere verwenden es nur für den Dienst an ihren Mitmenschen. Aber sie alle haben die Fähigkeit, Geld fließen zu lassen.

Wir sollten die Bedeutung von Geld nicht überbetonen. Aber wissen Sie, wann Geld zu wichtig wird? Wenn es an allen Ecken und Kanten fehlt. Wer Geldprobleme hat, denkt viel zu sehr über Geld nach. Wir müssen uns mit diesem Thema einmal gründlich auseinandersetzen, um es zu meistern. Von da an wird Geld zur Unterstützung aller Lebensbereiche.

Wir alle haben Träume. Wir haben eine bestimmte Vorstellung davon, wie wir leben wollen, was uns gewissermaßen zusteht. Tief in uns wollen wir glauben, daß wir eine besondere Aufgabe erfüllen können, die aus dieser Welt einen schöneren Ort macht. Aber allzuoft sehe ich, daß die alltägliche Routine und die Realität diese Träume ganz allmählich ersticken. Viele vergessen, daß ihnen ein Platz an der Sonne gebührt und gehört, da sie glauben, sich nicht befreien zu können.

Wir alle finden uns häufig in eine Opferrolle hinein. Wir gehen Kompromisse ein – und bevor wir uns versehen, ist das Leben in großen Sätzen an uns vorbeigelaufen. Oft machen viele Menschen ihre finanzielle Situation dafür verantwortlich, daß sie nicht so leben, wie sie es sich wünschen.

Seit über einem Jahrzehnt beschäftige ich mich nun mit Geld, Erfolg und Glück. Dabei habe ich gelernt, Geld differenzierter und mit anderen Augen zu sehen: Geld kann uns davon abhalten, unsere Möglichkeiten voll auszuschöpfen, oder es kann uns dabei unterstützen, der oder die Beste zu sein, der wir sein können. Ich stehe Ihnen mit diesem Buch als Ihr privater Coach zur Verfügung. Ich möchte weitergeben, was ich lernen und erfahren durfte. Ich möchte Sie anleiten, sich eine Geldmaschine zu schaffen. Geld zu besitzen bedeutet in erster Linie, ein wesentlich freieres und unabhängigeres Leben führen zu können. Als ich das erkannt hatte, ist in mir das tiefe Bedürfnis entstanden, mein Wissen weiterzugeben. Ich habe mich verpflichtet, jeden, mit dem ich in Berührung komme, auf seinem Weg in die finanzielle Freiheit zu unterstützen. Denn genauso wie man fliegen, tauchen oder programmieren lernen kann, so kann *jeder* Reichtum aufbauen, indem er einige wesentliche Grundbausteine erlernt.

Es gibt mehrere Möglichkeiten, die erste Million zu erreichen. Einen Weg beschreiben die folgenden vier in diesem Buch aufgeführten Strategien:

1. Sie sparen einen gewissen Prozentsatz.
2. Sie legen das gesparte Geld an.
3. Sie erhöhen Ihr Einkommen.
4. Sie sparen von jeder derart erzielten Gehaltserhöhung einen gewissen Prozentsatz.

Wenn Sie das tun, werden Sie – je nachdem wo Sie gerade stehen – in fünfzehn bis zwanzig Jahren ein Vermögen von ein bis zwei Millionen besitzen. Das ist *kein* Wunder. Wenn Sie die erste Million schneller erreichen wollen (zum Beispiel in sieben Jahren), dann müssen Sie möglichst viele Strategien dieses Buches anwenden. Mit jeder angewandten Strategie kommen Sie schneller an Ihr Ziel.

Wie können Sie in sieben Jahren vermögend sein? Sie ahnen schon, daß es dabei nicht nur um den Geldbetrag X geht, den Sie besitzen wollen, sondern um die Persönlichkeit, zu der Sie bis dahin werden. Es wird Ihnen sicher nicht immer leichtfallen, den Weg zur finanziellen Freiheit zu gehen. Viel schwerer ist es jedoch, ein Leben in finanzieller Abhängigkeit zu führen. Wenn Sie den einzelnen Tips dieses Buches folgen, werden Sie Ihr Ziel sicher erreichen. Ich habe vielen tausend Menschen in meinen Seminaren auf diesem Weg helfen können. Ich erlebe immer wieder, wie dieses Wissen Menschen buchstäblich verwandelt.

Bitte denken Sie nicht, daß allein der Besitz dieses Buches Sie wohlhabend sein läßt. Die Wahrheit ist: Noch nicht einmal, indem Sie dieses Buch lesen, werden Sie reich. Vielmehr müssen Sie mit diesem Buch arbeiten und es zu einem Teil Ihrer selbst machen. Dann wird es die Schätze ans Tageslicht bringen, die in Ihrem Inneren verborgen liegen.

Lassen Sie uns also unseren gemeinsamen Weg beginnen. Nehmen Sie als erstes eine Standortbestimmung hinsichtlich Ihrer Finanzen vor. Auf den folgenden Seiten finden Sie eine Selbstanalyse. Bitte beginnen Sie erst mit dem Lesen des Buches, nachdem Sie genau festgestellt haben, wo Sie finanziell stehen.

Ich hoffe aufrichtig, daß dieses Buch Sie nicht nur reich machen wird, sondern daß es Sie darüber hinaus auf eine tiefe und bedeutende Weise berührt. Ich kenne Sie nicht persönlich. Aber ich weiß, wenn Sie dieses Buch in Ihren Händen halten, müssen Sie eine ganz besondere Person sein, die nicht bereit ist, sich damit zufriedenzugeben, was die Umstände Ihnen gerade bieten. Sie sind eine Person, die ihre Geschichte selbst schreiben will. Sie wollen Ihre Zukunft designen und aus Ihrem Leben ein Meisterwerk machen. Ich wünsche von ganzem Herzen, daß dieses Buch dazu beitragen wird.

Herzlichst, Ihr Bodo Schäfer

Analyse: Wie steht es um Ihre Finanzen?

Achtung: Bitte beginnen Sie nicht, in diesem Buch zu lesen, bevor Sie diese Fragen schriftlich beantwortet haben.

1. Wie bewerten Sie Ihr Einkommen?

☐ ausgezeichnet   ☐ ausreichend
☐ sehr gut   ☐ schlecht
☐ gut   ☐ sehr schlecht
☐ befriedigend

2. Wie beurteilen Sie Ihr Nettovermögen?

☐ ausgezeichnet   ☐ ausreichend
☐ sehr gut   ☐ schlecht
☐ gut   ☐ sehr schlecht
☐ befriedigend

3. Wie beurteilen Sie Ihre Investitionen?

☐ ausgezeichnet   ☐ ausreichend
☐ sehr gut   ☐ schlecht
☐ gut   ☐ sehr schlecht
☐ befriedigend

4. Wie schätzen Sie Ihr Wissen über Geld und Kapital ein?

☐ ausgezeichnet   ☐ ausreichend
☐ sehr gut   ☐ schlecht
☐ gut   ☐ sehr schlecht
☐ befriedigend

5. Haben Sie exakte Finanzpläne, und wissen Sie genau, was Sie wollen, wieviel es kostet und wie Sie dieses Geld erhalten?

☐ ausgezeichnet   ☐ ausreichend
☐ sehr gut   ☐ schlecht
☐ gut   ☐ sehr schlecht
☐ befriedigend

6. Haben Sie einen Coach für finanzielle Dinge?

☐ ja   ☐ nein

7. Ist Ihr überwiegender Bekanntenkreis

☐ vermögender als Sie selbst,
☐ in ähnlichen finanziellen Verhältnissen,
☐ weniger vermögend als Sie selbst?

8. Sparen Sie wenigstens 10 bis 20 Prozent Ihres Einkommens pro Monat?

☐ ja
☐ schwankend
☐ nein

9. Spenden Sie regelmäßig Geld?

☐ ja   ☐ nein

10. Glauben Sie, daß Sie es verdienen, sehr viel Geld zu besitzen?

☐ ja ☐ nein
☐ habe ich nie drüber nachgedacht

11. Wie lange könnten Sie von Ihrem Geld leben, ohne eine weitere Mark zu verdienen?

_____ Monate

12. Können Sie den Tag sehen, an dem Sie von den Zinsen Ihres Vermögens leben können?

☐ ja ☐ nein

13. Würde es Sie befriedigen, wenn sich die nächsten fünf Jahre genauso wie die letzten fünf Jahre entwickeln würden?

☐ ja ☐ nein

14. Wissen Sie, was Sie wirklich über Geld denken?

☐ genau
☐ einigermaßen
☐ nein

15. Wie würden Sie Ihre finanzielle Situation beschreiben?

_____

16. Wenn Sie sich in bezug auf Ihre finanzielle Identität einen Namen geben würden, wie würde dieser lauten (z. B. Dagobert Duck, Beginner, Versager, Unglücksrabe, Geldmagnet, Unternehmer ...)?

_____

17. Ist Geld in Ihrem Leben eher

☐ eine unterstützende Kraft   ☐ etwas Hemmendes?

18. Wie gut kennen Sie sich mit Fonds aus?

☐ ausgezeichnet   ☐ ausreichend
☐ sehr gut   ☐ schlecht
☐ gut   ☐ sehr schlecht
☐ befriedigend

19. Wie steht es um Ihr Wissen um Aktien?

☐ ausgezeichnet   ☐ ausreichend
☐ sehr gut   ☐ schlecht
☐ gut   ☐ sehr schlecht
☐ befriedigend

20. Kennen Sie die fundamentalen Anlagekriterien und wenden Sie diese an?

☐ ja   ☐ nein

21. Glauben Sie, daß Geld für Sie wichtig ist?

☐ nein   ☐ sehr wichtig
☐ ein wenig   ☐ das Wichtigste überhaupt
☐ ziemlich

22. Welche Einstellung haben Sie zu Geld, Zahlen und Finanzen?

_____

23. Wie bewerten Sie Ihre insgesamte finanzielle Situation, nachdem Sie die Fragen beantwortet haben?

☐ ausgezeichnet   ☐ ausreichend
☐ sehr gut   ☐ schlecht
☐ gut   ☐ sehr schlecht
☐ befriedigend

24. Wie fühlen Sie sich, nachdem Sie die Fragen beantwortet haben?

_____

Die Grundlagen

1
Was wollen Sie wirklich?

Zu lange hast du schon gesucht.
Nun gib das Suchen auf und lerne zu finden.

Heinz Körner, Johannes

Der Konflikt ist klassisch: Es gibt einen Unterschied zwischen dem, was wir tief in uns fühlen, und dem, wie unser Leben tatsächlich aussieht. Die Vorstellung, wie wir leben sollten, und die Realität unterscheiden sich nur allzuoft wie Tag und Nacht.

Jeder von uns hat ein Verlangen, zu wachsen und glücklich zu sein. Tief im Inneren haben wir alle den Wunsch, etwas auf dieser Welt zum Besseren zu verändern. Und wir alle wollen glauben, daß wir ein gutes Leben verdienen.

Wie sind die Chancen, wohlhabend zu werden?

Was hält uns dann zurück, unseren Traum zu leben? Was verhindert, daß wir all das erreichen, wonach wir verlangen? Natürlich leben die meisten von uns in einer Umwelt, die Wohlstand nicht gerade fördert. Unsere Regierung geht als schlechtes Beispiel voran und verschuldet sich jedes Jahr immer höher. Um die Zinsen der steigenden Staatsverschuldung bezahlen zu können, werden die Steuern erhöht.

Unser Schulsystem versäumt es, uns Antworten auf die entscheidenden Fragen wie »Wie können wir glücklich leben?« und »Wie werden wir wohlhabend?« zu geben. Wir lernen, daß Attila 451 auf den Katalaunischen Feldern geschlagen wurde, aber wir lernen nicht, wie wir baldmöglichst die erste Million schaffen. Wer sollte uns also beibringen, wohlhabend zu werden? Unsere Eltern? Die meisten von uns haben keine reichen Eltern. Die Ratschläge, die den Aufbau von wahrem Wohlstand betreffen, waren aus diesen Gründen eher dürftig. Hinzu kommt, daß unsere Gesellschaft zum Überkonsum anregt und auch der Bekannten- und Freundeskreis oft wenig förderlich ist. So geht im Leben vieler Menschen etwas verloren, was ich als unser Geburtsrecht ansehe: *Glücklich und wohlhabend zu sein.*

Wenn ich mein Leben heute betrachte, dann kann ich nur tief dankbar sein. Ich lebe genau das Leben, von dem ich geträumt habe, und ich bin finanziell frei. Aber das war nicht immer so. Wie bei den meisten Menschen gab es Zeiten, in denen ich vor lauter Selbstzweifel und Verwirrung wie gelähmt war.

Besondere Erlebnisse formen uns

Wir alle haben Situationen in unserem Leben erfahren, die uns beeinflußt haben. Diese richtungsweisenden Momente haben unsere Weltanschauung und unseren Glauben über Menschen, Gelegenheiten, Geld und die Welt verändert. Sie haben unser Leben zum Besseren oder zum Schlechteren verändert.

Ich war gerade sechs Jahre alt, als ich etwas erlebte, was meine Einstellung zu Geld prägte. Mein Vater wurde mit einer Leberzirrhose ins Krankenhaus eingeliefert. Er mußte dort insgesamt zwölf Monate bleiben, weil er absolute Ruhe brauchte. Er sollte auch möglichst nicht lesen.

Eines Tages hörte ich, wie ein Arzt zu meiner Mutter bemerkte, er habe noch nie erlebt, daß ein Patient so viele Besuche bekomme. Mein Vater wurde jeden Tag von mindestens sechs verschiedenen Menschen besucht, obwohl er doch eigentlich völlige Ruhe haben sollte. Und so fanden wir heraus, daß mein Vater auch im Krankenhaus weiter arbeitete. Er war Anwalt und hatte neben seinem Job etwas ins Leben gerufen, das er seine »Praxis für Arme« nannte. Wer nur über ein äußerst geringes Einkommen verfügte, wurde von ihm kostenlos beraten.

Sofort stellte meine Mutter meinen Vater zur Rede. Er solle damit aufhören, sonst würde er das Krankenhaus nicht lebend verlassen. Auch die Ärzte redeten auf ihn ein, doch endlich »Vernunft anzunehmen«. Aber mein Vater war ein sturer Kopf und tat weiterhin, was er für richtig hielt.

Ich setzte mich oft stundenlang an sein Bett und hörte zu, was die Leute ihm berichteten. Und wissen Sie was? Immer ging es ums Geld. Immer jammerten sie. Immer waren die Umstände schuld oder andere Menschen. Die juristischen Sachverhalte verstand ich nicht, und so schien es mir, als hörte ich immer wieder dieselbe Geschichte: Geldsorgen, Geldsorgen, Geldsorgen ... Anfangs hatte ich es als spannend empfunden zuzuhören. Aber bald ging es mir auf die Nerven. Ich begann, eine Abscheu gegen Armut zu entwickeln. Armut ließ Menschen unglücklich sein. Sie ließ sie in gebückter Haltung meinen Vater in seinem Krankenhauszimmer aufsuchen und um Hilfe betteln. Ich wollte wohlhabend werden. Ich faßte den festen Entschluß, mit dreißig Jahren Millionär zu sein.

Der Entschluß alleine reicht nicht

Dies ist allerdings nicht der Beginn einer steilen Erfolgsgeschichte. Zwar hatte ich mit dreißig Jahren mein Ziel erreicht, aber fünf Jahre zuvor war ich noch verschuldet, hatte 18 Kilogramm Übergewicht und erhebliche Selbstzweifel. Aufgrund meiner angespannten finanziellen Situation wurde Geld zum Mittelpunkt meines Lebens.

Denn Geld hat immer die Bedeutung, die wir ihm geben. Und in dem Moment, in dem Sie finanzielle Probleme haben, wird es viel zu wichtig.

Aber ich hatte die *Hoffnung*, daß alles besser werden würde. Irgendwie würde es sich schon richten. Doch nichts geschieht, wenn wir nur hoffen. *Hoffnung ist ein intellektuelles Beruhigungsmittel, ein genialer Selbstbetrug.* Auf wen oder was hoffen wir? Auf Gott oder das Schicksal? Gott ist sicherlich kein kosmischer Babysitter, der uns dafür belohnt, untätig zu sein. Der alte Spruch hat seine Berechtigung: »Alle Toren und Narren leben in Hoffen und Harren.«

Unsere Werte und unsere Ziele müssen übereinstimmen

Ich war verzweifelt: Wie war es möglich, daß ich relativ viel Geld verdiente, mich aber trotzdem verschuldete? Als ich endlich die Antwort auf diese Frage fand, war ich überrascht. Tief in mir glaubte ich nicht, daß Geld gut ist. Ich sabotierte meinen eigenen Erfolg.

Mein Vater war schließlich nach acht Jahren Krankheit gestorben, und ich hörte die Menschen immer wieder sagen: »Er hat sich totgearbeitet.« Auf keinen Fall wollte ich mich also zu Tode arbeiten. Auf der anderen Seite wollte ich nicht so sein wie die armen Menschen, die meinen Vater im Krankenhaus besuchten, um Rechtsbeistand zu erflehen. Ich wollte reich sein und trotzdem möglichst nichts dafür tun.

Dazu kam, daß sich meine Mutter nach dem Tod meines Vaters in die Religion flüchtete. Sie war der festen Überzeugung, daß »eher ein Kamel durch ein Nadelöhr geht, als daß ein Reicher in den Himmel kommt«. Einerseits wollte ich gut sein und dachte, arm sei gut. Andererseits wollte ich reich sein, weil ich Armut verabscheute.

Meine unterschiedlichen Werte zogen mich in verschiedene Richtungen. Solange ich diesen Konflikt meiner Wertvorstellungen nicht ausräumte, trat ich auf der Stelle.

Allenfalls *versuchte* ich, reich zu werden. Und immer, wenn wir etwas versuchen, hält es uns von konkretem Handeln ab. Wir halten uns eine Hintertür auf. Wer etwas versucht, wartet letztendlich auf ein Hindernis, das ihn von der Umsetzung abhält. Wir warten auf Hindernisse, weil wir nicht wirklich glauben, daß es gut für uns ist und daß wir gut genug sind, um es zu schaffen.

Optimismus und Selbstvertrauen

Legen Sie für einen Moment all Ihren Optimismus beiseite. Den Grund für diese Aufforderung möchte ich Ihnen gerne erklären. Optimismus ist sicherlich eine positive Eigenschaft, die Ihnen hilft, die positive Seite an allem zu sehen. Wenn Optimismus aber alleine steht und nicht mit weiteren Eigenschaften verbunden ist, bewegt er wenig. Optimismus wird häufig zu Unrecht mit Selbstvertrauen verwechselt. *Während Optimismus Sie das Positive sehen läßt, gibt Ihnen Selbstvertrauen die Gewißheit, auch mit den dunklen Seiten umgehen zu können.* Das Leben besteht nicht nur aus einer Symphonie von schönen und hellen Noten, sondern es gibt auch dunkle und tiefe Noten. Doch wer selbstbewußt ist, braucht schwierige Situationen nicht zu fürchten.

Selbstbewußt ist derjenige, der aufgrund seiner eigenen Vergangenheit weiß, daß er sich auf sich selbst verlassen kann. Ein selbstbewußter Mensch braucht sich durch nichts aufhalten zu lassen, denn er *weiß*, daß er mit allen Widrigkeiten fertigwerden kann. Er hat es sich oft genug bewiesen. Wie Sie innerhalb kurzer Zeit Ihr Selbstbewußtsein aufbauen können, erfahren Sie in Kapitel 3.

Ihre Finanzen sind für den Aufbau Ihres Selbstbewußtseins äußerst wichtig. Finanzen lassen wenig Raum für ungerechtfertigten Optimismus. Kontostände lassen sich klar ablesen, für Schönrederei ist da kein Platz. Wenn Sie also ein gutes Selbstbewußtsein aufbauen wollen, müssen Sie Ihre Finanzen regeln. *Ihre Finanzen müssen zu einem Beweis für Sie werden, daß nichts Sie aufhalten kann.*

Sie dürfen nicht zulassen, daß Ihre finanzielle Situation Ihr Selbstvertrauen sabotiert. Denn ohne Selbstvertrauen leben Sie nur eine Minimalexistenz. Sie erfahren nie, was alles in Ihnen steckt. Sie gehen keine Risiken ein. Sie wachsen nicht als Person. Sie tun nicht das, wozu Sie in der Lage wären. Sie schöpfen Ihr wahres Potential nicht aus. *Ein Mensch ohne Selbstvertrauen tut nichts, hat nichts und ist nichts.*

All das hat nichts mit Optimismus zu tun. Ein Blick auf Ihren Kontostand muß Ihnen beweisen, daß Ihre Finanzen eine Unterstützung in Ihrem Leben sind. Ein Blick auf Ihre Finanzen muß Ihnen ein Gefühl der Sicherheit in Ihre eigenen Fähigkeiten geben.

Genau darum geht es in diesem Buch. Es geht darum, Ihre finanzielle Situation so zu regeln, daß Ihre Finanzen nicht gegen Sie arbeiten, sondern für Sie. Geld kann Ihnen Ihr Leben erschweren oder erleichtern.

Wie steht es um Sie?

Denken Sie, Sie sind zu Höherem berufen? Denken Sie, daß »das« nicht alles sein kann? Verdienen Sie eigentlich mehr, als Sie im Moment haben? Ist es nur eine Frage der Zeit, bis Sie wohlhabend sind?

Bitte legen Sie also einmal allen Optimismus für einen Moment beiseite: Wie hat sich Ihr privates Vermögen in den letzten sieben Jahren entwickelt? Schreiben Sie die Zahl auf, um die sich Ihr Vermögen in den letzten sieben Jahren vermehrt oder vermindert hat.

_____ DM.

Solche Zahlen sind sehr ernüchternd, treffen aber den Punkt. Wenn Sie so weitermachen wie bisher, werden Sie ungefähr dieselbe Zahl nach den nächsten sieben Jahren erneut sehen. Und in den darauffolgenden Jahren werden sich diese Tendenzen weiter verstärken. Wenn Sie aber andere Ergebnisse haben wollen, müssen Sie etwas tun: Sie müssen neue Wege gehen – und der Anfang dazu sind Ihre Gedanken.

Ihre Art zu denken hat Sie zu dem gemacht, was Sie heute sind. Dieselbe Art zu denken wird Sie aber nicht dorthin bringen, wo Sie gerne wären.

Was denken Sie wirklich über Geld? Sie leben ständig in einem Dialog mit sich selbst. Wenn Sie insgeheim glauben, Geld sei schlecht, haben Sie keine Chance, Wohlstand zu schaffen. Also, was denken Sie wirklich? Wir werden diese Frage in Kapitel 5 klären.

Sie werden herausfinden, was Sie wirklich in Ihrem Innersten über Geld denken und fühlen. Und Sie werden sehen, wie Sie Ihre Einstellung ändern können.

Geld ist gut

Im Alter von 26 Jahren lernte ich einen Mann kennen, der mir die Prinzipien des Wohlstands beibrachte. Nur vier Jahre später konnte ich von den Zinsen meines Geldes leben. Das war so schnell möglich, weil meine Träume, Werte, Ziele und Strategien endlich im Einklang miteinander standen.

Ob Sie es glauben oder nicht, Geld verändert vieles im Leben. Geld wird nicht alle Ihre Probleme lösen, und es ist sicherlich nicht alles. Aber Geld*sorgen* werfen einen Schatten auf Ihr Glück. Mit Geld können Sie die anderen Probleme mit mehr Stil angehen. Und Sie werden die Möglichkeit haben, andere Menschen kennenzulernen, faszinierende Orte zu besuchen, sich einer spannenderen Arbeit zu widmen, mehr Selbstvertrauen zu besitzen, mehr Anerkennung zu erhalten und andere Möglichkeiten zu nutzen.

Die fünf Bereiche unseres Lebens

Zur Vereinfachung teile ich das Leben in fünf Bereiche ein: Gesundheit, Finanzen, Beziehungen, Emotionen und den Sinn Ihres Leben. Alle fünf Bereiche sind gleichermaßen wichtig.

Ohne Gesundheit ist alles nichts. Wer seine Emotionen nicht beherrscht, kann sich zum Beispiel nicht motivieren, die Dinge umzusetzen, die er sich vorgenommen hat. Gute Beziehungen sind das Salz in der Suppe. Mit Sinn des Lebens meine ich, das zu tun, was Ihnen wirklich Spaß macht, Ihrem Talent entspricht und was anderen nützt. Und unsere Finanzen gehören dazu. *Niemals sollten Sie nur um des Geldes willen Dinge tun müssen, die Ihnen keinen Spaß machen.* Also brauchen Sie das, was ich finanzielle Freiheit nenne.

Sie können jedem der fünf Bereiche Ihres Lebens einen Finger Ihrer Hand zuordnen. Angenommen, für Ihre Finanzen steht der Mittelfinger, auf den jemand kräftig mit einem Hammer schlägt. Werden Sie sagen: »Kein Problem, das ist ja nur ein Finger. Ich habe ja noch vier andere ...«? Oder werden Sie fast Ihre gesamte Aufmerksamkeit auf den Finger richten, der schmerzt?

Wichtig ist, daß alle fünf Bereiche des Lebens miteinander in Einklang stehen. Sie müssen es in *jedem* der fünf Bereiche zur Meisterschaft bringen. Jemand, der Geldprobleme hat, hat die fünf Lebensbereiche nicht ausbalanciert. Geldsorgen werden immer einen Schatten auf alle anderen Bereiche werfen. Geld ist für ein Leben im Gleichgewicht wichtig.

Warum werden Menschen in kurzer Zeit wohlhabend? Weil Sie genug Geld besitzen wollen, das für sie arbeitet. Weil sie *eine Geldmaschine haben wollen, anstatt das ganze Leben Geldmaschine zu sein.* Weil sie genug Geld besitzen wollen, um ein Leben in wirklicher Balance zu leben.

Wissen Sie, warum die meisten Menschen nicht das tun, was ihnen wirklich Spaß macht? Es mangelt ihnen an Geld. Ein Teufelskreis: Viele Menschen gehen nicht der Tätigkeit nach, die ihnen Spaß macht, weil sie nicht wissen, wie sie damit Geld verdienen können. Doch noch nie hat jemand richtig Geld verdient, indem er etwas getan hat, was ihm nicht gefällt. Aus Geldmangel bleiben sie also bei einer Tätigkeit, die ihnen keinen Spaß macht, und verdienen kein Geld.

Die Lösung ist: *Nehmen Sie Ihr liebstes Hobby, und bauen Sie Ihre Karriere darauf auf.* Verdienen Sie Geld mit Ihrem Hobby. Dazu kann es aber erst dann kommen, wenn Sie sich Zeit nehmen, zu analysieren, was Ihnen wirklich Spaß macht und wo Ihre Talente liegen.

Ich habe bereits vor Jahren einen sehr reichen Mann in New York kennengelernt, der über seinem Schreibtisch einen Spruch hängen hatte: »Wer den ganzen Tag arbeitet, hat keine Zeit, Geld zu verdienen«. Offensichtlich sollte man sich auch Zeit nehmen, um nachzudenken. Auf meine Frage hin, worüber man denn nachdenken solle, antwortete er: »Lerne dich selber kennen und finde heraus, was dir Spaß macht. Und dann überlege, wie du damit Geld verdienen kannst. Am besten stellst du dir diese Fragen jeden Tag und suchst jeden Tag nach besseren Antworten.«

Optimieren oder minimieren Sie?

Wir brauchen Zeit, um uns mit uns selbst zu beschäftigen, um herauszufinden, woran wir Freude haben. Denn nur wenn wir etwas tun, was uns mit Leidenschaft und Begeisterung erfüllt, sind wir wirklich gut. Und dann fließt Geld wie von alleine in unser Leben. Wir brauchen Zeit, um uns über unsere Talente klarzuwerden und um aus diesen Talenten Fähigkeiten zu entwickeln. Wir brauchen Zeit für uns selber, um das Drehbuch für unser Leben zu schreiben und aus unserem Leben ein Meisterwerk zu machen. Wer sich diese Zeit nicht nimmt, verschwendet sein Leben. Und wir brauchen Zeit, um grundsätzliche Entscheidungen zu treffen und um uns zu verpflichten, entsprechend unserer Entscheidung zu handeln. So muß jeder Mensch irgendwann in seinem Leben bewußt entscheiden, ob er optimieren oder minimieren will.

Optimieren bedeutet zu lernen, wie Sie Ihre Zeit, Ihre Möglichkeiten, Ihre Talente, Ihr Geld und andere Menschen optimal einsetzen können. Es geht darum, das bestmögliche Ergebnis hervorzubringen. Wenn Sie Ihr Leben optimieren wollen, sollten Sie ständig bestrebt sein, der Beste zu sein, der Sie sein können.

Die meisten Menschen gehen dagegen ziemlich planlos durch das Leben und minimieren. Sie versuchen, *so durch den Tag zu kommen.* Die Arbeitswoche ist für sie eine unliebsame Unterbrechung zwischen zwei Wochenenden. Sie arbeiten, um Geld zu verdienen, und nicht um eine Erfüllung zu finden. Sie erkennen weder ihre Talente noch die Gelegenheiten, die sich ihnen bieten.

Planung ist das A und O

Viele planen ihren Urlaub gründlicher als ihr Leben. Es gibt aber nur zwei Möglichkeiten: *Entweder Sie planen Ihr Leben, oder andere verplanen es.*

Viele haben ein paar Planungsversuche unternommen und sind trotzdem gescheitert. Irgend jemand sagte einmal: »Je mehr ich plane, desto härter trifft mich der Zufall. Darum plane ich nicht mehr und kann deshalb auch nicht mehr so hart getroffen werden.« Dabei gibt es einen ganz einfachen Grund, warum so viele Menschen ihre Pläne nicht umsetzen. Sie versäumen es, Träume, Ziele, Werte und Strategien miteinander zu verbinden.

Professor Thomas Stanley von der staatlichen Universität Georgia in den USA untersuchte zwölf Jahre lang das Leben der Reichen. Er kam zu dem Ergebnis, daß diese zu den zufriedensten Menschen auf der Welt gehörten, da ihre Träume, Ziele, Werte und Strategien aufeinander abgestimmt waren.

Träume, Ziele, Werte und Strategien – auf diesen vier Säulen steht das Handlungsfundament, auf dem Sie Ihren Reichtum aufbauen können. Denn was Sie in Ihrem Leben tun, hängt nicht in erster Linie von Ihrer eisernen Disziplin ab, sondern von Ihren Träumen, Zielen, Werten und Strategien.

Wir werden in den nächsten Kapiteln systematisch diese vier Säulen behandeln. So bauen Sie das Fundament für Ihren Wohlstand in

Träume
Was würden Sie tun, wenn Sie unbegrenzt Zeit und Geld hätten?

Werte
Was ist wirklich wichtig für Sie? Warum ist es wichtig?

Ziele
Wie wollen Sie sein? Was wollen Sie tun? Was wollen Sie haben?

Strategien
Haben Sie das Wissen, die Fähigkeit und den Plan, um das zu bekommen, was Sie haben wollen?

sieben Jahren. Es ist unglaublich, wozu ein Mensch in der Lage ist, wenn er diese vier Kräfte in Einklang bringt.

Ihre Träume

Ihre Träume sind ein gutes Indiz dafür, was Sie glücklich machen würde. Überlegen Sie einmal, was Sie alles tun würden, wenn Sie genügend Zeit und Geld hätten. Sie werden überrascht sein, wie viele Ihrer Träume Geld erfordern.

Ihre Ziele

Aus diesen Träumen müssen dann Ziele formuliert werden. Dafür ist eine bewußte Entscheidung notwendig. Solange wir uns nicht festlegen und verpflichten, bleibt alles nur ein Traum. Fragen Sie sich darum, was Sie sein, tun und haben wollen. Weiter hinten im Buch werden Sie auf eine ganz einfache Art Klarheit über Ihre Ziele gewinnen und eine bewußte Entscheidung treffen.

Ihre Werte

Und nun kommt ein ganz wesentlicher Punkt hinzu: Ihre Träume und Ziele müssen in Einklang mit Ihren Werten stehen. Fragen Sie sich: Was will ich wirklich? Was ist wirklich wichtig für mich? In Kapitel 5 werden Sie feststellen, was Sie wirklich über Geld denken. Ihre Werte sind keine unabänderlichen Fakten, sondern eine Auswahl von Möglichkeiten. Zunächst wird diese Wahl für uns getroffen. Durch den Einfluß unserer Eltern und unserer Umgebung haben wir deren Werte übernommen.

Aber heute haben Sie die Wahl. Sie haben die Freiheit, Ihre eigenen Werte zu wählen. Werte sind nichts Endgültiges. Manche Ihrer Werte widersprechen sich unter Umständen, so wie es bei mir der Fall war.

Erinnern Sie sich: Auf der einen Seite wollte ich reich werden, auf der anderen Seite habe ich gedacht, daß ich mich dann totarbeiten müßte. Wenn unsere Werte uns in mehrere verschiedene Richtungen ziehen, treten wir auf der Stelle. Darum ist es wichtig, daß Sie Ihre Werte Ihren Zielen anpassen. Wie Sie das genau tun können, wird in Kapitel 5 ebenfalls genau beschrieben. *Erst wenn Sie bewußt eine Entscheidung treffen, von welchen Werten Sie sich leiten lassen wollen, haben Sie die Kontrolle über Ihr Leben.*

Ihre Strategien

Wenn Ihre Träume, Ziele und Werte übereinstimmen, müssen Sie die Strategien entwickeln, die bewirken, daß Sie erfolgreich handeln. Die Strategien, die Sie reich machen werden, finden Sie in diesem Buch. Ich möchte Ihnen einen kurzen Überblick geben.

Wie Sie mit eventuell vorhandenen Schulden umgehen, ist in Kapitel 6 beschrieben.

Sie brauchen das Wissen und die Fähigkeit, einen Plan auszuführen. Sie müssen wissen, wie Sie das Geld bekommen können, das Sie haben wollen: Wie Sie Ihr Einkommen dramatisch erhöhen können, erfahren Sie in Kapitel 7.

In Kapitel 8 werden Sie lernen, wie Sie Ihr Geld behalten, denn ein hohes Einkommen alleine macht nicht reich. Reich macht Sie nur das Geld, was Sie behalten.

Sie werden darüber hinaus in den Kapiteln 9, 10 und 11 erfahren, wie Sie Geld züchten können.

Wie Sie Ihre finanziellen Ziele detailliert planen, finden Sie in Kapitel 12.

Schließlich werden wir sicherstellen, daß Sie Ihren Plan auch durchziehen. Sie benötigen jemanden, der Ihnen zeigt, wie Sie reich werden. Wie Sie es anstellen können, eine solche Person zu finden, lesen Sie in Kapitel 13. Dort finden Sie auch, wie Sie sich eine optimale Umgebung schaffen können, so daß gewährleistet ist, daß Sie Ihre Ziele wirklich erreichen – eine Umgebung, die Sie zwingt durchzuhalten.

Daß dies aber nicht alles ist, wird Ihnen Kapitel 14 zeigen, denn es gibt einen Unterschied zwischen Erfolg und Glück. Erfolg bedeutet zu bekommen, was man will. Glücklich sein bedeutet, das zu mögen, was man bekommen hat. Darum zeige ich Ihnen, wie Sie Ihr Geld am besten genießen können.

Vorher beschäftigen wir uns damit, was nötig ist, um reich zu werden. Sie sehen in Kapitel 3, wie Sie Wunder vollbringen können.

Es ist leicht, reich zu werden. Wenn das stimmt, dann muß man sich doch fragen, warum nicht mehr Menschen reich sind. In Kapitel 4 finden Sie die Gründe dafür.

Zunächst aber möchte ich mit Ihnen im nächsten Kapitel das wichtigste Konzept für den Aufbau von Reichtum und Glück besprechen. Solange wir nicht erkennen, wie wir die volle Kontrolle über unser Leben ergreifen können, sind wir schwache Opfer. Alles beginnt mit der Einstellung, daß wir unser Leben in der Hand haben.

Bitte schauen Sie sich nun noch einmal das Inhaltsverzeichnis an, bevor Sie weiterlesen. Markieren Sie die Themen, die Sie besonders interessieren. Denn das Entscheidende ist, was Sie mit diesem Buch tun. Beantworten Sie für sich auf jeden Fall immer die Fragen: »Wie trifft das auf mich zu? Wie kann ich sofort handeln?« Verinnerlichen Sie die Inhalte dieses Buches, handeln Sie. Das gilt auch für die einzelnen schriftlichen Übungen. Vergessen Sie nicht: Durch Lesen ist noch niemand reich geworden. Nicht Wissen ist Macht, sondern angewandtes Wissen.

Lassen Sie uns also damit beginnen, Ihren Wohlstand aufzubauen. In sieben Jahren können Sie reich sein. Vielleicht sogar früher ...

Die Power-Ideen auf den Punkt

- Geld hat immer die Bedeutung, die wir ihm geben. Wenn Sie aber finanzielle Probleme haben, wird es viel zu wichtig.
- Unsere Werte und unsere Ziele müssen übereinstimmen, sonst treten wir auf der Stelle.

- Optimismus läßt Sie das Positive in allem sehen. Selbstvertrauen gibt Ihnen die Gewißheit, auch mit den dunklen Seiten umgehen zu können.
- Selbstbewußt ist derjenige, der in seiner eigenen Vergangenheit die Beweise dazu findet, daß er sich auf sich selbst verlassen kann.
- Ihre Art zu denken hat Sie zu dem gemacht, was Sie heute sind. Die gleiche Art zu denken wird Sie aber nicht dorthin bringen, wo Sie gerne wären.
- Erfolg ist, der Beste zu sein, der Sie sein können. Glück ist zu mögen, wie Sie geworden sind.
- Probleme im finanziellen Bereich werden immer einen Schatten auf alle anderen Bereiche des Lebens werfen.
- Entscheiden Sie, ob Sie eine Geldmaschine haben wollen oder Ihr ganzes Leben eine Geldmaschine sein wollen.
- Nehmen Sie Ihr liebstes Hobby, und bauen Sie eine Karriere darauf auf.
- Wer den ganzen Tag arbeitet, hat keine Zeit, Geld zu verdienen.
- Erst wenn Sie bewußt eine Entscheidung treffen, von welchen Werten Sie sich leiten lassen wollen, haben Sie die Kontrolle über Ihr Leben.
- Was Sie in Ihrem Leben tun, hängt nicht in erster Linie von Ihrer eisernen Disziplin ab, sondern von Ihren Träumen, Zielen, Werten und Strategien.

2

Was heißt Verantwortung?

Wem Sie die Schuld geben,
geben Sie die Macht.

Dr. Wayne Dyer, How to be a No-Limit Person

Aufbau von Vermögen ist unmöglich, solange wir nicht erkennen, daß
wir immer verantwortlich sind. Nicht der Staat, nicht die Umstände,
nicht unser Partner, nicht unsere Erziehung, nicht unsere Gesundheit,
nicht unsere finanzielle Situation: Wir sind verantwortlich.

»Moment mal«, werden Sie sagen, »was ist mit Krankheit, was ist mit
Schicksalsschlägen? Was ist, wenn ich betrogen werde? Und was ist mit
einem unverschuldeten Unfall? *Sind wir wirklich immer verantwortlich?*«

Stellen Sie sich vor, irgend jemand fährt aus heiterem Himmel in
Ihr parkendes Auto. Sind Sie verantwortlich? Sie sind nicht für die Tat
des Fremden verantwortlich, aber für Ihre Reaktion. Möglicherweise
nehmen Sie Ihr Schrotgewehr und schießen den Wüstling »in Not-
wehr« über den Haufen. Vielleicht reiben Sie sich vergnügt die Hände.
Denn Sie haben blitzschnell erkannt, daß Ihre Versicherung den Schaden bezahlen wird und Ihr Auto jetzt neu lackiert werden muß, was
sowieso lange nötig war. Unter Umständen machen Sie sogar einen
netten Profit.

Sie sind also nicht für alle Ereignisse verantwortlich. Aber Sie sind
immer verantwortlich für Ihre Interpretation des Ereignisses und für
Ihre Reaktion.

Verantwortung

Natürlich gibt es Dinge, die uns körperlich und ökonomisch weh tun und uns Kummer verursachen können. Aber es ist nicht das, was uns geschieht, sondern wie wir darauf reagieren. Ganz gleich, was uns zustößt, wir entscheiden, ob es unsere Identität treffen kann. Stellen Sie sich bitte eine Orange vor. Was kommt wohl aus dieser Orange heraus, wenn ich sie liebevoll auspresse? »Dumme Frage«, werden Sie antworten, »natürlich Orangensaft.« Richtig. Was wird aus derselben Orange herauskommen, wenn ich sie zertrete? Orangensaft. Und wenn ich die Orange an die Wand werfe? Wieder Orangensaft.

Die Orange ist nicht dafür »verantwortlich«, was ich ihr antue, aber sie ist »verantwortlich« dafür, was sie von sich gibt. Sie antwortet immer mit dem, was in ihr ist. Genauso sind wir verantwortlich für das, was in uns geschieht – für unsere Einstellung und für das, was aus uns herauskommt.

Verantwortung bedeutet, gut antworten zu können. Wir sind immer verantwortlich für unsere Reaktionen und Interpretationen. Es fällt uns natürlich schwer zuzugeben, daß wir immer die Macht über die eigenen Reaktionen haben. Insbesondere, wenn die eigene, selbstgewählte Reaktion schlecht war. Zu streiten, nur weil der andere angefangen hat, macht keinen Sinn. Wir können mit etwas anderem antworten als mit Streit und Krieg. Einer Giftschlange hinterherzujagen, die uns gebissen hat, treibt das Gift nur schneller durch unseren Körper. Besser ist es, sofort Maßnahmen zur Entgiftung zu ergreifen. Anstatt mitzustreiten, könnten wir uns darauf besinnen, daß wir entscheiden, wie wir den Vorfall interpretieren. Wir könnten uns zum Beispiel fragen, inwieweit die Aktion unseres Partners nur eine Reaktion auf unser vorheriges schlechtes Verhalten war.

Unsere Reaktion ist die Antwort auf ein Ereignis. Und eben für diese Antwort sind wir verantwortlich. Im Englischen heißt Verantwortung *responsibility*. Darin stecken *response* (Antwort) und *ability* (Geschicklichkeit). Demnach bedeutet Verantwortung auf englisch: Antworte mit Geschicklichkeit. Streit mit Streit und Provokation mit Krieg zu beantworten, ist bestimmt keine optimale Lösung.

Die meisten Menschen schieben Verantwortung von sich. Immer wieder hören wir drei Gründe, warum Menschen nicht verantwortlich sein wollen:

1. »Die Gene sind schuld.«
2. »Die Eltern sind schuld.«
3. »Die Umwelt ist schuld.«

Ein junger Mann hatte zwei Menschen erstochen. Einige Journalisten fragten ihn daraufhin nach seinem Leben und den Beweggründen seiner Tat.

Er erzählte ihnen, daß er in einer »kaputten« Familie groß geworden sei. Solange er sich erinnern konnte, schlug der Vater volltrunken seine Mutter zusammen. Gelebt hatten sie von den Dingen, die der Vater zusammengestohlen hatte. Da war es doch nur natürlich, daß er mit sechs Jahren ebenfalls zu stehlen begann. Auf eine Haftstrafe wegen versuchten Mordes folgten die zwei Morde. Er schloß seinen Bericht mit den Worten: »Wie sollte unter diesen Umständen etwas anderes aus mir werden?«

Der junge Mann besaß auch einen Zwillingsbruder. Nachdem die Journalisten dies herausgefunden hatten, besuchten sie auch ihn. Zu ihrer Überraschung war er das krasse Gegenteil seines Bruders. Er war ein angesehener Anwalt. Er hatte einen guten Ruf und war in den Gemeinderat und in den Kirchenrat gewählt worden. Er war verheiratet, hatte zwei kleine Kinder und führte offensichtlich ein glückliches Familienleben.

Die Journalisten waren verblüfft. Auf die Frage, wie er denn eine solche Entwicklung hatte nehmen können, erzählte er dieselbe Familiengeschichte wie sein Bruder. Und er schloß seinen Bericht mit den Worten: »Nachdem ich jahrelang erlebt hatte, wohin das alles führt, wie konnte unter diesen Umständen etwas anderes aus mir werden?«

Dieselben Gene, dieselben Eltern, dieselbe Erziehung, dieselbe Umwelt. Aber eine andere Interpretation und eine völlig andere Reaktion. Wie können zwei Menschen unter den gleichen Umständen einen so völlig verschiedenen Weg einschlagen? Vielleicht lernten beide einen Menschen kennen, der einen guten Einfluß auf sie ausüben konnte.

Vielleicht hat der eine zugehört und der andere nicht. Vielleicht haben beide ein Buch in die Hände bekommen, und beide haben angefangen zu lesen. Vielleicht hat der eine weitergelesen und der andere nicht. Wir wissen es nicht. Auf jeden Fall haben sie sich in völlig unterschiedliche Richtungen entwickelt.

Trotz aller Widrigkeiten sind wir in der Verantwortung. Wir entscheiden, wie wir die Situationen interpretieren und wie wir reagieren. Stellen Sie sich vor, ab heute würde alles Geld eingezogen werden und anschließend bekäme jeder nur 5 000 Mark. Was würde geschehen? Bereits gegen Abend hätten einige Leute 3 000 Mark weniger, und einige hätten dafür mehr Geld. Nach wenigen Wochen hätten wir schon wieder einige Reiche und Arme. Forscher behaupten, daß nach etwa einem Jahr das Geld wieder genauso verteilt wäre, wie es ursprünglich war.

Wie antworten Sie auf dieses Buch?

Übrigens, da wir gerade über Verantwortung sprechen. Ich bin verantwortlich für das, was ich in dieses Buch hineinbringe. Sie sind verantwortlich für das, was Sie aus diesem Buch herausholen. Das gleiche gilt für meine Seminare. Wir erleben immer wieder, wie Menschen nach dem Seminar ihr Einkommen erhöhen konnten. Manche haben es sogar verdoppelt. Die meisten sparten mindestens 20 Prozent und begannen, Vermögen aufzubauen.

Viele haben angefangen, Sport zu treiben, gesünder zu essen und zu leben. Die gemeinsame Meditation hat dazu geführt, daß viele diese 15 Minuten täglich in ihren Alltag übernommen haben und dadurch keinen Streß mehr kennen. Wir erhalten Anrufe von Teilnehmern, die nun schon viele Jahre hintereinander mit ihren Anlagen zwischen 12 und 20 Prozent Gewinn erzielen konnten. Besonders freuen wir uns, wenn Menschen offensichtlich ihre Einstellung zu Geld verändert haben und mit ihrem gewonnenen Vermögen Gutes tun. Sie sollten einmal die Befriedigung hören, die dann aus ihrer Stimme spricht. Schulden wurden abgebaut und zusätzliche Verdienstquellen entdeckt. Die meisten haben gelernt, Geld zu mögen und sich damit wohl zu fühlen. Und trotzdem gibt es einige wenige Menschen, die meine Seminare besucht haben und anschließend nichts tun. Wahrscheinlich haben sie gehofft, daß ich irgendeinen Zauberstaub über ihnen erhebe, der ihr Leben verändert und ihren Keller mit Goldbarren füllt.

»Die anderen sind schuld ...«

Einen jungen Mann, der vor drei Jahren auf unserem Seminar »Durchbruch zum finanziellen Erfolg« war, traf ich vor kurzem wieder. Er begrüßte mich mit dem Satz: »Es funktioniert nicht. Was Sie erzählen, hat mir nicht geholfen.« Da ich aber von ganzem Herzen helfen und positive Veränderungen bewirken will, war ich ziemlich betroffen. Aber dann berichtete der junge Mann: »Anfangs war es toll. Ich habe bereits im ersten Jahr 27 000 DM mehr verdient und 25 Prozent gespart. Im zweiten Jahr hatte ich ein Guthaben von 65 000 DM und habe alle meine Schulden zurückgezahlt. Ich habe mit zwei Freunden einen Sparclub gegründet – genauso, wie Sie es empfohlen haben. Wir haben zusammen Geld angelegt und einen Durchschnittsgewinn von 17,3 Prozent pro Jahr erzielt. Aber irgendwann ist die Sache eingeschlafen, und ich habe aufgehört zu sparen. Und wissen Sie, was ich mit dem Gesparten gemacht habe? Das steht jetzt draußen vor der Tür. Ein schöner Porsche ...«

Der Mann hatte seine Glaubenssätze geändert. Er hatte seine Finanzen zwei Jahre lang im Griff gehabt und begonnen, Wohlstand aufzubauen. Er hatte gesehen, daß es auch für ihn funktionierte. Aber dann wurde er nachlässig und »schlachtete seine Geldgans«, um ein Auto zu kaufen. Aber er wollte nicht schuld sein.

Wer ist dafür verantwortlich? Ist es nicht menschlich, die Schuld auf andere abzuschieben? Das Entscheidende ist: *Wem Sie die Schuld geben, dem geben Sie die Macht.* Es ist so leicht und so verführerisch, anderen die Schuld zu geben. Dann stehen wir wieder gut da. Die Firma ist schuld, ich kann mich nicht entfalten, mein Partner ist schuld, meine Gesundheit läßt es nicht zu … Wollen wir, daß die Firma, der Partner, unsere Gesundheit Macht über uns haben? Denken Sie daran: Wer die Schuld hat, hat die Macht. Aus diesem Grunde nehme ich gerne die Schuld auf mich. Denn ich habe gerne Macht über mein Leben.

Folgen und Fehler

Wie aber ist es, wenn wir in der Vergangenheit Fehler gemacht haben? Wie sieht es dann mit der Verantwortung aus? Beispiele für Vorkommnisse aus der Vergangenheit, die heute Auswirkungen zeigen: Ein Mann ist geschieden und muß Unterhalt bezahlen. Jemand hat seine Gesundheit ruiniert und muß Diät leben. Ein anderer hat sich tief verschuldet und muß einen Offenbarungseid leisten. Wieder ein anderer ist straffällig geworden und sitzt im Gefängnis.

Es wird deutlich: Wir entscheiden über unser Handeln und ziehen damit automatisch die Folgen nach. *Wer das eine Ende des Stockes aufhebt, hebt auch das andere auf.* Diese Erkenntnis sollte uns dahin führen, noch verantwortlicher zu leben.

Was aber ist mit den Dingen, die bereits geschehen sind? Oft müssen wir uns eingestehen, daß wir keine Kontrolle über die Folgen unserer Fehler haben. Das heißt aber keinesfalls, daß wir die Verantwortung auf die Vergangenheit schieben sollten. Wir sind für unsere Interpretation und Reaktion auf diese Folgen verantwortlich. Unsere Reaktion auf die Folgen der Fehler wirkt sich auf die Qualität des nächsten Augenblicks aus. Die Frage ist: *Wollen wir die Macht über den nächsten Moment gewinnen? Oder sollen unsere Fehler und deren Folgen die Macht über den nächsten Moment haben?* Alle negativen Emotionen verlieren die Macht in dem Moment, in dem wir Verantwortung übernehmen.

Sie haben die Macht über Ihre Zukunft

Die beste Möglichkeit, sich auf Ihre Zukunft vorzubereiten, ist, sie zu gestalten. Glauben Sie etwa nicht, daß Sie das können? Dann geht es Ihnen wie den meisten Menschen, die sich nicht bewußt sind, welche Möglichkeiten sie in den nächsten zehn Jahren haben.

Das Bewußtsein, die Zukunft gestalten zu können, beginnt mit Ihrer Vergangenheit. Es erwächst aus dem Wissen, in der Vergangenheit viel verändert zu haben. Wir sehen die kleinen graduellen Veränderungen nicht, die wir durchlaufen. Wir verändern uns oft nur in Millimeterschritten und nehmen es nicht wahr.

Stellen Sie sich einmal die Frage, wo Sie vor zehn Jahren standen? Wie waren Sie als Mensch, als Persönlichkeit, als Experte, als Partner? Wie waren Ihre Erfahrungen, Ihre Ziele, Ihr Know-how? Wie waren Sie im Umgang mit Menschen, und wo standen Sie finanziell? Bitte machen Sie sich dazu schriftlich Notizen.

Je gründlicher Sie darüber nachdenken, desto besser erkennen Sie, daß Sie verantwortlich waren. Sie schöpfen neues Selbstbewußtsein. Wenn Sie in den letzten zehn Jahren soviel ändern konnten, wozu sind Sie dann in den nächsten zehn Jahren in der Lage?

Hätten Sie vor zehn Jahren gedacht, daß Sie heute so sein würden, wie Sie sind? Überlegen Sie, welche Ihrer Entscheidungen in der Vergangenheit hauptsächlich dafür verantwortlich waren, daß Sie das sind, was Sie heute sind (und tun und haben).

Sie haben diese Entscheidungen getroffen. Sie haben entschieden, was Sie sich wünschen wollten. Sie halten es in der Hand. Und Sie haben es wieder in der Hand. Sie können als erstes einmal den Zeitraum von zehn Jahren auf sieben Jahre verkürzen. Sie können jetzt festlegen, was Sie in sieben Jahren sein wollen. Was Sie besitzen wollen. Wie Ihre

Tätigkeit aussieht. Überlegen Sie genau, denn wenn Sie mit diesem Buch arbeiten, werden Sie es bekommen.

Wird diese Vision Wirklichkeit werden? Das Selbstbewußtsein, daran zu glauben, ziehen Sie aus der Vergangenheit. Verlängern Sie Ihre positiven Erlebnisse und Ergebnisse, indem Sie sie aufschreiben. Sie werden Ihnen dadurch bewußter und stärken Ihr Selbstbewußtsein.

Übernehmen Sie Verantwortung und erweitern Sie Ihren Kontrollbereich

Es gibt Dinge, die Sie direkt kontrollieren und beeinflussen können – ich will sie *Kontrollbereich* nennen –, und andere, die Sie zwar interessieren, aber die Sie nicht beeinflussen können. Denken Sie an den Fremden, der Ihr Auto demoliert. Das geht Sie zwar etwas an, ist also in Ihrem persönlichem *Universum*, aber es unterliegt nicht Ihrem Kontrollbereich.

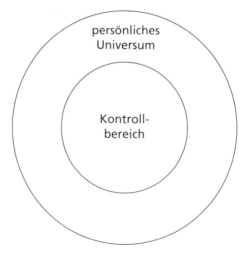

Was auch immer in Ihrem persönlichen Universum geschieht, Sie sind verantwortlich dafür, wie Sie reagieren und wie Sie die Ereignisse interpretieren.

Doch wir müssen uns nicht mit der Größe unseres Kontrollbereichs abfinden. Jeder weiß aus eigener Erfahrung, daß wir diesen Bereich ausdehnen können. Als wir kleine Kinder waren, war unser Kontrollbereich recht gering, mit 20 Jahren war er schon erheblich größer. Bis heute hat er sich weiter ausgedehnt. Wohlstand entsteht, indem wir den Bereich ausdehnen, über den wir Kontrolle haben.

Immer wenn wir glauben, ein Problem sei von außen verursacht und deshalb nicht steuerbar, ist genau dieser Gedanke das eigentliche Problem. Wann immer wir die Umstände oder andere Menschen beschuldigen, geben wir Macht ab. Eine nörgelnde, anklagende Haltung bestätigt nur unsere Schwäche.

Unsere Fähigkeit, positiven Einfluß auf unsere Situation zu nehmen, verkümmert und stirbt schließlich ganz ab. Wenn wir unsere Lage wirklich verbessern wollen, können wir auf der Stelle damit anfangen. Die Lösung kommt aber nicht von draußen, sie muß von innen kommen. Wir können auf der Stelle für alles, was in unserem persönlichen Universum geschieht, Verantwortung übernehmen. Gleichzeitig können wir unseren Kontrollbereich erweitern. Wir haben bereits in der Vergangenheit unseren Kontrollbereich vergrößert, und wir können es in Zukunft tun.

Als 16jähriger hatte ich mich entschlossen, nach Kalifornien zu gehen, um dort zu leben. Als ich ankam, war alles anders, als ich es mir vorgestellt hatte. Ich setzte mich in meinem Hotelzimmer auf ein Bett und war verzweifelt. Das »Englisch« der Amerikaner konnte ich überhaupt nicht verstehen. Mein Englisch war sowieso praktisch nicht existent. Wie sollte ich da zur Schule gehen und Geld verdienen? Ich hatte ein Problem. Ich heulte erbärmlich und fühlte mich hundeelend. Aber langsam wich die Verzweiflung und machte einem gewissen Trotz und später Stolz Platz. Schließlich war ich nach Kalifornien gekommen, um mich durchzukämpfen. Ich wußte, daß es nicht leicht werden würde.

Wenn wir unseren Kontrollbereich erweitern wollen, haben wir dazu vier Möglichkeiten.

1. Heraus aus der Komfortzone

Wir verlassen unsere Komfortzone, den Bereich, in dem wir uns sicher und wohl fühlen. Als ich in Kalifornien auf meinem Bett saß, war ich weit außerhalb meiner Komfortzone. Als ich aber angefangen hatte, mich dort in der Stadt zurechtzufinden, wuchs mein Kontrollbereich erheblich. Bald fühlte ich mich in jedem Land wohl. Und dann geschah das Faszinierende: Ich begann, mich wohl zu fühlen, wenn ich mich außerhalb meiner Komfortzone befand.

Wenn Sie öfter reisen, haben Sie das auch schon erlebt. Jede Reise bringt Sie außerhalb Ihrer gewohnten Umgebung. Und schließlich mögen Sie genau das an Ihren Reisen: das Neue, das andere. Sie haben also gelernt, sich außerhalb Ihrer Komfortzone wohl zu fühlen.

Wenn wir es uns zur Angewohnheit machen, jede Herausforderung, die wir gemeistert haben, sofort durch eine neue, größere zu ersetzen, erweitert sich unser Kontrollbereich rasant schnell. Ich glaube auch, daß das der Natur des Menschen und seiner Bestimmung am nächsten kommt. Wir fühlen uns dann am lebendigsten, wenn wir neues Terrain betreten, alles geben und Erfolg haben. Ein Boot ist zwar im Hafen sicherer, aber dafür wurde es nicht erbaut. Wir haben zwar ein Bedürfnis nach Sicherheit, aber wir haben ebenfalls ein Bedürfnis nach Abenteuer und Abwechslung. Wir wachsen in den Zeiten, in denen wir Neues wagen und uns neuen Herausforderungen stellen. Die Menschen, die den größten Kontrollbereich haben, befinden sich fast permanent außerhalb ihrer Komfortzone. Ihnen ist fast langweilig, wenn nicht eine Krise die andere ablöst. So wie der Sportler sich bewegen muß, um sich lebendig zu fühlen, so brauchen wir neue Herausforderungen.

2. Probleme

Probleme bilden ebenfalls eine gute Chance, unseren Kontrollbereich zu erweitern. Ein Problem ist deshalb ein Problem, weil es zwar innerhalb unseres persönlichen Universums, aber außerhalb unseres Kontrollbereichs liegt.

Damit birgt jedes Problem eine Chance zum Wachstum. Wenn wir uns nur die Frage stellen: »Wie löse ich das Problem?«, tut sich nicht viel. Aber wir können uns auch die Frage stellen: »Wie kann ich eine Situation herstellen, daß dieses Problem nicht mehr aufkommen kann?« Diese neue Situation bedeutet immer eine Erweiterung unseres Kontrollbereiches.

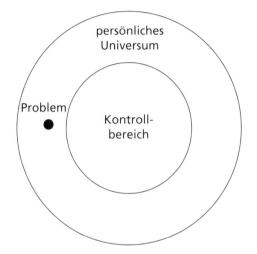

Beispiel: Sie kommen von einer Party nach Hause und stellen fest, daß bei Ihnen eingebrochen wurde. Die Tür ist aufgebrochen, und viele Dinge fehlen. Wenn Sie jetzt nur das Problem lösen wollen, rufen Sie einen Schlosser und Ihren Versicherungsagenten an. Wenn Sie aber eine Situation herstellen wollen, in der dieses Problem gar nicht mehr aufkommen kann, dann tun Sie mehr. Sie installieren zum Beispiel eine Alarmanlage und kaufen sich einen Hund. Damit haben Sie eine für Einbrecher sehr ungünstige Situation geschaffen und Ihren Kontrollbereich erweitert. Ihr Haus wird bewacht, auch wenn Sie selbst nicht im Hause sind.

Wohlstand erreicht man nicht, indem man Problemen ausweicht. Wer mehr Geld haben möchte, sollte nach einer längeren Liste von Problemen fragen.

3. Die richtigen Fragen

Wir haben bereits darüber gesprochen, daß die Qualität unserer Fragen die Qualität unseres Lebens bestimmt. Warum ist das so? Wir befinden uns die ganze Zeit in einem internen Dialog. Ständig wirft unser Gehirn Fragen auf, die wir uns selbst beantworten.

Wenn wir uns fragen: »Werde ich das schaffen?«, schließen wir die Möglichkeit nicht aus zu versagen. Allein aufgrund der Fragestellung bleibt zumindest ein Restzweifel bestehen. Die bessere Frage wäre: »Wie werde ich das schaffen?« Diese Frage schließt ein Scheitern aus. Sie werden es schaffen. Die Frage ist nur *wie*. Das Wie läßt Sie nach Möglichkeiten suchen, die auch außerhalb Ihres Kontrollbereiches liegen.

Wir sollten nicht in erster Linie nach dem Warum fragen, sondern nach dem Wie. Das Wie sucht nach Lösungen, das Warum nach Entschuldigungen. Wir finden, wonach wir suchen. Wer eine Entschuldigung sucht und findet, der braucht seinen Kontrollbereich nicht zu erweitern; er ist ja nicht schuld. Damit gibt er seine Macht ab. Wer nach dem Wie fragt, dessen Antworten führen ihn bald aus seinem Kontrollbereich heraus. Denn diese Frage impliziert das Warum: Umgekehrt schließt die Frage nach dem Warum das Wie nicht ein und läßt uns nicht nach Lösungen suchen.

Die Frage »Was kann ich?« ist ebenso wichtig. Stellen Sie sich vor, ich hätte mich in Kalifornien darauf konzentriert, was ich alles nicht kann und nicht weiß. Ich hätte sehr viele Gründe gefunden, um ganz schnell wieder nach Hause zu fahren. Es gibt viel, was ein 16jähriger Junge in einem fremden Land nicht kann. Mich darauf zu konzentrieren hätte mir kein Geld gebracht. Ich mußte mich vielmehr darauf konzentrieren, was ich konnte.

Die richtige Fragestellung lautete also: »Was kann ich, was weiß ich, welche Möglichkeiten habe ich?« Ich konnte zum Beispiel Deutsch. Folglich gab ich Sprachunterricht. Allerdings war mein Englisch so schlecht, daß ich keine fünf Minuten hätte unterrichten können, wenn ich etwas auf englisch hätte erklären müssen. Also hielt ich den Unterricht auf deutsch. Dadurch war es anfangs sehr zäh, aber meine Schüler lernten ziemlich schnell. Heute weiß ich, daß es tatsächlich die beste Methode ist, eine Fremdsprache zu lehren.

Wenn wir uns fragen:»Wer ist schuld?« suchen wir nach Ausreden. Wenn wir sagen:»Du bist schuld«, nehmen wir Raum für positive Veränderung weg. Außerdem wird die Schuldfrage uns immer in die Vergangenheit führen. Die grammatikalisch korrekte Frage wäre ja:»Wer *hatte* Schuld?« Sie können aber Ihren Kontrollbereich nicht rückwirkend erweitern. Wir benötigen unsere Energie für das Jetzt. Auch unsere Fragen sollten sich darauf konzentrieren, was wir jetzt tun können.

Lassen Sie mich ein letztes Beispiel für Fragen geben, die Ihren Kontrollbereich erweitern. Die meisten Menschen verwechseln den Zeitpunkt für die Fragen *wie* und *ob*. Wir alle wissen, daß es wichtig ist, schnelle Entscheidungen treffen zu können. Trotzdem tun sich die meisten Menschen damit schwer. Warum? Weil sie sich bereits überlegen, *wie* sie alles tun würden. *Wie* ist eine gute Frage, aber *nicht*, wenn Sie eine Entscheidung treffen wollen. Kommen wir noch einmal auf das Beispiel zurück, als ich nach Kalifornien ging. Stellen Sie sich vor, ich hätte mich gefragt:»*Wie* werde ich dort alles genau angehen, falls ich mich entscheide, dorthin zu fahren?« Glauben Sie, ich hätte mich dann jemals entschieden loszufahren?

Wenn Sie eine Entscheidung treffen, fragen Sie nach dem *Ob*. Dahinter stellt sich für Sie die Frage nach dem Warum. Warum sollen Sie etwas tun? Welche guten Gründe sprechen dafür? Das *Wie* ist zu diesem Zeitpunkt uninteressant. Es wird sich später finden.

Wenn Sie jedoch eine Entscheidung getroffen haben, sollten Sie die Fragen nach dem *Ob* nicht mehr stellen. Sie können sich nicht beim ersten Problem die Frage stellen: War meine Entscheidung überhaupt richtig? Sollte ich nicht lieber etwas anderes machen? Anstatt darüber nachzudenken, wie Sie das Problem lösen können, würden Sie sich sonst wieder die Startfrage *ob* stellen. Wir alle kennen Menschen, die endlos lange brauchen, um sich zu entscheiden, aber dann dafür um so schneller ihre Entscheidung ändern. Die richtige Reihenfolge lautet also:

1. Warum sollten Sie es tun? Entscheidung, *ob* ja oder nein.
2. *Wie* Sie es tun. Wie lösen Sie das nächste Problem? Die Gründe, nicht aufzugeben, halten Sie sich dabei immer vor Augen.

Die Fragen unseres inneren Dialoges bestimmen, welche Richtung wir gehen. Sie lassen unseren Kontrollbereich schrumpfen oder wachsen.

4. Vergrößerung Ihres privaten Universums

Ihr privates Universum beinhaltet all die Dinge, die Sie berühren. Was Ihnen wichtig ist, wofür Sie sich interessieren. Wenn Ihnen etwas wichtig ist, wollen Sie Einfluß nehmen. Zwangsläufig beginnen Sie dann darüber nachzudenken, wie Sie Ihren Kontrollbereich ausdehnen können, denn Sie wollen in Ihrem privaten Universum möglichst viele Dinge nach Ihrem Geschmack regeln.

Stellen wir uns vor, Willi Winzig und Richard Riesig arbeiten in einer Abteilung eines Weltkonzerns. Wenn sich Willi Winzig nur für seine Abteilung interessiert, muß sein Kontrollbereich nicht sehr groß sein. Währenddessen macht sich Richard Riesig Gedanken über die Richtung seines Konzerns, die Kundenbindung, das Marketing. Um mehr Einfluß zu nehmen, unterhält er Beziehungen zu verschiedenen anderen Abteilungen. Er fühlt sich unzufrieden, solange er nicht die Hauptzentrale der Firma besucht hat. Er weiß, was die Konkurrenz macht. Fast zwangsläufig vergrößert sich der Kontrollbereich des Herrn Riesig.

Forscher haben festgestellt, daß der Kundenkreis einer Firma proportional zum definierten Universum der Firma wächst. Viele Firmen konzentrieren sich hauptsächlich auf ihre Kunden und fragen sich, warum diese wohl kaufen. Andere Firmen konzentrieren sich auch auf die Nicht-Kunden. Sie fragen sich: Warum kaufen diese Menschen nicht bei uns? Wie können wir erreichen, daß diese Menschen auch bei uns kaufen? Das Universum der zweiten Firma ist viel größer, und damit vergrößert sich bald der Kundenkreis.

Lebt es sich leichter ohne Verantwortung?

Wir sind verantwortlich für die Dinge, die wir tun, und auch für die Dinge, die wir nicht tun. Die Versuchung ist manchmal groß, der Verantwortung auszuweichen. Oft erscheint es leichter und angenehmer, nicht immer die Verantwortung zu übernehmen. Aber der Preis ist zu hoch, den wir dafür zahlen müßten. Denn dann werden wir immer mehr zum Spielball anderer Menschen und leben nach den Skripten, die andere für uns schreiben.

Die größte Befriedigung haben wir, wenn wir unser Potential ausschöpfen. Erfolg heißt für mich, der Beste zu sein, der ich sein kann. Wenn ich alles gebe, fühle ich mich am lebendigsten.

Übernehmen Sie die Verantwortung für Ihre Finanzen

Die meisten Menschen sind sehr leichtsinnig, was ihre Finanzen angeht. Wo hätten sie es auch lernen sollen? Die Eltern waren meist keine leuchtenden Vorbilder. In der Schule gab es kein Fach »Wie baue ich Vermögen auf«. Unsere Gesellschaft regt dazu an, zuviel zu kaufen: Überall herrscht Überkonsum.

Die meisten Menschen um Sie herum sind ebenfalls schlechte Vorbilder. Es ist modern, über Geldmangel zu klagen. Sprüche wie »am Ende meines Geldes war noch viel Monat übrig« sind beliebt. Zudem ist Geld für viele ein trockenes, unangenehmes Thema: »Geld hat man, darüber spricht man nicht.« Und: »Geld ist nicht das Wichtigste.« Wir haben im ersten Kapitel gesehen, daß Geld sehr wohl wichtig ist. Wenn Sie es überhaupt nicht beachten und Sie sich in eine schwierige Situation bringen, dann wird Geld *zu wichtig*. Das heißt: Sie müssen vermeiden, daß Geld einen zu hohen Stellenwert in Ihrem Leben einnimmt. Schon deshalb müssen Sie Verantwortung übernehmen.

Natürlich wäre es dumm anzunehmen, daß Geld alle Probleme löst.

Aber es wäre genauso dumm anzunehmen, daß man mit Geld keine interessanten Menschen kennenlernen, faszinierende Orte besuchen, seine Möglichkeiten potenzieren und sich auf andere Tätigkeiten konzentrieren kann. Was auch immer wir mit unserem Geld tun, zeigt sich in der Zukunft. Auch was wir *für* unser Geld tun, wirkt sich in Zukunft aus. Wir gestalten unsere Zukunft wie ein Designer: Wir entwerfen heute die Formen, nach denen wir morgen leben. Schließlich wußten schon die alten Babylonier: »Unsere weisen Handlungen begleiten uns durch unser Leben, um uns zu erfreuen und uns zu helfen. Genauso sicher werden unsere unklugen Handlungen uns verfolgen, um uns zu plagen und zu quälen.«

Sie werden sehen, daß Geld viel schöner ist, als die meisten denken. Es ist auch viel einfacher, Vermögen aufzubauen, als die meisten denken. Aber Sie müssen Verantwortung übernehmen und sich darum kümmern. Armut entsteht von alleine. *Armut ergibt sich, wenn Verantwortung abgelehnt wird.* Für Wohlstand müssen Sie einige grundlegende Dinge tun, auf die wir noch ausführlich eingehen werden. Aber alles beginnt in Ihrem Kopf: Sie – und sonst niemand – sind dafür verantwortlich, wieviel Geld Sie in sieben Jahren besitzen.

Power-Tip

Übernehmen Sie volle Verantwortung für Ihr Leben und Ihre Finanzen.

- Verlassen Sie Ihre Komfortzone.
- Betrachten Sie Probleme als Chance zu wachsen.
- Stellen Sie die richtigen Fragen.
- Weiten Sie Ihr persönliches Universum aus.

Es gibt Dinge, die Sie nicht beeinflussen können. Aber Sie können entscheiden, wie Sie diese Dinge interpretieren und wie Sie reagieren. Damit haben Sie immer die Macht.

Verantwortung bedeutet: Nichts kann Ihre Einstellung und Integrität verändern. Denn Sie antworten mit dem, was Sie sind. Sie können bestimmen, wie Sie leben. Diese Einstellung ermöglicht Ihnen, zufrieden zu leben und der Beste zu sein, der Sie sein können. Wenn Sie Verantwortung übernehmen, können Sie in sieben Jahren wohlhabend sein.

Die Power-Ideen auf den Punkt

- Sie sind nicht für alle Ereignisse verantwortlich, aber Sie sind immer dafür verantwortlich, wie Sie die Ereignisse interpretieren und wie Sie darauf reagieren.
- Wem Sie die Schuld geben, dem geben Sie die Macht.
- Ihre Entscheidungen von gestern bestimmen Ihre Gegenwart. Ihre Entscheidungen von heute bestimmen Ihre Zukunft.
- Wünsche sind Vorboten für unser späteres Leben. Wir entscheiden, was wir wünschen. Und damit entscheiden wir, was wir später haben werden.
- Um Ihren Kontrollbereich zu erweitern, haben Sie vier Möglichkeiten:
  1. Verlassen Sie Ihre Komfortzone.
  2. Sehen Sie Probleme als eine Chance zum Wachstum, und fragen Sie sich: Wie kann ich eine Situation herstellen, daß dieses Problem nicht mehr auftauchen kann?
  3. Stellen Sie die richtigen Fragen.
  4. Vergrößern Sie Ihr privates Universum, und Sie vergrößern zwangsläufig auch Ihren Kontrollbereich.
- Wenn Sie älter werden, werden Sie nur eines bereuen: Die Dinge, die Sie nicht getan haben.
- Ohne Verantwortung zu leben bedeutet, sich selbst zum kraftlosen Opfer zu degradieren. Es bedeutet, nach den Skripten zu leben, die andere für Sie schreiben.
- Alle negativen Emotionen verlieren die Macht in dem Moment, in dem wir Verantwortung übernehmen.

- Sie allein, und sonst niemand, sind dafür verantwortlich, wieviel Geld Sie in sieben Jahren besitzen.

3

Ist eine Million ein Wunder?

Die meisten Menschen überschätzen, was sie in einem Jahr tun können,
und unterschätzen, was sie in zehn Jahren tun können.

Jim Rohn, The Power of Ambition

Wenn Sie wählen müßten, was würden Sie vorziehen: In den nächsten
sechs Monaten zusätzliche 50 000 DM oder 1 000 000 DM nach sieben Jahren? Würden Sie 50 000 DM in bar vorziehen oder einen »Koffer voller Fähigkeiten«? Um kurzfristig etwas mehr Geld zu verdienen,
brauchen Sie wahrscheinlich nur etwas mehr zu tun. Um aber über
1 000 000 DM innerhalb von sieben Jahren zu verfügen, ist es mit »etwas mehr tun« nicht getan.

Die fünf Ebenen,
auf denen Veränderungen stattfinden

Es gibt mehrere Ebenen, auf denen Veränderungen bewirkt werden.
Ich möchte Sie in diesem Buch auf allen fünf ansprechen. Wirklich
weitgreifende Veränderungen können nur eintreten, wenn sich auf allen fünf Ebenen etwas verändert.

1. Ebene: Es überkommt Sie die Einsicht, daß Sie mit Ihrem Zustand
nicht zufrieden sind. Um etwas zu verändern, handeln Sie.

Beispiel: Die Post häuft sich auf Ihrem Schreibtisch, und Sie beschließen, so lange daran zu arbeiten, bis Sie wieder erkennen können,
welche Farbe Ihre Schreibtischplatte hat.

2. Ebene: Die gewünschten Ergebnisse treten nicht ein. Sie erkennen, daß Handeln allein nicht ausreichend ist. Sie müssen lösungsorientiert handeln. Sie fragen sich: Wie kann ich mein Ergebnis verbessern? Wie kann ich smart statt hart arbeiten?

Beispiel: Sie arbeiten und arbeiten, aber am Ende des Monats haben Sie immer noch nicht genug verdient.

Neue Techniken und Strategien sollen die Lösung bringen. Viele Menschen erwarten übrigens genau das von einem Fachbuch: eine Formel, die Resultate bewirkt. In den späteren Kapiteln werden Sie viele konkrete Techniken, Strategien und Rezepte erhalten. Dauerhafte, entscheidende Veränderungen finden aber auf höheren Ebenen statt.

3. Ebene: Die Techniken haben Ihnen ein wenig geholfen, aber wenn Sie sich mit anderen, erfolgreicheren Menschen vergleichen, so scheinen diese müheloser zum Ziel zu kommen. Sie besitzen einflußreiche Freunde, die Ihnen Türen öffnen können.

Beispiel: Ein unerwartetes Problem trifft Sie heftig. Sie bräuchten eigentlich alle Zeit und Kraft für Ihr Geschäft, aber jetzt müssen Sie zunächst das Problem lösen. Alles geht drunter und drüber.

Die Lösung ist jetzt schon nicht mehr so einfach: Persönlichkeitsentwicklung, Wachstum der Persönlichkeit. Das klingt nicht, als ob es sehr schnell ginge, zumal Sie durch Techniken keine einflußreichen, erfolgreichen Freunde gewinnen. Hier ist es erforderlich, Zeit zu investieren, um zu dem Menschen zu werden, der Sie gerne wären. Ein Hinweis, wie das aussehen könnte: Wahrscheinlich haben Sie Vorbilder, Menschen, die Sie bewundern. Sie können ähnlich bewundernswert werden wie diese, wenn Sie Ihr Leben entsprechend gestalten.

4. Ebene: Indem Sie sich mit sich selbst und anderen beschäftigen, überdenken Sie Ihre Weltsicht. Die Brille, durch die viele die Welt sehen, verzerrt unsere schöne Welt in einen Dschungel, in dem jeder gegen jeden kämpfen muß.

Beispiel: Es gibt Menschen, die keinem trauen. Sie sind einige Male enttäuscht worden und seitdem auf der Hut. Sie beäugen alles und jeden skeptisch und suchen fleißig den Haken. Meistens schlagen sie den Haken selber ein, weil sie kein charmantes und gewinnendes Wesen haben, so daß andere sich von ihnen zurückziehen.

Das Rezept lautet: eine neue Brille, neue Gläser, durch die die Welt anders aussieht. Es gibt nicht *eine* Realität. Es gibt nur eine Realität, die wir wahrnehmen. Wenn wir durch eine neue Brille sehen, setzt sich die Welt für uns aus anderen Mustern zusammen. Der bekannte Management-Trainer Stephen Covey beschreibt folgende Begebenheit:

Eines Tages fuhr Covey im Zug zu einer Veranstaltung, auf der er sprechen sollte. Er wollte die Zeit im Zug nutzen, um sich auf seinen Vortrag vorzubereiten. Plötzlich kam ein Mann mit drei Kindern in sein Abteil. Die Kinder fingen sofort an zu toben. Sie schrien und kreischten. Sie sprangen über die Sitze und belästigten die anderen Reisenden. Der Mann, der offensichtlich der Vater dieser drei Kinder war, tat nichts. Er starrte nur teilnahmslos aus dem Fenster.

Die Kinder wurden immer ungezogener. Sie traten gegen die Sitze und zogen sogar einigen Reisenden an der Kleidung. Schließlich zupften sie einer Dame am Haar. Der Vater griff immer noch nicht ein. Da war für Stephen Covey das Faß übergelaufen. Mühsam beherrscht beschloß er einzugreifen. Energisch stand er auf, um sich bei dem Vater wirkungsvoll Gehör zu verschaffen: »Entschuldigen Sie, mein Herr. Sehen Sie nicht, daß Ihre Kinder alle Mitreisenden stark belästigen? Würden Sie sie bitte zur Ordnung rufen!«

Stolz auf seine Beherrschung und kraftvoll hervorgebrachte Aufforderung setzte er sich wieder. Langsam löste sich der Vater aus seinem Grübeln, wandte sich schließlich dem Sprecher zu und erwiderte mit leiser Stimme: »Ja, ja, es tut mir leid, wenn sich meine Kinder so benehmen. Ich habe es gar nicht bemerkt. Meine Frau, die Mutter der Kinder, ist vor wenigen Stunden gestorben. Ich weiß noch nicht, wie ich damit umgehen soll. Wir alle begreifen es noch gar nicht richtig. Ich glaube, meine Kinder verarbeiten es auf ihre Art ... Entschuldigen Sie bitte.«

Es gibt sicherlich Brillen, die uns selbst und andere glücklicher machen als die schwarzweiße Brille. Es gibt Brillen, die Chancen zeigen und nicht Fehler und Fallen.

Es gibt eine Brille, durch die Sie Geld als etwas sehen, das Waffen schafft, Kriege auslöst, Gier produziert und einsam macht. Wir müssen uns bewußt sein, daß es sich hier aber nur um eine Brille handelt. Genauso können wir eine andere Sicht in bezug auf Geld annehmen. Wir können die Brille aufziehen, die uns zeigt, daß mit Geld Krankenhäuser gebaut, Hungersnöte gelindert und die medizinischen Voraussetzungen geschaffen werden, um Leben zu verlängern. Mit Geld können bessere Lebensbedingungen geschaffen werden. Mit Geld kann viel Gutes getan werden.

Was glauben Sie, mit welcher Brille Sie eher Geld anziehen und glücklicher sind?

5. Ebene: Die stärkste Veränderung aber rufen wir hervor, wenn wir unsere Identität verändern. Die Sicht, die wir von uns selbst haben.

Beispiel: Heinz Hartig ist Verkäufer. Er arbeitet fleißig. Er beherrscht alle wichtigen Techniken. Seine Persönlichkeit ist gewachsen, und Menschen sind gerne in seiner Nähe. Er sieht Kunden auch nicht durch die Beute-Brille. Er hält demzufolge nichts von »anhauen – umhauen – abhauen«. Er berät seine Kunden und genießt deren Vertrauen. Dies ist zwar gut, aber nicht hervorragend. Die Kunden kommen noch nicht von selbst zu ihm. Den ganz großen Unterschied wird ausmachen, wie sich Heinz Hartig selber sieht. Sieht er sich als Verkäufer, dann muß er zu den Kunden gehen, oder sieht er sich als Experte, dann kommen die Kunden zu ihm.

Viele Entscheidungen fallen anders aus, je nachdem, ob er sich als Verkäufer sieht oder die Vision hat, Experte zu werden. *Unser Selbstbild wird schließlich zu unserer selbsterfüllenden Prophezeiung.*

Ich hatte einmal einen Geschäftspartner, der sich selbst gerne in der Opferrolle sah. Er war sich sicher, niemand sei so oft betrogen und übervorteilt worden wie er. Dazu setzte er die Alle-sind-böse-Brille auf.

Tatsächlich war er von einer Firma dreimal betrogen worden, ohne das beweisen zu können, und hatte viel Geld verloren. Das bestärkte ihn in dem Glauben, daß er Betrug magisch anziehe. Er sei zu gut für diese Welt, dachte er. Leider konnte er sich aufgrund vertraglicher Verpflichtungen nicht von dieser Firma lösen. Er wollte es wohl auch nicht, bestätigte sie ihn doch so schön in seiner Opferidentität.

Bald hatte er mich auf seine negative Haltung eingestimmt: »Herr Schäfer, wir können nicht vorsichtig genug sein.« Wenig später ertappte ich mich dabei, wie ich zusammen mit ihm einen »Schutzplan« entwarf. Das war zumindest als erster Schritt in ein neues Unternehmen nicht klug. Zuerst benötigt man einen Umsatz, den man beschützen kann. Zweitens entspricht es nicht meinem Selbstbild: Ich will bei jedem Fehlschlag das Positive sehen. Ich glaube fest, daß alles auch eine positive Seite hat.

Also schlug ich auf den Tisch und sagte: »Schluß. In diese Richtung will ich nicht denken. Lassen Sie uns herausfinden, was gut daran ist, daß Sie dreimal betrogen worden sind.« Mein Partner lief rot an und drohte zu ersticken: »Gut? Sind Sie von allen guten Geistern verlassen?«

Um es kurz zu machen: Wir haben danach gesucht, was gut an seinen Mißerfolgen war, und wir haben es gefunden. Die Firmenbosse waren, bedingt durch ihr schlechtes Gewissen, bereit, uns ungewöhnlich weit entgegenzukommen. Wir konnten mit einem einzigen Gespräch eine große Summe Geld »verdienen«.

Das Wunder geschieht auf fünf Ebenen

Wenn Sie Ihre Million mit ein paar Techniken rasch und mühelos erarbeiten wollen, muß ich Sie enttäuschen. Dieses Buch ist kein Fertiggericht, das Sie nur noch aufwärmen, das heißt lesen müssen, und schon sind Sie reich. Der Grund, warum das nicht funktioniert, ist, daß einschneidende Veränderungen auf allen fünf Ebenen stattfinden können und müssen. Wenn Sie aber alle fünf Ebenen berücksichtigen, dann werden Wunder möglich.

Eines Tages kam Petrus zu Jesus und sagte:»Meister, wir haben ein Problem. Morgen müssen wir Steuern zahlen, und wir haben kein Geld.« Jesus antwortete:»Kein Problem.« Petrus war etwas irritiert: »Meister, du verstehst nicht, ich habe gesagt, morgen müssen wir Steuern bezahlen, und wir haben kein Geld. Das ist ein Problem.« Jesus antwortete wieder:»Kein Problem.«

Es ist gut, sich mit Menschen zu umgeben, die alles tun, was notwendig ist, um ein Problem zu lösen. Sie stehen so früh auf und gehen so spät ins Bett wie nötig. Sie lesen so viele Fachartikel und Bücher wie nötig. Sie befragen so viele Menschen wie nötig, und sie machen so lange weiter, wie es nötig ist, um ihr Problem zu lösen. Das sind Menschen, bei denen das Wort Problem nicht das Verzweiflungsprogramm auslöst. Sie jammern auch nicht:»Nein, warum muß das gerade mir passieren.«

Jesus hat das Problem recht einfach gelöst. Er befahl Petrus, fischen zu gehen. Da Petrus Fischer war, war das gar kein abwegiger Gedanke. Der erste Fisch, den Petrus fing, hatte eine Münze im Maul, mit dem die Steuern bezahlt werden konnten.

Die Lehre ist einfach:

Ebene 1: Das Wunder ereignet sich, wenn wir etwas dafür tun.

Ebene 2: Wenn man fischen geht, ist es hilfreich, die Techniken zu beherrschen.

Ebene 3: Sie sollten eine Persönlichkeit sein, zu der andere kommen, weil Sie als stark und kompetent bekannt sind. Petrus kam sofort zu Jesus, weil»dem schon etwas einfällt«.

Ebene 4: Die Steuer ist kein Problem. Der Staat ist ja nicht nur dazu da, um Sie zu schröpfen.

Ebene 5: Die Identität: Ein Kein-Problem-Mensch.

Die Welt ist voll von Menschen, die Wunder bewirkt haben. Wunder sind für uns Ereignisse in Raum und Zeit, die unseren Erfahrungen widersprechen. Etwas, das Sie sich heute aufgrund Ihrer Erfahrungen nicht vorstellen können, ist ein Wunder. Eine gewisse Menge an Vermögen, ein bestimmter Verdienst erscheint vielen als Wunder. Das Doppelte von ihrem monatlichen Einkommen können sich die meisten Menschen vorstellen – das Fünf- oder Zehnfache wäre dagegen für sie ein Wunder.

Es gab eine Zeit, da wäre es für mich ein Wunder gewesen, 20 000 DM monatlich zu verdienen. 50 000 DM war absolut unvorstellbar. Zweieinhalb Jahre später habe ich das erste Mal über 100 000 DM in einem Monat verdient. Rückschauend kam es mir gar nicht so wunderbar vor, denn ich wußte, wie ich es gemacht hatte, und ich hatte hart für das *Wunder in bar* gearbeitet.

Das Wunder geschieht, wenn Veränderungen auf der dritten, vierten und fünften Ebene geschehen. Diese Veränderungen können wir vorbereiten.

Sich hinzusetzen und auf ein Wunder zu warten ist so dumm, wie wenn sich ein Sportler zu Hause vor den Fernseher setzt, die Olympiade anschaut und hofft, daß er eine Goldmedaille bekommt. Das Wunder kommt nicht zu uns. Wir müssen selbst Wunder bewirken.

Die vier Disziplinen, die das Wunder bewirken, nenne ich *konstant lernen und wachsen.*

Konstant lernen und wachsen ist für mich zu einer Lebensweise geworden. Wenn wir nicht mehr wachsen, sterben wir. Wachstum ist Leben. Konstant zu lernen und zu wachsen bedeutet, sich lebendig zu fühlen. Es bedeutet, der Beste zu sein, der Sie sein können.

Bücher

Ist Ihnen schon einmal aufgefallen, daß es in jeder Villa reicher Menschen eine Bibliothek gibt? Was glauben Sie? Haben diese Reichen eine Bibliothek, weil sie sich eine kaufen konnten? Oder sind sie so reich, weil sie frühzeitig viel gelesen haben?

Ein weiser Mann sagte einmal: »Ein Mensch ist die Summe aller Bücher, die er gelesen hat.« Warum ist Lesen so wichtig? Zum einen, weil Wörter eine Idee bedeuten. Jedes neue Wort, das wir lernen, bedeutet eine neue Idee. Ideen aber sind unbezahlbar. Zum anderen entwickelt sich unser Einkommen oft parallel zu unserem Wortschatz.

Wir haben einen großen Vorteil: Heute gehören Bücher zum Leben. Das war nicht immer so. Wenn Sie im vorherigen Jahrhundert studiert hätten, dann hätten Sie keine Bücher gehabt. Ich bezeichne es als Vorteil, daß wir in wenigen Stunden die Essenz vieler Jahre in bezug auf Erfahrung und Forschung lesen können. Wir brauchen nicht mehr alle Fehler selbst zu machen. Alles Wissen steht irgendwo geschrieben. Allerdings müssen wir danach suchen. Wir müssen der Information entgegengehen. Wir haben Meinungs- und Pressefreiheit, und wir haben die Druckkunst erfunden.

Was machen Sie aus dieser Chance? Lesen Sie Bücher zu allen fünf Bereichen Ihres Lebens? Zwei Bücher pro Woche ergibt über 100 Bücher im Jahr. In sieben Jahren sind das 700 Bücher. Glauben Sie, daß 700 Bücher Sie verändern?

Sie werden fragen:»Wie soll ich das schaffen? Soviel Zeit habe ich nicht!« Das erste Buch, das Sie lesen sollten, ist ein Buch über Schnelllesen, denn Zeit ist kostbar. Wenn Sie nur drei Stunden üben, werden Sie Ihre Lesegeschwindigkeit immer weiter erhöhen. Sie können dann leicht 1 000 Worte pro Minute lesen, das heißt, Sie lesen ein 300-Seiten-Buch in weniger als zwei Stunden.

Ein Tip, um zusätzlich Zeit zu sparen: Wann immer Sie eine interessante Persönlichkeit kennenlernen, nutzen Sie die Zeit, anstatt sie mit »Smalltalk« zu verschwenden. Fragen Sie nach den zwei bis drei besten Büchern, die dieser Mensch gelesen hat. Gehen Sie noch einen Schritt weiter, und fragen Sie, warum er oder sie diese Bücher so gut findet. Umgehend erhalten Sie gratis eine Zusammenfassung durch einen kompetenten Leser. Sie wissen innerhalb von wenigen Minuten, ob Sie diese Bücher selber lesen wollen. Auf diese Weise bin ich auf manche Schätze in Form von Büchern gestoßen.

Ihr persönliches Erfolgsjournal

Journale sind leere Bücher – Bücher, die *Sie* schreiben. Und zwar nur für sich alleine. Jeder Mensch sollte täglich sein *Erfolgsjournal* schreiben. Tragen Sie alles ein, was Ihnen während des Tages gut gelungen ist: jedes Lob und jede Anerkennung, die Sie bekommen haben, wenn Sie diszipliniert waren, wenn Sie eine Aufgabe erfüllt haben, wenn Sie einen Menschen glücklich gemacht haben.

Unserem Gehirn können wir leider nicht immer trauen. Wir merken uns Fehler und Ausrutscher elfmal leichter und auch elfmal länger als Erfolge. Dadurch haben wir insgesamt ein viel zu schlechtes Bild von uns selbst. Auch unser Umfeld und unsere Erziehung unterstützt diese negative Tendenz. So hören wir als kleines Kind bis zum zwölften Lebensjahr für jedes Ja siebzehnmal ein Nein. Mindestens 80 Prozent aller Medienmeldungen sind negativer Art. Es ist deshalb wichtig, daß wir dagegenhalten und zumindest das Bild über uns selbst geraderücken.

Von großen Männern und Frauen sind uns sehr oft Tagebuchaufzeichnungen erhalten geblieben. Interessant ist, daß diese Persönlichkeiten mit ihren Aufzeichnungen sehr früh in ihrem Leben begonnen hatten, lange bevor sie etwas Nennenswertes geleistet hatten und bevor sie berühmt wurden. Sie konnten damals auch noch nicht wissen, daß sie einmal berühmt werden würden. Könnte es sein, daß die täglichen Aufzeichnungen mit dazu beigetragen haben, daß sie später so erfolgreich wurden? Auf jeden Fall haben die Aufzeichnungen ihre positiven Gedanken verlängert.

Nehmen Sie sich also wichtig genug, um über sich selbst zu schreiben.

Bevor ich meinen Arbeitstag beginne, schreibe ich in mein Erfolgsjournal und baue mein Selbstbewußtsein systematisch weiter aus. (In Kapitel 7 erfahren Sie, warum Ihr Verdienst direkt von Ihrem Selbstbewußtsein abhängig ist.)

Mit den Jahren ist ein Ideenjournal dazugekommen (alle Ideen, die ich habe), ein Beziehungsjournal (alles, worüber ich mich sehr gefreut habe), ein Erkenntnisjournal (was ich aus meinen Fehlern gelernt habe, damit ich sie nicht umsonst begangen habe) und einige andere ...

Selbstbewußtsein ist kein Zufall. Wir können nie genug Selbstbewußtsein haben. Ob wir stehenbleiben oder weitermachen, hängt immer wieder davon ab, ob wir das Selbstbewußtsein besitzen, den nächsten Schritt zu wagen.

Immer wieder erleben wir: *Menschen mit geringem Selbstwertgefühl be-*

schützen sich selbst, indem sie kein Risiko eingehen. Doch ein Mensch, der
nichts riskiert, tut nichts, hat nichts und ist nichts.

Den Unterschied macht immer wieder das Selbstbewußtsein aus. Nichts baut es systematischer und wirkungsvoller auf als ein Erfolgsjournal.

Bitte überlegen Sie gleich jetzt, was Ihnen heute oder gestern gut gelungen ist. Was haben Sie erledigt? Wen haben Sie aufgebaut? Wer hat Ihnen ein Kompliment gemacht?

Wenn Ihnen jetzt wenig einfällt, dann ist Ihr Selbstwertgefühl unterentwickelt. Je weniger Sie jetzt schreiben können, desto wichtiger ist es für Sie, bald ein Erfolgsjournal zu führen.

Selbst wenn Sie bereits vor Selbstwertgefühl bersten, liegt für Sie die nächste Aufgabe bereit, an der Sie wachsen können. Ob Sie sich dieser Aufgabe stellen, wird Ihr Selbstwertgefühl entscheiden. Um zu erleben, wie wahr dies ist, stellen Sie sich doch bitte folgende Frage:

Welches Ziel würden Sie anstreben, wenn Sie genau wüßten, daß Sie nicht scheitern können (Bundeskanzler, Schriftsteller, Formel-1-Weltmeister, Retter des Regenwalds, Großgrundbesitzer in Kanada, Partner einer bestimmten Person, ...)?

Wir denken oft, daß wir aus Bequemlichkeit oder aufgrund einer gewissen Sättigung den nächsten *entscheidenden* Schritt nicht setzen. Richtig ist aber: Bequemlichkeit ist nur vorgeschoben; in Wahrheit glauben wir nicht an unseren Erfolg.

Power-Tip:

Bauen Sie Ihr Selbstbewußtsein auf, indem Sie täglich ein Erfolgsjournal führen.

- Unser Selbstbewußtsein entscheidet, ob wir Risiken eingehen.
- Ohne Risiken einzugehen ist Wachstum nicht möglich.
- Unser Gehirn, unsere Erziehung und unsere Umwelt sind im allgemeinen nicht dazu geeignet, unser Selbstwertgefühl zu steigern. Selbst-Wert ergibt sich aus Selbst-Bewußtsein. Das Journal macht Ihnen bewußt, *wie gut* Sie sind.
- Während Sie das Journal führen, lernen Sie, sich auf Ihre Vorteile zu konzentrieren.
- Nach einiger Zeit werden Sie tagsüber bereits feststellen: Das ist mir gut gelungen, das kann ich in mein Journal schreiben.
- Unsere Erwartungen bestimmen, was wir bekommen. Unser Selbstwertgefühl entscheidet, wie hoch unsere Erwartungen sind.

Seminare

Seminare haben Büchern gegenüber noch einige zusätzliche Vorteile: Wir hören, sehen, fühlen und erleben gleichzeitig. Je mehr unsere Sinne angesprochen sind, um so besser lernen wir. Darüber hinaus können wir mit dem Referenten sprechen. Meistens ist es mir sogar in großen Seminaren gelungen, den Trainer persönlich kennenzulernen und eine Beziehung aufzubauen.

Seminare bieten darüber hinaus die Möglichkeit, sich einmal völlig aus dem Tagesgeschäft herauszunehmen und sich selbst aus einer Distanz heraus zu betrachten. Dies erleichtert uns das sogenannte »laterale Denken«, das heißt, wir können querdenken, in ungewöhnliche, neue Richtungen. Manchmal achten wir auch stärker auf unsere Intuition.

Diese Atmosphäre konzentrierten Lernens wird noch dadurch unterstützt, daß wir andere, ähnlich gesinnte Teilnehmer treffen. Und aus diesen Bekanntschaften können sich wertvolle Beziehungen entwickeln.

Gute Seminare sind teuer, und das hält viele Menschen davon ab, sie zu besuchen. Ich habe frühzeitig in meinem Leben eine Entscheidung getroffen, als ich kaum Geld besaß: die, auf mindestens vier Seminare pro Jahr zu gehen. Ich konnte es mir oft nicht leisten, aber ich wußte, daß ich es mir erst recht nicht leisten konnte, mich nicht fortzubilden. *Denn der Preis, den wir für unsere Fortbildung bezahlen, ist nichts im Verhältnis zu dem Preis, den wir für unsere Ignoranz bezahlen müssen.* Inzwischen hält mich auch ein hoher Preis nicht zurück. Ich habe Seminare für 30 000 DM besucht. Und jedesmal habe ich weit mehr als das Doppelte der Seminarkosten innerhalb der nächsten zwei Monate *zusätzlich* verdient.

Was uns Europäern ungeheuerlich scheint, ist in den USA als absolut notwendig anerkannt. Amerikanische Firmen stellen ihre Mitarbeiter durchschnittlich 40 Tage im Jahr von der Arbeit frei, um sie auf Seminare zu schicken. 40 Tage, an denen die Mitarbeiter nicht arbeiten – und die die Firma bezahlt. Und es rechnet sich. In Japan ist die Rate noch höher.

Der Seminarmarkt erzielt in den USA pro Jahr über 700 Milliarden DM Umsatz (doppelt soviel wie der Personal-Computer-Markt)! Wir Europäer müssen aufpassen, daß wir von dieser Entwicklung nicht abgekoppelt werden.

Vorbilder

Von der ersten Minute unseres Lebens an lernen wir das meiste durch Nachahmung. Wir werden viel stärker von unserer Umgebung beeinflußt, als wir es heute wahrhaben wollen. Kein Buch und kein Studium beeinflußt und gestaltet uns auch nur annähernd so stark wie die Menschen, die uns umgeben.

Umgeben wir uns mit Menschen, die besser sind als wir, werden wir wachsen. Umgeben wir uns mit Menschen, die schlechter sind als wir, werden wir stagnieren. Dennoch unterschätzen wir diesen Einfluß, weil wir uns gerne als eigenbestimmt definieren. Mein letzter Coach drückte es so aus: »Wer mit Hunden ins Bett geht, wacht mit Flöhen auf.«

Dieses Thema ist so schwer zu akzeptieren, so wichtig und gleichzeitig in seiner Konsequenz so hart, daß ich ihm ein ganzes Kapitel gewidmet habe – Kapitel 13:»Der Coach und das Experten-Netzwerk«.

Für ein Wunder brauchen Sie Mut

Am Anfang dieses Kapitels haben Sie gelesen: *Die meisten Menschen überschätzen, was sie in einem Jahr tun können, und unterschätzen, was sie in zehn Jahren tun können.*
Um wirklich sehr viel zu bewirken, sind einschneidende Veränderungen auf allen fünf Ebenen nötig. Das braucht Zeit. Und dieses Wachstum zeigt sich unter Umständen nicht sofort, dann aber »explodiert« es plötzlich.
Der Bambus illustriert dies sehr dramatisch. Ein Bambusfarmer setzt den Keimling in die Erde und bedeckt ihn mit Asche. Dort bleibt das schlafende Pflänzchen vier Jahre lang. Jeden Morgen wässert der Farmer die Sprossen. Vier Jahre lang jeden Morgen. Am Ende des vierten Jahres bricht das Pflänzchen endlich durch die Oberfläche. Dann allerdings wächst der Bambus innerhalb von nur 90 Tagen etwa 20 Meter!
Während der vier Jahre weiß der Farmer gar nicht sicher, ob das Pflänzchen noch lebt. Aber er hat Vertrauen und verläßt es nicht. Ein langfristiger Denker braucht diese Überzeugung. Die Kunst ist, sich nicht entmutigen zu lassen. Nichts macht mehr Mut, als an allen fünf Ebenen gleichzeitig zu arbeiten.

Kein Wunder ohne Risiken

Um innerhalb von sieben Jahren ein Vermögen zu schaffen, brauchen Sie Risikobereitschaft. Was bedeutet ein Risiko für Sie? »Gegen einen Stier zu kämpfen, wenn du keine Angst hast, ist nichts«, sagte einmal ein berühmter Stierkämpfer. »Und nicht gegen den Stier zu kämpfen, wenn du Angst hast, ist auch nichts. Aber gegen den Stier zu kämpfen, wenn du Angst hast – das ist etwas.«

Ein sehr vermögender Mann drückte es so aus: »Alles, was sich wirklich gelohnt hat, hat mich anfangs zu Tode geängstigt.« Hätten Sie nicht Angst, bevor Sie einen neuen Schritt setzen, so wäre das ein Hinweis darauf, daß der Schritt, den Sie gerade setzen möchten, eine Nummer zu klein für Sie ist.

Im ersten Kapitel haben wir darüber gesprochen, »*Großes zu vollbringen*«. Was ist *Großes*? Vielleicht tun Sie etwas, das Ihnen sehr leichtfällt, und andere bewundern es. Möglicherweise ist es aber auch genau andersherum: Sie kämpfen hart, müssen Ihre Angst überwinden, und andere Menschen registrieren es gar nicht. *Darum sollten wir uns nicht an anderen messen, sondern nur an dem, was wir erreichen könnten.* Bitte lesen Sie die folgenden Sätze und überdenken Sie Ihre Risikobereitschaft:

- Wir vergessen, daß es oft gleichermaßen riskant sein kann, unseren bisherigen Weg weiterzugehen. Dieser Weg muß nicht sicherer sein, nur weil er uns vertraut erscheint.
- Das Leben ist ein Spiel. Wer nichts riskiert, kann nicht gewinnen.
- Es gibt auf diesem Planeten keine Sicherheiten, nur Gelegenheiten.
- Tun Sie alles sofort, denn für den großen Erfolg sind Sie niemals genügend vorbereitet.
- *Der einzige Mensch, der niemals einen Fehler macht, ist der Mensch, der niemals etwas tut.* (Theodore Roosevelt)
- Der Schmerz der Ungewißheit ist viel stärker als die Gewißheit des Schmerzes.
- *Es gibt Risiken und einen Preis für jeden Aktionsplan. Aber diese sind viel geringer als die langfristigen Risiken und der Preis für komfortables Untätigsein.* (John F. Kennedy)
- Wenn Sie Angst haben zu verlieren, werden Sie niemals gewinnen.
- *Gehen Sie Risiken ein; Sie können nicht vom Fußboden fallen.* (Daniel S. Peña)

Wenn wir wollen, daß sich die Dinge für uns ändern, müssen wir uns ändern. Jede Änderung bedeutet für uns ein Risiko, weil wir unsere gewohnte Umgebung in irgendeiner Weise verlassen. Wachstum liegt außerhalb unserer Komfortzone. Darum sagte einer meiner Mentoren immer: »Verlasse deine Komfortzone. Ersetze sofort jedes gelöste Problem durch ein neues, größeres Problem.«

Sie werden in diesem Buch auch einen Plan finden, um innerhalb von 20 Jahren ein Vermögen aufzubauen, von dessen Zinsen Sie sehr gut leben können. Aber Sie können es auch in sieben Jahren schaffen. Ein Wunder geschieht, wo Veränderungen stattfinden. Aber Sie müssen bereit sein, Ihre Komfortzone zu verlassen und Risiken einzugehen. Und Sie brauchen Glück.

Brauchen Sie wirklich Glück?

Sie brauchen viel Glück. Aber was ist Glück? Lassen Sie mich Ihnen zunächst sagen, was Glück nicht ist. Glück ist nicht ein sehr wünschenswertes Etwas, das einem Menschen zufällt, ohne daß er sich anstrengen müßte.

Frank Sinatra wurde über Nacht zum Star. Ein Auftritt – live im Fernsehen, und er wurde im ganzen Land gefeiert. Darauf angesprochen, was für ein unglaubliches Glück er gehabt habe, soll er geantwortet haben: »Erstens habe ich diese Nacht nicht verschlafen, und zweitens habe ich mich zehn Jahre auf diese Nacht vorbereitet.«

Der Golfprofi Bernhard Langer schlug einmal einen Ball in einen Baum. Statt herauszufallen, blieb der Ball auf einer hochgelegenen Astgabel liegen. Das Spiel schien verloren. Da stieg Langer auf den Baum, setzte sich auf den Ast, schlug den Ball heraus. Und der landete mitten im Green. Langer lochte ein und gewann das Turnier. Ein Journalist fragt ihn: »Herr Langer, da haben Sie aber unheimliches Glück gehabt, nicht wahr?« Bernhard Langer antwortete: »Ja, das habe ich auch schon bemerkt, je mehr ich übe, desto mehr Glück habe ich.«

Spektakuläres Glück ist bei genauer Betrachtung oftmals nicht mehr als das Ergebnis ganz und gar nicht spektakulärer jahrelanger Vorbereitung.

Wie entsteht Glück?

Es gibt immer wieder Menschen, die mit Geld großes Glück haben. Wenn Sie sich aber dieses Glück genauer unter die Lupe nehmen, erkennen Sie eine ähnliche Vorbereitung. In der Regel sind es Menschen, die gelernt haben zu sparen. Sie verfügen über eine gewisse Geldmenge, und sie haben gelernt, Chancen zu ergreifen. Das Glück klopft bei allen Menschen in Form von Chancen an. Einige hören das Klopfen gar nicht, weil sie die Chancen nicht erkennen. Wer zu sehr »umherhechten« muß, um seine Rechnungen zu bezahlen, hat den Kopf nicht frei, um Chancen zu erkennen.

Andere erkennen die Chancen zwar, aber sie können keine Entscheidung treffen und wollen alles aufschieben. Gute Gelegenheiten rasen schnell an uns vorbei. Sie warten nicht auf langsame Genossen. Wir müssen sofort zugreifen.

Nur wenige Menschen erkennen die Gelegenheit, haben das nötige Kapital und greifen sofort zu. Sie haben Glück. Und ganz wenige Menschen machen sich auf und suchen nach Chancen. Sie haben viel Glück.

Die Bestandteile von Glück sind also:
- Kapital ansparen,
- Gelegenheiten erkennen,
- schnell eine Entscheidung treffen können und sofort zugreifen.

Wenn jemand großes Glück hatte, ist er oft dem Glück entgegengegangen und hat Risiken auf sich genommen. Wir sehen die Rosen, aber nicht den Spaten. Wir sehen das Glück, aber nicht die Vorbereitung. Wir sehen auch nicht die Fehlschläge. Wir würden überrascht sein, wie systematisch die Vorbereitung der »Glückspilze« ist.

Wir neigen dazu, Dinge, die wir nicht verstehen, als Wunder oder Glück abzutun. Wir haben jedoch gesehen, daß Wunder »gebaut« werden. Und auch Glück ist das Ergebnis von jahrelanger Vorbereitung.

Letztendlich liegt es an unserer Einstellung, ob wir Wunder im Bereich des Übersinnlichen ansiedeln, nur weil wir sie nicht erklären können. Und ob wir behaupten, einfach kein Glück zu haben. Sie wären dann nicht verantwortlich, und Ihr Pech wäre eine prima Ausrede. Wenn Sie jedoch Verantwortung übernehmen wollen, ist Glück für Sie planbar. Und jeder Mensch hat seine Chancen.

Die grundlegende Frage ist: Wollen wir für alles Verantwortung übernehmen – auch für Wunder und Glück? Wenn ja, dann werden Sie sich wundern, welche Wunder Sie bewirken können. Wenn Sie Verantwortung ablehnen, dann werden Sie behaupten, »Pech gehabt zu haben« (und wer kann schon dagegen ankämpfen). Wenn Sie Verantwortung übernehmen, dann planen Sie Ihr Glück.

Ist es einfach, das Wunder zu tun?

Wenn Sie die nächsten Kapitel lesen, werden Sie feststellen, daß nichts schwer zu verstehen ist. Es ist tatsächlich so, daß es *leicht* ist, reich zu werden. Es ist leicht, die einzelnen Disziplinen zu verstehen und anzuwenden.

Könnten Sie sich heute hinsetzen und eine Stunde lesen und fünf Minuten in Ihrem Erfolgsjournal schreiben? Könnten Sie pro Quartal auf ein Seminar gehen? Und könnten Sie sich mit ausgesuchteren Menschen umgeben? Natürlich, denn es ist leicht zu verstehen.

Trotzdem ist es nicht *einfach*. Denn auch ganz leichte Dinge sind nicht einfach, wenn sie beständig getan werden müssen. Disziplin und geänderte Gewohnheiten sind nicht einfach. Eigentlich sind sie sogar fast gar nicht zu schaffen. Wie oft schon haben wir uns etwas vorgenommen und später einfach nicht getan?

Die Antwort dazu werden Sie in Kapitel 5 finden. Sie werden sehen, daß Disziplin und neue Gewohnheiten immer mit neuen Glaubenssätzen beginnen. Ohne neue Glaubenssätze werden wir unsere Gewohnheiten nicht verändern, aber wenn wir neue Glaubenssätze »einrichten«, dann sind neue Gewohnheiten kein Problem.

Chancen verschwenden ihre Zeit nicht mit Menschen, die unvorbereitet sind. Jede Vorbereitung beginnt mit der inneren Einstellung. Glauben Sie wirklich, daß Sie alleine verantwortlich sind? Die Bereitschaft, volle Verantwortung zu übernehmen, ist für das Wunder wesentlich. Wer Verantwortung übernimmt, läuft auf vollen Touren.

Die Power-Ideen auf den Punkt

- Die meisten Menschen überschätzen, was sie in einem Jahr tun können, und unterschätzen, was sie in zehn Jahren tun können.
- Eingreifende Veränderungen finden auf fünf Ebenen statt: Taten, Techniken, Persönlichkeitsentwicklung, Weltsicht und Selbstbild.
- Sie können Risiken in Ihren Möglichkeiten sehen, oder Sie können in Ihren Möglichkeiten Risiken sehen.
- Befriedigender, als eine Million zu haben, ist es, Millionär zu sein – der Mensch zu sein, der in der Lage ist, Wunder zu bewirken.
- Menschen mit geringem Selbstwertgefühl beschützen sich selbst, indem sie kein Risiko eingehen.
- Um Wunder zu tun, brauchen Sie Risikobereitschaft.
- Hätten Sie nicht Angst, bevor Sie einen neuen Schritt setzen, so wäre das ein Hinweis darauf, daß dieser Schritt eine Nummer zu klein für Sie ist.
- Spektakuläres Glück ist bei genauer Betrachtung oftmals nicht mehr als das Ergebnis ganz und gar nicht spektakulärer, jahrelanger Vorbereitung.
- Wir sind verantwortlich dafür, wieviel Glück wir haben. Wir sind auch verantwortlich dafür, wie viele Wunder sich in unserem Leben ereignen.

4
Warum sind nicht mehr Menschen wohlhabend?

Es ist ein großer Unterschied, ob Sie spielen, um nicht zu verlieren,
oder ob Sie spielen, um zu gewinnen.

Daniel S. Peña, Raising Capital

Im Alter von 25 Jahren beginnen in Deutschland 1 000 Menschen ihre
berufliche Laufbahn. Sie sind einer davon. Was glauben Sie, wie hoch
ist wohl die Chance, daß Sie mit 65 Jahren Millionär sind?
Laut Statistik beträgt Ihre Chance 0,2 Prozent. Schauen wir uns den
jährlichen Bruttoverdienst der Beschäftigten in Deutschland an:

- 87,30 Prozent verdienen weniger als 50 000 DM,
- 10,40 Prozent verdienen zwischen 50 000 und 100 000 DM,
- 1,60 Prozent verdienen zwischen 100 000 und 200 000 DM,
- 0,50 Prozent verdienen zwischen 200 000 und 500 000 DM,
- 0,10 Prozent verdienen zwischen 500 000 und 1 000 000 DM,
- 0,05 Prozent verdienen über 1 000 000 DM.

Es ist leicht, die Grundprinzipien des Wohlstandes zu lernen, die in
diesem Buch beschrieben sind. Warum sind dann nicht mehr Menschen wohlhabend? Weil es genauso leicht ist, arm zu bleiben. Es ist
leicht, täglich Eintragungen in dem Erfolgsjournal zu machen. Es ist
aber auch leicht, es nicht zu tun. Es ist leicht, jeden Monat zehn Prozent zu sparen; es ist aber auch leicht, alles Geld auszugeben. Es ist
leicht, mehr Geld zu verdienen; es ist aber genauso leicht, wenig zu
verdienen. Den Unterschied, welche der beiden Dinge wir tatsächlich
tun, bilden unsere Glaubenssätze.
Denken Sie an Urlaub: Manche Menschen mögen es, auf einer
Liege ausgestreckt in der Sonne langsam zu köcheln. Andere müssen sich bewegen und spielen mehrere Stunden Beachvolleyball.

Beide glauben, ihre Art sei der optimale Urlaub, beiden fällt ihre Art leicht.

Einige Dinge haben alle Menschen gemeinsam, die kein Geld haben. Es gibt einige Grundsätze, an die sie sich halten, um kein Vermögen aufzubauen:

Menschen, die kein Geld haben, definieren Reichtum niemals klar

Was bedeutet Reichtum für Sie? Haben Sie eine klare Zahl vor Augen? *Das Leben ist wie ein Versandhaus. Es gibt uns genau das, was wir haben wollen.* Die Beschreibung »irgendwann eine Menge Geld« ist nicht präzise genug. Sie schreiben ja auch nicht an Ihr Versandhaus: »Bitte schicken Sie mir etwas Nettes.« Sie brauchen eine klare *Zahl*, was Wohlstand für Sie bedeutet. Also legen Sie sich fest, welche Summe Kapital Sie wann haben wollen:

Im Jahr _____ werde ich _____ DM haben.

Solange Sie die Zahl nicht festgelegt haben, kann das Leben das Geld nicht an Sie losschicken. Ein Tip: Sie können später immer noch erhöhen, aber bitte schreiben Sie die Zahl auf.

Um Reichtum klar zu definieren, sind drei Dinge notwendig: Sie müssen die genaue Zahl wissen, die Zahl aufschreiben und in Bilder umwandeln.

Denken Sie einmal an ein Bett. Haben Sie jetzt vor Ihrem geistigen Auge B-E-T-T gesehen, oder war es ein Bild? Frisch gemacht oder zerwühlt, leer oder lag jemand drin? Unser Unterbewußtsein reagiert nicht auf Zahlen und Wörter. Es reagiert auf Bilder. Um wirklich Wohlstand anzuhäufen, brauchen wir unser Unterbewußtsein als Verbündeten. Es läßt uns die Dinge automatisch tun, die nötig sind.

Haben Sie Ihrem Unterbewußtsein die Bilder gegeben, die es

braucht? Haben Sie schon einmal eine Uhr, ein Auto oder ein Haus ausgeschnitten und immer bei sich getragen? Jedesmal, wenn Sie es sich angeschaut haben, hat sich das Bild verfestigt. In meinem Leben hat es jedesmal funktioniert.

Ich glaube, wir können es uns nicht leisten, dies nicht zu tun. Unser Gehirn braucht solche »Landkarten«, an denen es sich orientieren kann. Wenn wir uns nur der normalen alltäglichen Reizüberflutung aussetzen, brauchen wir uns nicht zu wundern, wenn wir nirgendwo ankommen.

Ich habe einen erfolgreichen jungen Mann kennengelernt, der sich innerhalb von sechs Jahren vom einfachen Werkzeugmacher bis in die Firmenspitze hochgearbeitet hat.

Er sagte mir: »Ich habe mir ein Bild der Menschen besorgt, die in meinem Unternehmen über eine Million pro Jahr verdienen. Ich wollte unbedingt dazugehören. Einen Kopf habe ich ausgeschnitten und dafür ein Bild von mir dort eingeklebt. Mehrere Male jeden Tag habe ich mir das Gruppenbild angeschaut und dann kurz die Augen geschlossen. Ich habe mir vorgestellt, wie es sein würde, im Kreise dieser erfolgreichen Männer zu sein. Was sie zu mir sagen würden, wohin ich reisen würde, was ich essen und trinken würde, wie es sich anfühlen würde. Nach ungefähr einem Jahr wußte ich, daß ich es schaffen mußte. Ich verlangte es einfach von mir. Das setzte mehr Energie frei, als man sich vorstellen kann. Solange ich mich auf dieses Ziel konzentrierte, konnten keine Angst und kein Zweifel aufkommen. Das Bild war bereits Wirklichkeit in mir, bevor ich das Ziel erreichte.«

Innerhalb von sechs Jahren hatte er sein Ziel erreicht. Derjenige, dessen *Kopf er aus dem Foto geschnitten hatte, kündigte.*

Ich möchte Sie warnen: Ich habe heute genau das, was ich mir vor zehn Jahren vorgestellt habe. Es schien damals ein Wunder. Ich habe heute nicht weniger, als ich mir damals gewünscht habe. Ich weiß also, daß es funktioniert. Ich habe aber auch nicht mehr.

Power-Tip

Definieren Sie genau, was Sie wollen, und legen Sie darüber ein Traumalbum an:

- Nehmen Sie sich ein Fotoalbum, und kleben Sie all die Bilder ein, die in Zukunft Bestandteil Ihres Lebens sein sollen.
- Denken Sie an das, was Sie *tun*, *haben* und *sein* wollen.
- Nehmen Sie Bilder, die Ihre Emotionen ansprechen.
- Schauen Sie sich Ihr Traumalbum so häufig wie möglich an.
- Schließen Sie anschließend für einen Moment Ihre Augen, und beachten Sie, was Sie sehen, hören, fühlen, riechen und schmecken werden, wenn alles Wirklichkeit geworden ist.

Menschen, die kein Geld haben, machen Wohlstand zu einem Wanderziel

Wann immer wir uns gut fühlen, neigen wir dazu, unsere Ziele zu vergrößern. Und sind wir in einem Tief, würden wir die Ziele gerne runterschrauben. Unser Unterbewußtsein arbeitet aber nach Dauer und Häufigkeit. Verändern Sie darum Ihr Fernziel möglichst wenig. Je größer das Ziel, desto weniger brauchen Sie es zu verändern. Vielleicht haben Sie sich auch schon die Frage gestellt: Soll ich mir lieber kleine, realistische Ziele setzen oder große Luftschlösser ansteuern? Meiner Ansicht nach sind große Ziele viel realistischer als kleine. Ich will Ihnen auch sagen, warum.

Stellen Sie sich zunächst ein kleines Ziel vor. Sobald sich ein Problem zwischen Sie und das Ziel stellt, verdeckt Ihnen das Problem die Sicht zum Ziel.

Alles, was Sie sehen, wenn Sie in Richtung Ziel schauen wollen, ist das Problem. Sie können das Ziel überhaupt nicht mehr sehen. *Wann immer wir unsere Augen aber nicht auf das Ziel gerichtet haben, entstehen Zweifel und Angst.* Wissen Sie, was viele Menschen tun, um zu vermeiden, daß sie auf das Problem schauen? Sie suchen sich ein neues Ziel.

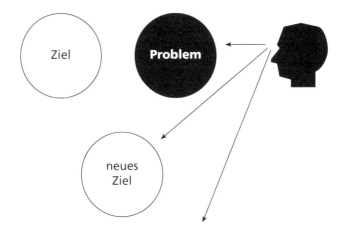

Natürlich wird auch zwischen ihnen und dem neuen Ziel irgendwann ein Problem auftauchen. Um auch diesem Problem auszuweichen, suchen sie sich unter Umständen wieder ein neues Ziel. Stellen Sie sich im Gegensatz zu dem kleinen Ziel nun vor, Sie hätten ein sehr großes Ziel. In diesem Fall wird ein Problem Ihnen nicht völlig die Sicht zu Ihrem Ziel nehmen. Sie wissen also weiterhin, warum Sie tun, was Sie tun.

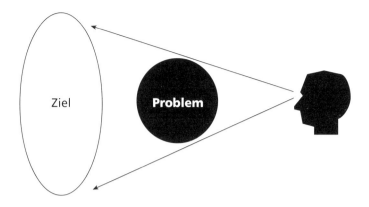

Ein weiterer Grund, warum große Ziele hilfreich sind: Ziele erweitern unsere Wahrnehmung von Möglichkeiten. Menschen neigen dazu, nur in dem Maße aufmerksam zu sein, wie sich für sie daraus ein Wert ergibt. Große Ziele erlauben uns daher, uns für mehr zu interessieren, zusätzliche Möglichkeiten zu entdecken und neue Menschen kennenzulernen.

Menschen, die großen Wohlstand angehäuft haben, hatten bereits frühzeitig große Ziele. Jedes Problem steht immer in Relation zum Ziel. So waren die Probleme *relativ klein*, auch wenn sie eventuell unüberwindbar schienen.

Nehmen Sie zum Beispiel Ted Turner, den Gründer von CNN. Als er noch jung war, lernte er einen Grundsatz von seinem Vater: *Setze dir Ziele, die du zu deinen Lebzeiten nicht erreichen kannst.* Er beschloß, den größten TV-Sender der Welt aufzubauen. Können Sie sich vorstellen, daß sich auf dem Weg dorthin einige Probleme aufgetan haben? Ted Turner sagt: »Ganz gleich, welche Probleme auftauchten, im Vergleich zu meinem Ziel waren sie relativ klein. So habe ich mich nie in meinen Problemen verloren, sondern immer den Blick auf das Ziel gerichtet.«

Menschen, die kein Geld haben, machen Wohlstand nie zu einem absoluten Muß

Stellen Sie sich vor, Sie gehen durch einen Wald und kommen an eine Schlucht. In ungefähr fünf Meter Tiefe sehen Sie eine Geldbörse, aus der einige Zehnmarkscheine herausschauen. Vorsichtig beginnen Sie, in die Schlucht hinabzuklettern. Plötzlich rutschen Sie auf den Felsen aus und können sich gerade noch im letzten Moment an einer Wurzel festhalten. Wahrscheinlich beschließen Sie, daß das Risiko, sich das Genick zu brechen, zu groß ist, und gehen weiter.

Wie würde sich diese Situation verändern, wenn Sie anstelle der Geldbörse dort unten in der Schlucht ein kleines Mädchen liegen sehen würden? Stellen Sie sich vor, es hat sich verletzt und schluchzt herzergreifend. Sofort formt sich eine neue Fragestellung in Ihrem Kopf. Sie fragen sich nicht mehr: »Soll ich da hinuntersteigen oder nicht?« Natürlich steht für Sie fest, daß Sie das verletzte Mädchen nicht einfach da liegen lassen können. Die neue Frage lautet nur noch: »*Wie kann ich das Kind herausholen?*« Dem Mädchen zu helfen wurde für Sie zu einem absoluten Muß.

Wir erleben immer wieder, daß erfolgreiche Menschen sich bewußt in eine Muß-Situation bringen. Sie verpflichten sich öffentlich. Sie bringen sich an den Punkt, an dem sie alle Menschen um sich herum wissen lassen: »Ich werde in dieses Tal steigen. Entweder siehst du mich oben vom Gipfel winken oder tot im Tal liegen.«

Menschen, die großen Wohlstand angehäuft haben, sind nicht in erster Linie mustergültige Beispiele eiserner Disziplin, sondern sie tun nur, was sie tun müssen. Sie können nicht anders. Sie würden es nicht ertragen können, arm oder Durchschnitt zu bleiben.

Sie haben es in der Hand, aus jedem Ihrer Ziele ein absolutes Muß zu machen. Legen Sie Ihr Traumalbum an, und betrachten Sie es immer wieder. Schließen Sie Ihre Augen, und malen Sie sich aus, wie es ist, so zu leben. Tun Sie das immer wieder über einen Zeitraum von drei Monaten. Schließlich werden Sie sehen, daß Ihr Unterbewußtsein beginnt, etwas Wichtiges zu akzeptieren: *Daß Sie nicht glücklich sein könnten, ohne diese Ziele zu erreichen. Daß es für Sie großen Schmerz bedeuten würde, wenn sich nichts ändert. Daß Sie Ihr Ziel einfach erreichen müssen.* Dann können Sie beginnen, sich öffentlich zu verpflichten, wohlhabend zu werden. Sie richten es so ein, daß es nun alle von Ihnen erwarten werden. Sie verkünden es so kraftvoll, daß Ihre Umwelt für den Rest Ihres Lebens über Sie spotten wird, wenn Sie es nicht schaffen. Es gibt für Sie dann keinen Weg zurück. Das mag Ihnen hart erscheinen. Vielleicht sind Sie sich auch nicht sicher, ob Sie wirklich Wohlstand brauchen. Im nächsten Kapitel werden Sie das für sich klären. Ein für allemal.

Menschen, die kein Geld haben, halten nicht durch

Als Winston Churchill schon sehr alt war, wurde er von der Universität in der Nähe seiner Geburtsstadt eingeladen, eine Rede zu halten. Es war das Ereignis in England. Von weither kamen die Menschen, um den größten und berühmtesten lebenden Engländer zu erleben. Man hatte gehört, daß er seine größte Rede halten wollte. Die geballte Weisheit seines langen Lebens wollte er in Worte kleiden.

Tausende Menschen saßen schließlich dicht zusammengedrängt im größten Vorlesungssaal der Universität und warteten gespannt auf den großen Mann und seine gewaltige Rede. Churchill stand auf, ging an das Mikrofon und sagte:»Geben Sie nie, nie, nie auf.«

Und dann setzte er sich wieder hin. Ende der Rede. Er stand auch nicht mehr auf. Langsam begann es den Anwesenden zu dämmern: Churchill wollte nicht mehr sagen, weil ihm nichts auch nur annähernd so wichtig war. Nicht aufzugeben war Inhalt seines Lebens.

Wenn seine Rede schon recht knapp ausfiel, warum begnügte er sich dann nicht damit zu sagen:»Geben Sie *nie* auf«? Warum wiederholte er *nie* viermal? Churchill wußte um die menschliche Natur nur allzugut. *Menschen neigen dazu, sich Grenzen zu setzen.*

Es ist leicht, einen Grund zum Aufgeben zu finden. *Wenn wir uns Grenzen setzen, dann werden wir sie auch erreichen.* Wenn Sie sich ein Ziel setzen, dann darf es *nichts* geben, was Sie davon abhält. Nichts, gar nichts. Denn wenn Sie irgend etwas abhalten könnte, dann werden Sie irgendwann auch abgehalten. Dann wäre es besser, Sie sparen sich die Energie und fangen gar nicht erst an.

Als deutsche Flugzeuge London bombardierten, bedrängten Churchills Vertraute ihn aufzugeben. Sie umringten ihn und redeten auf ihn ein:»Sehen Sie nicht, daß mit jeder Bombe viele Engländer sterben? Kapitulieren Sie, die Deutschen gewinnen sowieso. Jetzt ist es nur noch unnötiges Blutvergießen, für das Sie verantwortlich sind. Sie sehen zu, wie Ihr Volk grausam bestraft wird, weil Sie so halsstarrig sind. Nehmen Sie Vernunft an ...« Churchill soll in jener Nacht die Fäuste in Richtung der deutschen Bomber geschwungen und ausgerufen haben:»Ihr besiegt mich nicht. Ich gebe nie auf. Nie, nie, nie!«

Eine solche Situation könnte eine Grenze für viele Menschen darstellen. Alle Freunde und Ratgeber wenden sich von Ihnen ab. Die Menschen, die Ihnen geholfen und Kraft gegeben haben, distanzieren sich von Ihnen, wollen Ihnen Schuldgefühle einreden oder erklären Sie für verrückt.

Martin Luthers»Grenze« war nicht die katholische Kirche, die ihn nicht akzeptierte und verfolgte. Vielmehr waren es seine Freunde und Gesinnungsgenossen, die ihm Zweifel einreden wollten:»Was ist, wenn du unrecht hast? Wieviel Tausende von Menschen hast du dann auf dem Gewissen? So sicher kannst du nicht sein, daß du dieses Risiko eingehst. Du müßtest die ewigen Qualen all dieser Menschen verantworten ...«

Bevor Sie wie eine Briefmarke an Ihrem Ziel kleben, müssen Sie selbstverständlich herausfinden, ob Sie es tatsächlich erreichen wollen. Unter Umständen erreichen Sie Ihr Ziel nur, um enttäuscht festzustellen, daß es Sie nicht befriedigt. Wie viele Menschen haben lange von einem Haus mit großem Garten geträumt und bemerkten, als sie endlich in dem Haus wohnten, daß es ihnen viel zuviel Arbeit ist. Ständig Rasen mähen, putzen und renovieren, reparieren ... Unter Umständen wären sie mit einer schönen Eigentumswohnung viel glücklicher geworden.

Möchten Sie wissen, ob Ihr Ziel Sie wirklich glücklich machen und befriedigen wird? Ansonsten gehen Sie einen harten Weg, nur um am Ende festzustellen, daß Sie eigentlich etwas ganz anderes wollten. Wenn Sie sich aber absolut sicher sind, macht diese Gewißheit zusätzliche Kräfte und Motivation frei. So können Sie es prüfen. Es ist ganz einfach:

Bitte schreiben Sie ein großes Ziel auf (Haus, Auto, Job, Tätigkeit, Firma, Partner, Reise ...). Beschreiben Sie es so gut wie möglich. Lassen Sie kein Detail aus.

Schließen Sie nun Ihre Augen, und stellen Sie sich vor, wie es wäre, wenn Sie das Haus, das Auto, den Job, die Firma ... hätten. Stellen Sie sich einen typischen Tagesablauf vor. Wie fühlt es sich an? Was müssen Sie tun? Welche Tätigkeiten und Aktivitäten sind notwendig? Welche Schwierigkeiten könnten auftreten?

Wenn Sie diese Übung zehn Minuten lang durchhalten und sich dabei wohl fühlen, haben Sie eine recht große Gewähr, daß Sie nach Erreichen Ihres Ziels zufrieden sein werden. Dann lohnt es sich, niemals aufzugeben.

Menschen, die kein Geld haben, übernehmen keine Verantwortung

Wenn wir unsere Energie für Warum-Fragen aufbringen, dann finden wir Entschuldigungen. Wir suchen in der Vergangenheit, in der wir rückwirkend nichts mehr verändern können. Menschen, die Wie-Fragen stellen, konzentrieren sich dagegen auf Lösungen. Sie suchen Wege, die sie jetzt oder in Zukunft gehen können.

Wir sind immer verantwortlich, wenn etwas nicht funktioniert. Wir können unsere Verantwortung für unser Leben niemals delegieren – auch nicht an Ärzte, Anwälte und Steuerberater. Es kann hilfreich sein, solche Fachleute als unsere Manager zu sehen, die uns in gewissen Angelegenheiten helfen. Aber verantwortlich bleiben wir. Wir müssen die

Kontrolle behalten und unsere Manager managen. *Akzeptieren Sie niemals eine übergeordnete Instanz, vor deren Tür Ihre Verantwortlichkeit endet.* Ob Sie gesund sind, Rechtsstreite gewinnen oder Ihre Steuerfragen zufriedenstellend klären, unterliegt Ihrer Verantwortung. Die Fachleute helfen Ihnen dabei. Aber Sie sind der Boß.

Merkwürdigerweise sind viele Menschen zwar nach und nach bereit, immer mehr Verantwortung für einen Mißerfolg zu übernehmen, und schieben es dann nicht mehr auf irgendwelche Umstände, aber trotzdem übernehmen sie keine Verantwortung für ihre *Erfolge.*

Bitte beantworten Sie sich zwei einfache Fragen:

- Vorausgesetzt, Sie würden »alles geben«, wieviel Geld könnten Sie dann in den nächsten zwölf Monaten maximal verdienen? _____ DM.
- Wie haben Sie diese Zahl errechnet?

_____

_____

Was halten Sie von folgender Rechnung: Sie nehmen den *besten Monat*, den Sie jemals in Ihrem Leben hatten, *und multiplizieren diesen mit 12.* Anschließend steigern Sie zusätzlich diesen Spitzenverdienst jeden Monat um zehn Prozent. Hätten Sie bei solch einer Rechnung ein ungutes Gefühl, kommt Ihnen das unrealistisch vor?

Dann ist es an der Zeit, daß Sie auch für Ihre Erfolge volle Verantwortung übernehmen. Es lag eben nicht an günstigen Umständen und an dem besonderen Monat. Es lag nicht an Glück, an anderen Menschen oder an der astrologischen Konstellation. Sie allein haben diesen Erfolg bewirkt. Sie waren verantwortlich. Und Sie können ihn jederzeit wiederholen. Sie können sich die dazu nötigen Umstände schaffen. Sie haben es einmal getan und können es wieder tun.

Wenn Sie sich einreden, es sei nicht wiederholbar, dann sabotieren Sie Ihre Chance, hohes Selbstwertgefühl aufzubauen. Darum ist es auch so wichtig, ein Spitzenergebnis schnell zu wiederholen. Dann beweisen Sie sich, daß Sie der Schöpfer waren und nicht irgendwelche günstigen Umstände. Akzeptieren Sie, daß Sie sehr gut sind. Übernehmen Sie Verantwortung für Ihre Spitzenergebnisse.

Menschen, die kein Geld haben, sind nicht bereit, 110 Prozent zu geben

Wer Entschuldigungen sucht, wird Entschuldigungen finden. Hier zwei der gefährlichsten Ausreden und Entschuldigungen. Sie sind deshalb so gefährlich, weil sie sich als Lebenseinstellung verkleidet haben. In Wirklichkeit aber sind es Lebenslügen oder Ausreden:

- »Ich bin auch in Zukunft mit dem zufrieden, was ich habe.«
- »Wenn ich alles geben würde, wäre ich der Beste.«

Hinter beiden versteckt sich oft Selbstbetrug, Angst und mangelndes Selbstwertgefühl.

Zufriedenheit ist ein hehres Ziel. Wir tun alles, um glücklich und zufrieden zu sein. Was aber läßt uns glücklich sein? Die Antwort ist: Wenn wir im Einklang mit unserer menschlichen Natur leben. Und es liegt tief in der menschlichen Natur, zu wachsen und erfolgreich zu sein. Im Wachstum und in der Entwicklung liegt also letztendlich die Zufriedenheit.

Fällt Ihnen etwas ein, worauf Sie so richtig stolz sind? Eine außergewöhnliche Leistung? Etwas, worauf Sie mit großer Zufriedenheit zurückschauen? Ist es nicht so, daß Sie diese Leistung vollbracht haben, weil Sie nicht ganz zufrieden gewesen wären, wenn Sie nichts verändert hätten?

Dankbarkeit für das, was wir heute haben, ist unentbehrlich. Mit demselben aber auch morgen zufrieden zu sein, widerspricht dem menschlichen Bedürfnis nach Wachstum. Ein Baum wächst, solange er lebt. Ein Mensch, der aufhört zu wachsen, beginnt zu sterben. Größte Befriedigung haben wir, wenn wir alles geben.

Wie viele hochtalentierte Menschen schieben ihr ganzes Leben die Entschuldigung vor sich her: »Ich könnte richtig gut sein, wenn ich mich richtig anstrengen würde.« Warum es sich um eine Entschuldigung handelt? Überlegen Sie bitte: Was wäre, wenn diese Menschen alles geben würden und trotzdem keinen Erfolg hätten? Genau davor haben sie Angst. *Wer alles gibt, nimmt sich die letzte Ausrede und muß Erfolg haben.* Er kann sich nicht mehr hinter einer coolen Lebenskünstlerfassade verstecken. Nur wenn Sie 110 Prozent geben, übernehmen Sie volle Verantwortung über Ihr Leben. Sie wollen und haben dann keine Ausrede mehr. Sie müssen dann Erfolg haben. Und Sie werden Erfolg haben.

110 Prozent zu geben bedeutet Wachstum. Angenommen, Sie wollen Ihre Muskeln stählen und wollen zehnmal ein Eisen stemmen. Welche der zehn Anstrengungen ist am wichtigsten? Wann wächst der Muskel am meisten? Die Bulgaren, die die meisten Gewichthebermedaillen gewinnen, sagen: Die *Elfte*. Viele Menschen orientieren sich an 100 Prozent und erreichen nur 80 Prozent. Wenn Sie sich an 110 Prozent orientieren, erreichen Sie relativ leicht die 100 Prozent. Schnell erkennen Sie, daß 100 Prozent relativ sind.

Menschen, die kein Geld haben, fehlt ein guter Coach

Der wichtigste Grundstein für Reichtum ist ein Coach. Eine Persönlichkeit, die wesentlich erfolgreicher ist als Sie und die Sie unter ihre Fittiche nimmt und Sie fördert. Wann immer ich mit sehr reichen Menschen gesprochen habe, habe ich herausgefunden, daß sie einen Coach hatten und zumindest einige sehr nahe Vorbilder, mit denen sie sich sehr vertraut gemacht haben.

Alle reichen Menschen, die ich kenne, verfügen über ein ausgeprägtes Selbstbewußtsein. Dieses Selbstwertgefühl ist so stark, daß es ihnen schwerfällt, Fehler einzugestehen. Sie haben sich so programmiert, daß sie im Zweifel vor sich selbst immer gut dastehen. Sie haben keinerlei Schwierigkeiten, sich für ihre Erfolge verantwortlich zu fühlen. Ganz im Gegenteil, sie verdrehen Dinge gerne innerlich, um vor sich selbst noch besser dazustehen.

Aber an einen geben sie alle die Lorbeeren gerne weiter: an ihren Coach. Sie geben freiwillig zu, daß sie ihren Erfolg zu 80 Prozent und mehr ihrem Coach zu verdanken haben. Selbst Menschen wie Ross Perot und Richard Branson.

Nehmen Sie Spitzensportler. Warum haben sie alle einen Coach gehabt? Warum haben sie sogar noch einen Coach, nachdem sie sich in der Weltelite etabliert haben? Der Grund ist: *Nur ein Coach macht aufgrund seiner Erfahrung in der kürzestmöglichen Zeit das Optimale aus Ihrem Talent.* Sie brauchen also nicht alle Fehler selber zu machen. Sie können die Verbindungen ihres Coaches nutzen.

Stellen Sie sich vor, Sie hätten gerade Ihre vierjährige theoretische Ausbildung zum Oberförster beendet. Und nun wandern Sie nach Kanada aus. Sie kennen dort weder die Tücken des Waldes noch die Angewohnheiten der Tiere oder die Besonderheiten der Pflanzen. Angenommen, man bietet Ihnen ein herrliches Revier von 5 000 Hektar in den Bergen. Sie wüßten nicht so richtig, wie Sie anfangen sollten ...

Und nun stellen Sie sich vor, Sie würden herausfinden, daß in diesem Revier der uralte Förster Greybeard 67 Jahre lang gelebt hat und jeden Pfad, jedes Tier und Pflänzchen kennt. Er weiß, wo Treibsand liegt und wo Lawinengefahr besteht. Er kennt die möglichen Schädlinge und die Schlangennester. Glauben Sie, daß es nützlich sein könnte, ein halbes Jahr lang von diesem Förster Greybeard gecoacht zu werden? 67 Jahre Erfahrung in sechs Monaten!

Darüber hinaus wird ein guter Coach auch über einen längeren Zeitraum einen wohldosierten Druck ausüben können, der Sie antreibt, 110 Prozent zu geben. Denn wir tun alles, um Schmerz zu vermeiden und Freude zu erleben. Der stärkere Drang von beidem aber ist, Schmerz zu vermeiden. Stellen Sie sich vor, Sie sind in einem Zimmer und tun gerade das Schönste, was Sie sich vorstellen können. Plötzlich fängt es an zu brennen. Ihr Wunsch, Schmerz zu vermeiden und aus dem brennenden Raum zu fliehen, ist dann größer, als sich weiter Ihrer freudebringenden Handlung zu widmen. Ein guter Coach versteht das Zusammenspiel von Schmerz und Freude und kann darum seinen Schüler optimal motivieren. Er weiß, daß Schmerz zwar der stärkere Motivator ist, daß aber zuviel Schmerz lähmen kann.

Außerdem überwacht ein Coach Ihren Fortschritt objektiver, als Sie es höchstwahrscheinlich selbst täten. Wenn Sie dann vom Plan abweichen, enttäuschen Sie nicht nur sich selbst, sondern auch den Coach. Sie unterwerfen sich also stärkerem Druck. Das Muß ist stärker. Erfolgsorientierte Menschen weichen darum einer Kontrolle nicht aus, sondern begrüßen sie.

Ein Coach erwartet mehr von Ihnen, als Sie sich selber zutrauen. Erwartungen sind wie ein Kompaß. Sie bestimmen den Weg, den wir im Leben nehmen. Wenn die Meßlatte von Ihrem Coach aufgelegt wird, müssen Sie sich mehr strecken.

Power-Tip

Suchen Sie sich einen Coach.

- Der Finanzcoach sollte mindestens zehnmal soviel Geld haben wie Sie.
- Er kann Ihnen helfen, Fehler zu vermeiden.
- Er fördert Ihr Talent und verhindert, daß Sie Zeit verlieren.
- Der Coach kann Sie stark motivieren, wenn er sich nicht scheut, auch ein wenig »Schmerz« auf Sie auszuüben.
- Er überwacht Ihre Fortschritte und kontrolliert Ihre Leistungen.
- Er treibt Sie oft zu höheren Zielen, die Sie alleine nie angehen würden.

Wollen Sie sicherstellen, daß Sie die Anregungen in diesem Buch auch in die Tat umsetzen? Das Coach-Prinzip ist das beste Mittel, um es zu gewährleisten. Nichts ist so effektiv und wird auch nur annähernd so schnell und soviel Erfolg potenzieren, wie ein sehr guter Coach es kann. Natürlich ergeben sich hier sofort weitere Fragen: Was ist ein sehr guter Coach? Wo finden Sie ihn? Wie können Sie ihn dazu bewegen, Sie zu coachen? Welche Regeln müssen Sie beim Coaching beachten? Weil diese Fragen so wichtig sind, habe ich ihnen Kapitel 13 gewidmet.

Menschen, die kein Geld haben, konzentrieren sich auf ihre Schwächen

Bitte schreiben Sie auf, was dafür spricht, daß Sie wohlhabend werden, und was dagegen spricht. Was sind Ihre Stärken, und was sind Ihre Schwächen?

Stärken	Schwächen

Wissen Sie noch, in welcher Spalte Sie angefangen haben zu schreiben? *Kein Mensch, der sich zuerst auf seine Schwächen konzentriert, wird Reichtum erwerben.* Das soll nicht heißen, daß Sie die Schwächen nun einfach ignorieren sollen. Es geht hier zunächst nur um die Reihenfolge, in der Ihnen Ihre Stärken und Schwächen einfallen. Und darum, was Sie vermögend macht.

Vielleicht haben Sie auch schon gehört, daß man nur dann erfolgreich werden kann, wenn man seine Schwächen ausmerzt. Das ist heute nicht mehr herrschende Meinung. Wir wissen heute, daß die Beseitigung einer Schwäche nicht zu Reichtum führt. Wer gegen eine Schwäche ankämpfen will, verbraucht viel Energie, um schließlich Durchschnitt zu sein.

Ihre Stärken machen Sie reich

Was Sie reich machen wird, sind Ihre Stärken. Nehmen Sie Tennis. Steffi Graf hat eine besondere Stärke, ihre Vorhand. Wann immer Sie kann, setzt sie diese Stärke ein. Anstatt sich darauf zu konzentrieren, ihre relativ schwache Rückhand zu verbessern, versucht sie, die Bälle zu umlaufen und ihre Vorhand einzusetzen.

Ihre Gegnerinnen haben daraufhin versucht, möglichst nur noch ihre Rückhandseite anzuspielen, woraufhin ihr Training umgestellt wurde, um die schwache Rückhand zu verbessern. Die Folge war, daß Steffi ihre Lust am Spiel verlor. Sie konzentrierte sich mehr darauf, nicht zu verlieren, als zu gewinnen.

Es ist ein großer Unterschied, ob wir spielen, um nicht zu verlieren, oder ob wir spielen, um zu gewinnen.

Wie viele Menschen nehmen sich die Lebenslust und jede Chance auf Reichtum, weil sie verzweifelt versuchen, ihre Schwächen auszumerzen. Das ist oft ein aussichtsloser Kampf, der jeden Spaß verdirbt. Sie können Ihre Schwächen nicht ignorieren. Aber Sie sollten sie auch nicht bekämpfen, denn das wird Sie nicht reich machen. *Finden Sie darum für Ihre Schwächen eine Lösung.* Wenn Sie bis heute kein guter Buchhalter geworden sind, wird es wahrscheinlich nie eine Ihrer Stärken werden. Akzeptieren Sie diese Tatsache, und finden Sie eine Lösung. Stellen Sie einen Buchhalter ein.

Auch Ihre Stärken können Sie nicht einfach dem Zufall überlassen. Für Ihre Talente brauchen Sie einen Coach. Jemanden, der Sie systematisch fördert und coacht, bis Ihre Stärken unübersehbar hervorragen. Hervorragendes bringt Geld. *Finden Sie also für Ihre Schwächen eine Lösung und für Ihre Stärken einen Coach.*

Wie hoch ist der Preis für Wohlstand?

Über den Preis, den Sie bezahlen müssen, hört man die phantastischsten Horrorgeschichten. Vom gesundheitlichen Ruin bis hin zu grausamer Vernachlässigung der Familie und der Mutation zu einem geldbesessenen Monster gibt es nichts, wofür das Streben nach Wohlstand nicht verantwortlich gemacht wird.

Ob Sie gesund sind und ein glückliches Familienleben führen wollen, hat aber in erster Linie etwas mit Ihrer Einstellung zu Gesundheit und Familie zu tun. Wenn überhaupt Geld darauf einen primären Einfluß hat, dann schadet es der Gesundheit eher, *kein Geld* zu haben. Chronische Geldnot wird eher einen dunklen Schatten über Ihre Familie werfen als Wohlstand. Kein Geld zu haben wird eher zu Kriminalität anregen, als in Geld zu schwimmen.

Es ist relativ leicht, wohlhabend zu werden. Sie werden die einzelnen Schritte dazu in diesem Buch klar und einfach verständlich aufgezeigt finden. Und selbstverständlich müssen Sie dafür einen Preis zahlen: Ihre Zeit. Sie müssen sich nicht Ihrer Familie entfremden, aber Sie brauchen etwas Zeit. Einige Stunden, um dieses Buch durchzuarbeiten, und einige Tage, um Ihre Finanzen grundlegend zu ordnen. Auch in Zukunft brauchen Sie pro Monat einige Stunden. Aber das ist nichts im Vergleich dazu, wieviel Zeit Sie gewinnen.

Das Sabbatjahr

Stellen Sie sich vor, Sie könnten innerhalb der nächsten fünf Jahre ein ganzes Jahr frei machen. Sie könnten ein Jahr lang tun und lassen, was Sie wollen und dennoch alle Rechnungen bezahlen. Sie könnten die Reisen machen und die Dinge tun, die Ihnen Spaß machen und für die Sie im normalen Alltag nicht genug Zeit haben.

Diese Idee stammt aus der Zeit des Alten Testaments. Die semitischen Völker haben immer neun Jahre gearbeitet und dann ein Jahr frei genommen. Es war ein Jahr, in dem sie Abstand gewannen und sich besinnen konnten. Sie konnten in Ruhe die Richtung ihres Lebens überprüfen und das nächste Jahrzehnt planen. Sie konnten verreisen oder einfach nichts tun.

Nachdem ich neun Jahre gearbeitet hatte, war Geld kein Hinderungsgrund, sondern die Unterstützung meines Lebens geworden, die es eigentlich sein soll. Ich konnte von den Zinsen meines gesparten Geldes leben. Also nahm ich ein Jahr frei. Während der ersten Wochen tat ich wenig, dann reiste ich viel und besuchte Seminare. Ich lernte zu meditieren und wurde ruhig. Ich las Bücher, die mein Leben bereicherten – und die nichts mit meinem vorherigen Job zu tun hatten. Ich lernte, wieder auf meine innere Stimme zu hören. Ich wollte meine Zukunft planen und stellte fest, daß ich keine Antworten fand, sondern Fragen.

Immer neue Fragen entstanden. Schließlich verdichteten sich meine Fragen zu zwei grundlegenden Kernsätzen: Ich wollte wissen: »Wer bin ich?« und »Warum bin ich hier – was ist der Sinn meines Lebens?« Um den Antworten näherzukommen, fing ich an zu schreiben. Ich fuhr in die Karibik und setzte mich mit dem Vorsatz unter eine Palme, beide Fragen mit jeweils einem Satz beantworten zu können.

Ich glaube, Sie erahnen, wie wertvoll diese Zeit für mich war. Nach elf Tagen und vielen, vielen geschriebenen Seiten sah ich es klar vor mir. Ich sah meine Aufgabe. Die Kraft, die Energie und die Leidenschaft, die dem Wissen um den eigenen Lebenssinn entspringt, ist überwältigend. Ich habe die Leidenschaft meines Lebens entdeckt.

Vielleicht haben Sie auch einige Dinge vor sich hergeschoben. Dinge, für die Sie Zeit und möglicherweise Ruhe brauchen. Was würden Sie tun, wenn Sie ein Sabbatjahr nehmen könnten? Ein Jahr, das nur Ihnen gehört und in dem Geld keine Rolle spielt?

Natürlich muß man nicht finanziell frei sein, um seinen Lebenssinn zu entdecken. Aber sicherlich stimmen Sie mir zu, daß es hilft. Allzu viele Menschen denken, daß sie sich aufgrund von tagtäglichen Sorgen nicht die Zeit nehmen können, um sich mit den wichtigsten Fragen des Lebens auseinanderzusetzen.

Und darum weiß ich, daß der Preis viel höher ist, wenn Sie keinen Wohlstand aufbauen. Ihr Selbstwertgefühl leidet. Für optimale Gesundheit ist eine gewisse finanzielle Sicherheit sehr förderlich. Sie investieren Zeit, um mit Hilfe dieses Buches auf intelligente Weise Wohlstand zu erwerben. Diese Investition zahlt sich vielfach aus. Sie gewinnen dadurch so unendlich viel an Mehrzeit, zum Beispiel ein »Sabbatjahr«.

Ich behaupte, es ist gut, Geld zu haben. Es ist besser, reich und gesund als arm und krank zu sein. Geld zu haben entspricht viel mehr der Natur des Menschen. Es ist natürlich zu wachsen. Dazu gehört auch Wachstum des Geldes.

Wir haben jetzt einige Fragen aufgeworfen, die unter Umständen ungute Gefühle in Ihnen hervorrufen. Vielleicht kollidieren Sie mit Ihren tiefen Überzeugungen und Glaubenssätzen. Lassen Sie uns darum herausfinden, was Sie *wirklich* über Geld denken.

Die Power-Ideen auf den Punkt

- Große Ziele sind realistischer als kleine Ziele, weil Probleme Ihnen nicht vollständig die Sicht auf das Ziel verdecken können.
- Erfolgreiche Menschen haben es immer verstanden, sich in eine Muß-Situation zu bringen. Sie wären nie glücklich geworden, ohne ihre Ziele zu erreichen.
- Wenn Sie sich Grenzen setzen, werden Sie diese Grenzen auch erreichen.
- Übernehmen Sie nicht nur Verantwortung für Ihre Mißerfolge, sondern auch für Ihre Erfolge. Wenn Sie sich einreden, Ihre Spitzenergebnisse seien nicht wiederholbar, dann sabotieren Sie Ihre Chance, Spitzenselbstwertgefühl aufzubauen.
- Wer 110 Prozent gibt, nimmt sich selbst die letzte Ausrede und muß Erfolg haben.
- Sie brauchen einen guten Coach, der mit seiner Erfahrung das Optimale aus Ihrem Talent macht.
- Ein Mensch, der sich zuerst auf seine Schwächen konzentriert, wird keinen Reichtum erwerben.
- Es ist ein großer Unterschied, ob wir spielen, um nicht zu verlieren, oder ob wir spielen, um zu gewinnen.
- Viele Menschen nehmen sich die Lebenslust und jede Chance auf Reichtum, weil sie verzweifelt versuchen, ihre Schwächen auszumerzen.

- Der Preis, den Sie für Wohlstand bezahlen müssen, ist Zeit. Das ist aber nichts im Vergleich dazu, wieviel Zeit Sie durch Wohlstand erhalten. Wohlstand ermöglicht es Ihnen, in Ruhe und ohne Geldsorgen über den Sinn des Lebens nachzudenken.

5

Was denken Sie wirklich über Geld?

Die gegenwärtige Situation eines Menschen
ist das genaue Spiegelbild seiner Glaubenssätze.

Anthony Robbins, Das Power-Prinzip

Wenn ich Sie fragte, ob Sie gerne mehr Geld hätten, würden Sie sicher antworten:»Dumme Frage! Natürlich will ich mehr Geld.«

Sie haben recht. Natürlich denken Sie, daß Sie mehr Geld wollen. Aber was will Ihr Unterbewußtsein? Erinnern Sie sich an unseren Vergleich mit dem Versandhauskatalog. Sie bestellen genau das, wovon Sie tief überzeugt sind, daß es gut für Sie ist. *Im Grunde genommen haben Sie heute genau das, wovon Sie glauben, daß es richtig und gut für Sie ist.*

Solange Sie über Geld glauben, was Sie glauben, werden Sie immer die gleiche Bestellung aufgeben. Auch wenn Sie denken, Sie wollen mehr, wird es nicht funktionieren. Es ist so, als warteten Sie auf den Briefträger und hofften, daß er Ihnen etwas anderes bringt (oder mehr), als Sie geordert haben. Wenn Sie aber immer wieder dasselbe bestellen, macht diese Hoffnung wenig Sinn.

Bitte beantworten Sie sich folgende Fragen:

- Haben Sie schon einmal mehr Geld ausgegeben, als Sie wollten? Warum?
- Haben Sie jemals abnehmen wollen und es nicht »geschafft«? Warum?
- Haben Sie sich schon einmal vorgenommen zu sparen und es dann doch nicht getan? Warum?
- Haben Sie sich jemals vorgenommen, mindestens drei Monate keine Kleidung mehr zu kaufen, und es dann dennoch getan? Warum?
- Haben Sie jemals Ihr Konto überzogen? Warum?

- Haben Sie irgendwann einmal angefangen zu sparen und dann unterbrochen oder abgebrochen? Warum?
- Haben Sie sich jemals irgend etwas fest vorgenommen und es dann doch nicht getan? Warum?

Auf der anderen Seite haben Sie sich sicherlich ebenso Dinge vorgenommen und sie tatsächlich umgesetzt. Warum? Was war anders?

Kann es sein, daß es da tief in Ihnen eine höhere Instanz gibt? Etwas, das manchmal Ihre guten Vorsätze und Planungen einfach »überstimmt«?

Es gibt einen Unterschied zwischen dem, was Sie wollen, und dem, was Sie glauben. Möglicherweise wollen Sie viel mehr Geld haben, glauben aber, daß Geld den Charakter verdirbt.

Lassen Sie uns also herausfinden, was Sie wirklich in Ihrem Innersten von Geld halten. Wir werden sehen, wie Ihr Unterbewußtsein funktioniert. Anschließend werden Sie untersuchen, wie Ihre Einstellung zu Geld – ich verwende hierfür den Begriff *Glaubenssatz* – entstanden ist. Sie werden entscheiden können, ob die einzelnen Glaubenssätze für Ihre Ziele förderlich sind oder nicht. Sie lernen, je nach Bedarf Ihre Glaubenssätze zu verändern.

Wieviel Bargeld tragen Sie bei sich?

Wenn Sie morgens aus dem Haus gehen, wieviel Geld haben Sie dann normalerweise bei sich? Notieren Sie einen durchschnittlichen Betrag:

_____ DM.

Warum diesen Betrag? Warum nicht mehr? Warum nicht mindestens 1 000 DM? Die meisten Menschen haben weniger als 300 DM bei sich. Warum ist das so? Die Antworten, die ich in meinen Seminaren immer wieder höre, sind:

- Ich fürchte, die 1 000 DM zu verlieren.
- Ich hätte Angst davor, daß ich das Geld einfach ausgebe.

- Ich könnte bestohlen werden.
- Ich würde mich unwohl fühlen.
- Soviel habe ich gar nicht.

Welche Botschaften geben diese Menschen an ihr Unterbewußtsein weiter, wenn sie so denken? Sie haben Angst. Sie fühlen sich unwohl. Sie trauen sich selbst nicht. Und das bei »nur« 1 000 DM. Wie würde das bei größeren Summen aussehen? *Die beste Vorbereitung für Wohlstand ist zu lernen, sich mit Geld wohlzufühlen.* Darum mein Vorschlag: Haben Sie immer einen Tausendmarkschein bei sich. Legen Sie ihn nicht zu Ihrem anderen Geld. Diesen Tausendmarkschein sollten Sie nie ausgeben. Er ist eine eiserne Reserve. Wie eine Hantel Ihren Muskel trainiert, so trainiert er Ihr Unterbewußtsein, um Wohlstandsbewußtsein zu entwickeln (wenn Sie das bereits tun, nehmen Sie 5 000 DM). Sie werden kaum einen reichen Menschen treffen, der nicht immer eine solche Reserve von mindestens 1 000 DM bei sich trägt. Und Sie werden feststellen, daß die Reichen mit dieser Gewohnheit begannen, lange bevor sie reich wurden.

Power-Tip

Haben Sie immer einen Tausendmarkschein bei sich.

- Sie fühlen sich reich. Sie lernen, sich mit Geld wohlzufühlen.
- Sie gewöhnen sich daran, Geld zu besitzen.
- Sie lernen, sich selbst bezüglich Geld zu vertrauen.
- Sie bauen Ihre Angst ab, Geld zu verlieren oder beraubt zu werden.
- Sie sind für den Notfall gerüstet und haben für Schnäppchen immer genug bei sich, um eine Anzahlung zu leisten.
- Sie trainieren Ihren Disziplin-Muskel.
- Ihr Unterbewußtsein wird Ihnen helfen, mehr Geld zu erhalten, weil es sieht, daß Geld Ihnen Freude bereitet.

Die meisten Handlungen und Prozesse im Körper geschehen automatisch, ohne daß wir uns ihrer bewußt sind. Genauso wie wir nicht darüber nachdenken, wann und wie wir ein- oder ausatmen, steuern tief verwurzelte Glaubenssätze unser Unterbewußtsein. Haben Sie schon einmal überlegt, ob das auch für Ihren Umgang mit Geld zutreffen könnte?

Wie denken Sie über Geld, Reichtum und Wohlstand?

Bitte überprüfen Sie, was Sie über Geld denken. Kreuzen Sie die Sätze an, die auf Sie zutreffen. Schreiben Sie die Sätze so um, daß sie auf Sie zutreffen.

- ☐ Geld stinkt.
- ☐ Wenn ich reich bin, lieben Frauen/Männer nur mein Geld.
- ☐ Geld zerrinnt mir zwischen den Fingern.
- ☐ Schuster, bleib bei deinen Leisten.
- ☐ Wer den Pfennig nicht ehrt, ist des Talers nicht wert.
- ☐ Geld verdirbt den Charakter.
- ☐ Geld schafft Gutes.
- ☐ Geld ist nicht alles.
- ☐ Immer wenn ich Geld bekomme, hat es ein anderer verloren.
- ☐ Viel Geld kann man nur durch Rücksichtslosigkeit und Härte bekommen.
- ☐ Eher geht ein Kamel durch ein Nadelöhr, als daß ein Reicher in den Himmel käme.
- ☐ Geld macht hochnäsig und arrogant.
- ☐ Nur wer spart, wird reich.
- ☐ Gott liebt die Armen.
- ☐ Geld ist die Meßlatte für meinen Erfolg.
- ☐ Wenn ich viel Geld habe, kann ich mich nicht mehr an den Kleinigkeiten freuen.
- ☐ Geld macht bequem.
- ☐ Geld ist schön und gut.
- ☐ Geld ist reine Energie.
- ☐ Reichtum macht einsam.
- ☐ Ich liebe Geld.

- ☐ Wer reich ist, hat keine wahren Freunde mehr.
- ☐ Reichtum schafft Neider.
- ☐ Reiche können nicht mehr schlafen.
- ☐ Das letzte Hemd hat keine Taschen.
- ☐ Viel Geld schafft Sorgen und Probleme.
- ☐ Reichtum geht auf Kosten meiner Gesundheit.
- ☐ Ich bin auch in Zukunft zufrieden mit dem, was ich habe.
- ☐ Wenn ich wollte und alles geben würde, könnte ich reich werden – aber ich will nicht.
- ☐ Reichtum geht auf Kosten meiner Familie.
- ☐ Geld bewirkt viel Gutes.
- ☐ Fast alles, was wir haben, ist dem edlen und guten Streben nach Geld zu verdanken.
- ☐ Geld macht glücklich.
- ☐ Wer denkt, Geld kann kein Glück kaufen, der weiß nur nicht, wo man einkaufen muß.
- ☐ Geld ist nicht alles, aber ohne Geld ist alles nichts.
- ☐ Ohne Geld bin ich ein kompletter Versager.
- ☐ Alles ist vorherbestimmt.
- ☐ Armut ist schlecht, erbärmlich und mies.
- ☐ Sparen ist nur für Penner und Untalentierte.
- ☐ Sei zufrieden mit dem, was du hast.
- ☐ Mit viel Geld würde ich faul und träge.
- ☐ Mehr, als ich habe, verdiene ich auch nicht.
- ☐ Wenn ich viel Geld haben wollte, müßte ich mich derart ändern, daß mein Partner mich nicht mehr so lieben würde.
- ☐ Gute und intelligente Menschen sollten immer vermögend sein.
- ☐ Es steht in den Sternen geschrieben, ob ich reich werde.
- ☐ Bescheidenheit ist eine Zier.
- ☐ Ein großer Überfluß an Geld ist obszön.
- ☐ Ich hätte niemals die Disziplin, um zu sparen.
- ☐ Ich habe kein Glück.
- ☐ Mit viel Geld würde ich dekadent.
- ☐ Wenn meine Kinder in Reichtum aufwachsen, werden sie verweichlicht und drogensüchtig.
- ☐ Reichtum ist ungerecht. So viele Menschen leiden Hunger.
- ☐ Es gibt Wichtigeres als Geld.
- ☐ Wenn ich mehr verdiene, muß ich nur mehr Steuern zahlen.
- ☐ Ich ziehe Geld an wie ein Magnet.
- ☐ _____
- ☐ _____

Wie wirken sich Ihre Glaubenssätze aus?

Wir werden gleich feststellen, wie Ihre Einstellung zu Geld entstanden ist. Bitte überfliegen Sie zunächst noch einmal die Sätze, die Sie angekreuzt haben. Was glauben Sie, welche Auswirkung diese Überzeugungen auf Ihr Leben haben? Können Sie bereits erkennen, inwieweit Ihre heutige finanzielle Situation ein Spiegelbild Ihrer Überzeugungen ist?

_____

_____

Könnte es sein, daß Sie tatsächlich in etwa das haben, von dem Sie *glauben*, daß es gut für Sie ist?

Die Vergangenheit ist nicht gleich der Zukunft

Vor einigen Jahren wog ich 96 Kilogramm und haßte Joggen. Wenig hätte mich mit mehr Abscheu erfüllen können, als stupide durch einen Wald zu trotten. Joggen war meines Erachtens nur etwas für Menschen mit einer angeborenen Macke. Es mußten schon eine Menge Chromosomen grausam verstrickt sein, um einen Menschen dazu zu bringen, bei Kälte und Regen draußen seine Runden zu drehen, anstatt sich in seinem warmen Bettchen zu kuscheln.

Im Sportunterricht mußten wir immer einen Dauerlauf von den Umkleidekabinen zum Sportplatz machen. Eines Tages lief mein Sportlehrer genau hinter mir. Mit großem pädagogischen Fingerspitzengefühl schrie er:»Schäfer, Sie sollen keine Löcher in den Boden treten, Sie sollen laufen. Ein Elefant ist ja leichtfüßig im Vergleich zu Ihnen. Bei dem Krach, den Sie beim Auftreten machen, verscheuchen Sie das ganze Wild im Umkreis von fünf Kilometern!« So machte er etwa zehn Minuten lang weiter. Die ganze Klasse fand das sehr lustig. Mein Selbstbewußtsein war jedoch noch nicht groß genug, um einfach mitzulachen. Und so fing ich an, Joggen zu hassen. Jede »sinnvolle« Sportart führtc ich gerne aus. Aber Joggen war doch wirklich zu stupide ... Über die Jahre verfestigte sich dieser Glaubenssatz zu einer tiefen Überzeugung. Entsprechend war meine Kondition auch nicht sehr gut.

Bis ich vor einigen Jahren auf Hawaii Stu Middelman kennenlernte. Er war damals Anfang 40 und hatte so ziemlich alle Ultralangstreckenrennen gewonnen, die man sich vorstellen kann, und mehrere Weltrekorde aufgestellt: 1 000 Meilen in elf Tagen, das Rocky-Mountain-Rennen (600 Meilen), das französische Sechs-Tage-Rennen, die US-Meisterschaft über 100 Meilen ...

Als ich ihm erzählte, daß ich Joggen hasse, nahm sein Gesicht einen missionarischen Ausdruck an. Und dann machte er einen ungeheuerlichen Vorschlag:»Zieh dir deine Schuhe an, und wir joggen zusammen. Ich sehe an der Art, wie du dich bewegst, daß du eigentlich sehr gut laufen können müßtest.« Außerdem gäbe es eine von ihm entwickelte Art zu laufen, die einem mehr Energie gebe und bei der man tagelang nur von seinen Fettreserven zehren würde. Ich war neugierig geworden. Ich protestierte noch schwach, daß es Mittag sei, ich meine 96 Kilogramm vorsichtig im Schatten halten sollte und daß ich in der prallen Sonne nicht mehr als fünf Minuten durchhalten würde. Aber Stu wollte mich nun einmal bekehren.

Also liefen wir los – wohltuend langsam. Während der ersten Minuten analysierte Stu meinen Stil genau und zählte alles auf, was ich gut machte. Zusätzlich gab er mir eine Anzahl von Tips, was Atmung, Armhaltung und das Aufsetzen der Füße angeht. Erstaunlicherweise wurde ich nicht müde. Wir liefen insgesamt zweieinhalb Stunden. Ich war so stolz, daß es mir Spaß machte. Seitdem bin ich jeden Tag gelaufen. Ich wiege seit vier Jahren 78 Kilogramm und bin fit. Heute kann ich nicht verstehen, daß nicht jeder läuft. Man fühlt sich so lebendig, energiereich und gesund.

Was auch immer Sie über sich selbst und Wohlstand glauben, Sie können Ihre Einstellung sofort ändern.

Finden Sie heraus,
was Sie wirklich über Geld glauben

Stellen Sie sich einen Überfluß an Geld vor. Viel, viel, sehr viel Geld. Notieren Sie alles, was Sie mit finanziellem Überfluß verbinden. Mit Überfluß an Kapital, Überfluß an Geld, Überfluß an Besitztümern und Überfluß an Eigentum.

Was spricht für Sie dafür, daß Sie sehr viel Geld haben, und was spricht dagegen? Wo wären die Vorteile und wo die Nachteile? Schauen Sie noch einmal auf die Liste der von Ihnen angekreuzten Glaubenssätze.

Vorteile	Nachteile

Wie ist Ihr Verhältnis von Vorteilen und Nachteilen? Unter Umständen schreiben Sie mehr Vorteile auf als Nachteile. Bei Glaubenssätzen gilt aber nicht das Prinzip der Mehrheit. Es gilt das Prinzip der emotionalen Stärke.

Ein einziger Glaubenssatz kann entscheiden

Es spielt keine Rolle, wie viele Glaubenssätze Sie haben, positive oder negative. Entscheidend ist, wie stark sie sind. Die meisten Menschen haben negative Assoziationen in bezug auf finanziellen Überfluß, die stärker sind als ihre positiven Assoziationen über finanzielle Freiheit.

Ein Beispiel: Einer meiner Bekannten sieht, daß Reichtum für ihn klare Vorteile hätte. Er könnte mehr Zeit mit seiner Familie verbringen, hätte mehr Luxus und Bequemlichkeit. Er könnte sich und seiner Familie mehr bieten. Er und seine Frau müßten nicht so hart arbeiten, sondern sie könnten Angestellte haben, die ihnen Arbeiten abnehmen würden, die delegiert werden können. Sie könnten auf Reisen gehen und interessantere Menschen kennenlernen. Im Grunde genommen hat dieser Bekannte nur eine negative Einstellung zu Reichtum. Er glaubt, Geld verderbe den Charakter. Charakterstärke und Integrität sind aber für meinen Bekannten sehr wichtig. Es ist für ihn so wichtig, einen guten Charakter zu haben, daß er »gerne« auf Reichtum verzichtet. Sein Unterbewußtsein hilft ihm also, »seinen guten Charakter zu bewahren«. Und so gibt er viel zuviel aus und spart nicht. Objektiv gesehen ist das für einen intelligenten Menschen wie ihn sehr dumm. So dumm, daß es eigentlich gar nicht zu ihm paßt. Aber auf diese Weise hält er seinen Charakter »rein und sauber«.

Achtung

Diese und die folgenden Übungen sind die wichtigsten im ganzen Buch. Denn alles baut auf Ihren Glaubenssätzen auf. Reich werden zu wollen, ohne seine Glaubenssätze zu kennen oder zu ändern, ist so, als ob Sie gegen den Wind spucken. Denken Sie daran: Ihr Unterbewußtsein will Ihr Bestes und besorgt Ihnen darum genau das, wovon Sie tief überzeugt sind, daß es gut für Sie ist.

Wenn Sie dieses Buch nur lesen, werden Sie auf jeden Fall sehr nützliche und interessante Informationen erhalten. *Aber wenn Sie Ihre finanzielle Situation wirkungsvoll und effektiv verändern wollen, dann sollten Sie die Übungen schriftlich machen.* Es ist Ihr Leben. Aber wenn Sie schon Zeit und Geld in dieses Buch investieren, dann können Sie es auch richtig machen und wesentlich wohlhabender werden.

Was sind Ihre stärksten Glaubenssätze über Geld?

1. _____

2. _____

3. _____

Wie sind Ihre Glaubenssätze entstanden?

Wie wir festgestellt haben, sind viele Ihrer Glaubenssätze eher zufällig entstanden. Womöglich hat es ausgereicht, daß Personen, die in Ihrer Entwicklung eine wichtige Rolle gespielt haben, Ihnen Lebensweisheiten mit auf den Weg gegeben haben. Unter Umständen reichte es, nur die Menschen um Sie herum zu beobachten. Möglicherweise haben Sie häufig etwas Bestimmtes über Geld gehört. Oder Sie haben erlebt, wie Ihre Eltern Geld verwalteten.

Wer waren die drei bis zehn Menschen, die Sie bis zu Ihrem 18. Lebensjahr am stärksten beeinflußt haben (Mutter, Vater, Freunde, Verwandte, Vorbilder, Lehrer, Ausbilder ...)?

_____   _____

_____   _____

Wer beeinflußt Sie heute am stärksten? Ein Tip: Wer auch immer am meisten Zeit mit Ihnen verbringt (Partner, Freunde, Kollegen, Eltern, Mitarbeiter, Sportkameraden), beeinflußt Sie auch am stärksten.

_____   _____

_____   _____

Was verbinden diese Menschen mit Geld? Wie sind sie mit Geld umgegangen? Was für Ratschläge haben sie Ihnen gegeben?

1. Person: _____

_____

2. Person: _____

_____

3. Person: _____

_____

Haben diese Menschen
es schlecht mit Ihnen gemeint?

Ratschläge sind aus mehreren Gründen mit Vorsicht zu genießen. Natürlich haben die meisten Menschen es gut mit Ihnen gemeint. Sie können Ihren Eltern in den meisten Fällen glauben, wenn sie gesagt haben:»Du sollst es einmal besser haben als wir.« *Allerdings nicht viel besser. Nur ein bißchen besser.* Denn sonst wäre Ihr Erfolg der Beweis des Versagens Ihrer Eltern. Ratschläge sollen Ihnen somit zwar den Weg, aber auch die Grenze zeigen. Sie sollen erfolgreich werden, aber nicht zu erfolgreich.

Die meisten Ratgebenden wollen ihre eigene Situation rechtfertigen. Die Ratschläge zeigen oft den wunden Punkt, an dem der Ratbende gescheitert ist. Jemand, der Ihnen den Rat gibt, kein Risiko einzugehen, hat vermutlich sein Leben grausam eingeengt, weil er selbst nicht die nötigen Risiken auf sich genommen hat. *So sind Ratschläge oft getarnte Rechtfertigungen der eigenen Situation.*

Darüber hinaus hat der Ratgebende natürlich auch immer sein eigenes Wohl im Auge. Eltern, die ihr Kind bei sich haben wollen, werden ihm kaum den Rat geben, ein Stellenangebot im Ausland anzunehmen.

Grundsätzlich gilt: *Nehmen Sie niemals den Ratschlag eines Menschen an, der nicht dort ist, wo Sie gerne wären.*

Sie kennen jetzt Ihre Glaubenssätze über Geld –
was nun?

Mit den Überzeugungen, die die meisten Menschen über Geld haben, können Sie unmöglich wohlhabend werden. Sie sabotieren sich selbst und treten auf der Stelle.

Sind Sie mit Ihrer Einstellung zu Geld zufrieden? Wenn Sie nicht glauben, daß Geld schön und gut ist, werden Sie nicht wohlhabend, selbst wenn Sie mehr Geld wollen. Es geht also darum, Überzeugungen zu entwickeln, die Ihnen helfen, das zu bekommen, was Sie wollen.

Es gibt eine einfache Technik, mit der Sie Ihre Einstellung zu Geld und die ihr zugrunde liegenden Überzeugungen innerhalb von 30 Minuten ändern können. Vorab müssen wir aber klären, ob wir überhaupt das Recht haben, an unseren Glaubenssätzen »herumzubasteln«.

Ist Geld gut oder schlecht?

Sind die einzelnen Glaubenssätze über Geld nun richtig oder falsch? Die Gemüter erhitzen sich immer wieder über Gut und Böse, Richtig und Falsch.

Vor wenigen Jahrhunderten war es herrschende Meinung, daß die Erde eine Scheibe sei. Alle sollten verbrannt werden, die sie für eine Kugel hielten. Auch dachten wir, Pflanzen seien grün, bis wir herausfanden, daß wir Farben sehen, weil ein Gegenstand alle Farben des Lichtes schluckt. Die Farbe, die er nicht schluckt, scheint dann die Farbe des Gegenstandes zu sein. Nichts ist so, wie es sich unserem Auge darstellt. Die Einteilung in richtig und falsch ist wenig hilfreich. Denn wir irren uns ständig.

Und doch tun wir uns aus vielen Gründen mit dieser Sichtweise schwer. Ein Grund ist unser Bedürfnis nach Sicherheit. Wir wollen uns auf uns und auf andere verlassen können. Wir haben vielleicht Schwierigkeiten mit der Aussage Konrad Adenauers: »Was kümmert mich mein dummes Geschwätz von gestern.« Noch gewagter scheint die Formulierung: »Was kümmert mich mein dummer Glaubenssatz von gestern.« Das Wort, das hier mitschwingt, heißt »Konsequenz«. Vielleicht überdenken Sie Ihre Einstellung, nachdem Sie die nächsten Sätze von Mahatma Gandhi gelesen haben:

»Konsequenz ist keine absolute Tugend. Wenn ich heute eine andere Einsicht habe als gestern, ist es dann für mich nicht konsequent, meine

Richtung zu ändern? Ich bin dann inkonsequent meiner Vergangenheit gegenüber, aber konsequent gegenüber der Wahrheit … Konsequenz besteht darin, daß man der Wahrheit folgt, wie man sie erkennt.«

Als Gandhi heiratete, hatte er sicherlich andere Glaubenssätze über Ehe und Sex als später, als er sich entschloß, nicht mehr mit seiner Frau zu schlafen, um sich ganz auf seine Aufgabe zu konzentrieren. Er wollte ganz für Indien da sein. Ob das »richtig« war, gebührt uns nicht zu fragen.

Und genau das ist der Punkt. Menschen neigen dazu, alles in richtig und falsch einzuordnen. Diese Einordnung in »gut« und »böse« ist eine rein menschliche Erfindung. In der Natur gibt es so etwas nicht.

Wie entsteht ein Glaube?

Ein Farmer hatte ein schönes Pferd. Die Menschen in seinem Dorf beneideten ihn darum. Sie sagten: »Ein solch schönes Pferd müßte man haben.« Der Farmer antwortete nur: »Wer weiß …«

Eines Tages lief das Pferd weg, und die Menschen im Dorf sagten: »So ein Pech.« Der Farmer erwiderte nur: »Wer weiß …«

Nach einigen Wochen kam das Pferd mit drei weiteren wilden Pferden, die ihm gefolgt waren, zurück. Die Menschen im Dorf konnten es kaum fassen: »Hat der Farmer ein Glück!« riefen sie. Der Farmer meinte nur: »Wer weiß …«

Als der Sohn des Farmers eines der Wildpferde zureiten wollte, stürzte er und brach sich ein Bein. Die Dorfbewohner waren entsetzt: »Sein Vermögen hat ihm kein Glück gebracht, ohne seine Pferde wäre der Sohn des Farmers noch gesund.« Der Farmer meinte nur: »Wer weiß …«

Wenig später brach ein Krieg aus, und alle gesunden jungen Männer wurden zum Militärdienst eingezogen. Der Sohn des Farmers mit seinem gebrochenen Bein mußte zu Hause bleiben, worüber er sehr zornig war. Der Farmer besänftigte ihn: »Wer weiß …«

Von den jungen Männern kam nach Ende des Krieges nicht einer zurück. Die Dorfbewohner tuschelten: »Der Farmer hat ein unglaubliches Glück.«

Eine objektive Realität gibt es nicht. Spätestens seit Einstein wissen wir, daß der Betrachter sich seine Realität schafft. Das, was wir sehen, existiert nur so, weil wir es so sehen. Dieses Buch existiert für Sie nur so, wie Sie es lesen und verstehen wollen. Für eine Schlange würde die Realität Buch ganz anders aussehen, denn Schlangen sehen nur infrarot.

Wenn Sie sich ohnehin Ihre Realität schaffen, wieviel leichter können Sie sich dann Ihre Glaubenssätze schaffen? Sie haben bereits häufiger in Ihrem Leben Ihre Einstellungen (Glaubenssätze) geändert. Sie haben sich in jemanden verliebt und wieder getrennt. Sie haben ein Kleidungsstück gemocht und fanden es später häßlich ... Sie können Ihren Glauben also ändern und sind trotzdem noch Sie selbst. Wie auch immer Sie sich sehen: Das sind Sie. Ihre Einstellung zu sich und der Welt »schafft« Sie. Was auch immer Sie glauben, bestimmt Ihre Situation.

Stellen wir uns die Meinung als Tischplatte vor:

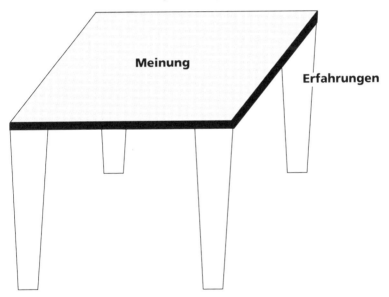

Um aus dieser Meinung einen Glauben zu formen, sind mindestens drei, besser vier und mehr Tischbeine (Erfahrungen, die die Meinung bestätigen) nötig.

Haben Sie sich schon einmal mit Aktien versucht? Wie ist es ausgegangen? Ich kenne viele Menschen, die ein- bis zweimal Aktien gekauft und dabei alle vernünftigen Regeln des Aktienkaufs verletzt haben. Der Kurs fiel, und um die Verluste nicht noch höher ausfallen zu lassen, haben sie schnell verkauft. So bildete sich ihre Meinung: Ich habe Pech mit Aktien. Der dermaßen Geschädigte fragt nun herum, wer noch alles schlechte Erfahrungen mit Aktien gemacht hat, und beginnt fleißig, Tischbeine zu sammeln. *Um unsere Meinung zu verfestigen, »leihen« wir uns Erfahrungen von anderen aus. Wir suchen nach den Ereignissen, die unsere Meinung bestätigen.*

Können Sie gut mit Geld umgehen? Viele antworten mit »nein« und suchen nach Beweisen, die diesen Glauben unterstützen. *Die Situation, in der wir uns befinden, repräsentiert unsere Überzeugungen.*

Verdirbt Geld den Charakter? Wie viele Menschen kennen Sie, die das glauben? Und dann schlagen sie die Zeitung auf, um noch mehr Beweise für ihre Überzeugungen zu finden. Könnten diese Menschen ebenso Beweise dafür finden, daß mit Geld Gutes bewirkt wird? Sicherlich. Wir können für alles Beweise finden. Für absolut alles. Darum gibt es so viele Religionen, Philosophien, politische Richtungen ...

Wie Sie Ihre Einstellung zu Geld ändern

Es gibt keine richtigen und falschen Überzeugungen. Nehmen wir den Satz: »Der Reiche hat viele Neider.« Hat wirklich jeder Reiche Menschen, die ihn beneiden? Er ist ebenso korrekt, wie es wahrscheinlich ist, daß der Reiche andererseits viel mehr Menschen hat, die ihn bewundern. Die Frage ist also nicht, ob Ihre Einstellung richtig oder falsch ist. Es geht alleine darum, *ob sie Ihnen auf dem Weg zu Ihrem Ziel hilfreich ist.*

Selbstverständlich müssen Sie dazu zunächst einmal Ihr Ziel kennen. Falls Sie es nicht bereits getan haben, notieren Sie Ihre Ziele ausführlich. Überlegen Sie, was Sie sein, tun und haben möchten. Fangen Sie mit den Fernzielen an, damit diese Kompaßwirkung für Ihre kurz-

und mittelfristigen Ziele haben. Beziehen Sie alle fünf Lebensbereiche ein: Gesundheit, Finanzen, Beziehungen, Emotionen und Lebenssinn.

In sieben Jahren und mehr möchte ich …

- … sein: Wie wollen Sie sich sehen, wie sollen andere Sie sehen?

_____

_____

- … tun: Wie soll Ihr typischer Tagesablauf aussehen? Was wollen Sie tun beziehungsweise nicht mehr tun müssen?

_____

_____

- … haben: Welche Besitztümer, Freunde, Gesundheit, Familie wollen Sie haben?

_____

_____

In drei Jahren und mehr möchte ich …

- … sein: Wie wollen Sie sich sehen, wie sollen andere Sie sehen?

_____

_____

- … tun: Wie soll Ihr typischer Tagesablauf aussehen? Was wollen Sie tun beziehungsweise nicht mehr tun müssen?

_____

_____

- … haben: Welche Besitztümer, Freunde, Gesundheit, Familie, wollen Sie haben?

_____

_____

Schauen Sie sich nun noch einmal Ihre Überzeugungen an. Welche werden Sie auf dem Weg zu Ihrem Ziel unterstützen? Welche werden Sie behindern? Denken Sie daran: _Sie suchen sich ständig die Beweise, die Ihren Glauben unterstützen. Sie sehen, worauf Sie sich aufgrund Ihres Glaubens konzentrieren. Darum wird Ihre Welt so, wie Sie glauben, daß sie ist._ Stellen Sie darum fest, welche Ihrer Glaubenssätze Ihnen hinderlich sein werden, weil sie Sie zwingen, sich auf die falschen Dinge zu konzentrieren.

Bitte notieren Sie die Überzeugungen, die Sie ändern wollen:

1. _____

2. _____

3. _____

4. _____

5. _____

Denken Sie an unser Bild mit dem Tisch. Ein Glaube besteht aus einer Meinung (Tischplatte) und vielen Erfahrungen (Tischbeine), die die Meinung unterstützen.

Um einen Glauben zu ändern, müssen Sie zuerst die Tischbeine abbrechen. Lösen Sie sich von allen Beweisen, und betrachten Sie die Meinung isoliert. Überlegen Sie nun einmal, ob diese Meinung für Sie Sinn macht. Falls nein, stellen Sie die Meinung gezielt in Frage.

Nehmen wir das Beispiel »Geld verdirbt den Charakter«. Hier einige Fragen, die erheblichen Zweifel an dieser wenig hilfreichen Meinung säen. Sehen Sie, was ein Seminarteilnehmer, der dies einmal glaubte, geantwortet hat:

1. *Warum ist dieser Glaube unter Umständen abwegig?*
   Weil ich einige sehr vermögende Menschen kenne, die sehr integer und charakterstark sind. Ich kenne andererseits arme Menschen, die Schufte sind. Charakter ist offensichtlich nicht eine Frage des Geldes. Schon in der Bibel war Reichtum gut. Im gesamten Alten Testament waren alle Helden auch reich.

2. *War die Person, die mir das beigebracht hat, wohlhabend?*
   Nein! Und ich möchte mit keiner der Personen tauschen, die diese Meinung haben. Ich möchte nicht ihren Job, ihre Wohnung, ihr Auto, ihre Freunde. Ich möchte nicht in ihrer Haut stecken, und ich möchte nicht ihre Glaubenssätze haben. Es sind liebe Menschen, aber ich möchte nicht so sein wie sie.

3. *Was wird es mich letztendlich finanziell und emotional kosten, wenn ich diesen Glauben nicht aufgebe?*
   Ich müßte mich dann weiterhin stark mit Aufgaben beschäftigen,

die ich nicht mag. Dadurch stumpfe ich ab. Arm sein verdirbt also den Charakter eher, weil man abstumpft. Ich würde den Respekt vor mir selbst verlieren und eine Minimalexistenz führen. Ich würde ein Leben ohne Begeisterung leben und mich selbst verachten.

4. *Was wird es meine Familie und die, die ich liebe, kosten?*
Ich werde ihnen nicht den Lebensstandard bieten können, den sie verdienen. Nein, viel schlimmer: Ich werde sie mit meinem Beispiel und Ratschlägen in Richtung Armut beeinflussen. Ich würde ihre Entwicklung hemmen, um meine eigene Situation zu rechtfertigen.

5. *Wie wird mein Leben verbessert, wenn ich diesen Glauben jetzt verändere? Wie fühle ich mich dadurch?*
Ich konzentriere mich auf die Dinge, die mein Leben bereichern und verschönern. Ich suche nach Gelegenheiten. Ich achte mich, weil ich jetzt ehrlich zu mir selbst bin: Ich kann an meinem Charakter und an meinem Wohlstand arbeiten. Je mehr Wohlstand ich habe, desto besser wird sich mein Charakter zeigen. Ich fühle mich befreit.

Und nun nehmen Sie den ersten Glaubenssatz, den Sie verändern wollen, und beantworten Sie dieselben Fragen.

1. *Warum ist dieser Glaube unter Umständen abwegig?*

_____

_____

2. *War die Person, die mir das beigebracht hat, wohlhabend?*

_____

_____

3. *Was wird es mich letztendlich finanziell und emotional kosten, wenn ich diesen Glauben nicht aufgebe?*

_____

_____

4. *Was wird es meine Familie und die, die ich liebe, kosten?*

_____

_____

5. *Wie wird mein Leben verbessert, wenn ich diesen Glauben jetzt verändere? Wie fühle ich mich dadurch?*

_____

_____

Ändern Sie Ihre Glaubenssätze, und Sie ändern Ihr Leben

Sie haben bis jetzt vier wichtige Schritte unternommen:

1. Sie haben herausgefunden, was Sie über Geld glauben. Immer wenn irgend etwas in Ihrem Leben nicht so ist, wie Sie es gerne hätten, sollten Sie herausfinden, welche Überzeugungen dahinterstecken.
2. Sie haben geprüft, ob diese Überzeugungen hilfreich für Ihre Ziele sind. Dazu haben Sie sich Ihre Ziele bewußt gemacht.
3. Sie haben den Glaubenssatz kurzzeitig von seinen Erfahrungen und Beweisen isoliert. Das erlaubt Ihnen, Ihre Meinung isoliert zu betrachten.
4. Sie haben die Meinung kritisch hinterfragt. Dadurch kommen erhebliche Zweifel an dem alten Glaubenssatz auf.

Sie sind jetzt bereit, Ihre alte Meinung durch eine neue Meinung zu ersetzen. Anschließend können Sie die neue Meinung zu einem Glauben machen, indem Sie die nötigen Erfahrungen und Beweise dazu suchen.

Vielleicht denken Sie nun:»So einfach kann das doch nicht sein.« Ich möchte Sie einladen, es auszuprobieren. Bedingung ist allerdings, daß Sie die Übung schriftlich machen. Sie werden begeistert sein.

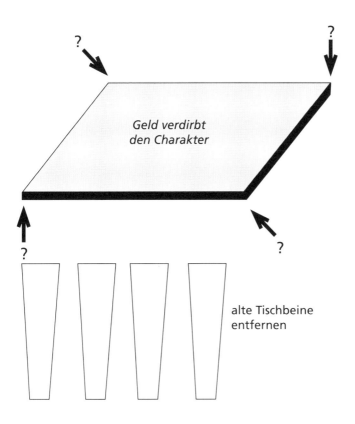

Geld verdirbt
den Charakter

alte Tischbeine
entfernen

Ersetzen Sie die alte Meinung durch eine neue

Suchen Sie nun eine neue Meinung, die hilfreicher für Ihre Ziele ist. Eine Meinung, die Ihnen Kraft gibt und durch die Sie sich auf die für Sie wichtigen Dinge konzentrieren. Anschließend suchen Sie sich die Beweise dazu, die Erfahrungen, die aus der Meinung einen Glaubenssatz machen. So wie ein Tisch mindestens drei bis vier Tischbeine braucht, um stabil stehen zu können, so brauchen Sie mindestens ebenso viele unterstützende Erfahrungen. Sie können sich diese Beweise und Erfahrungen ruhig aus dem Leben anderer Menschen »ausleihen«.

Nehmen Sie also die alte Meinung: »Geld verdirbt den Charakter«, und formulieren Sie einen neuen Glauben, zum Beispiel: »Mit Geld kann ich viel Gutes tun. Es liegt nicht am Geld, sondern an mir.« Und nun suchen Sie die Beweise zu dieser Meinung. Schauen Sie, was der Seminarteilnehmer aufschrieb:

1. Ich habe einmal Karl-Heinz Böhm kennengelernt. Der benutzt sein Geld und seine Bekanntheit, um Menschen in Ostafrika zu helfen. Geld hilft ihm, mehr Gutes zu tun.
2. Mein ehemaliger Chef ist sehr vermögend und hat eine Abteilung für behinderte Menschen in seiner Firma eingerichtet. Ich habe oft seinen Charakter bewundert. Durch sein Geld hat er viele Möglichkeiten, sinnvoll zu helfen.
3. Geld zeigt den Charakter und gibt mir mehr Möglichkeiten. Ich kann mit Geld *mehr Gutes* oder *mehr Schlechtes* tun. *Es liegt an mir.* Und ich glaube an mich. Geld ist darum bei mir gut aufgehoben. Ich habe bereits zwei Patenkinder in Venezuela.
4. Ich bewundere Sir John Templeton. Er ist Milliardär und dennoch ein bescheidener Mann. Er unterhält 18 Stiftungen, die er verwaltet und finanziert. Er hat die Leitung seiner Firmen abgegeben, um sich nur um die Stiftungen zu kümmern.

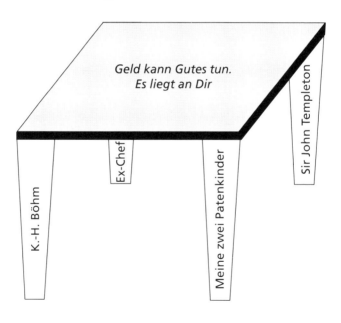

Nehmen Sie auch gleich Ihr Beispiel, und transformieren Sie Ihren alten Glaubenssatz:

Alter Glaube: _____

Neuer Glaube: _____

Beweise und Erfahrungen: _____

Power-Tip

Ändern Sie Ihre Glaubenssätze, um Ihre finanziellen Ziele zu erreichen.

- Denken Sie daran, daß das Leben das Spiegelbild Ihrer Glaubenssätze ist.
- Finden Sie heraus, welche Glaubenssätze »verantwortlich« sind.
- Trennen Sie die Beweise von Meinungen, und tauschen Sie die Meinung gegen eine neue, die Ihrem Ziel nützlicher ist.
- Formen Sie aus der neuen Meinung einen Glaubenssatz, indem Sie sie mit Beweisen unterstützen.
- Wenn Sie Ihre Glaubenssätze verändern, tun Sie andere Dinge, schaffen Sie neue Gewohnheiten und verändern Sie somit Ihr Leben.
- Verfestigen Sie Ihren neuen Glaubenssatz sofort durch Impulse an Ihr Nervensystem. Mit anderen Worten, tun Sie den ersten Schritt jetzt.
- Sie haben jetzt die richtigen Voraussetzungen für finanziellen Erfolg geschaffen.

Um Ihre finanziellen Ziele zu erreichen, brauchen Sie drei Glaubenssätze:

1. Es *muß* sich verändern.
2. *Ich* muß es verändern.
3. Ich *kann* es verändern.

Wann immer ein Mensch seine Situation wirkungsvoll verändert, hat er das Gefühl:»Ich *muß* es tun.« Er weiß, daß nur er alleine verantwortlich ist. Und er hat soviel Selbstvertrauen, daß er glaubt, die notwendigen Veränderungen auch durchführen zu können.

Napoleon Hill hat das wohl bekannteste Buch über Erfolg geschrieben: *Denke nach und werde reich.* Seine Stiefmutter gab ihm folgendes mit auf seinen Weg:

»Die Hütte hier, die wir als Heim bezeichnen, ist eine Schande für uns und ein Hemmschuh für unsere Kinder. Wir alle sind körperlich gesund, und es besteht gar kein Grund für uns, die Armut zu akzeptieren, wo wir doch wissen, daß sie nichts anderes als das Ergebnis von Faulheit oder Gleichgültigkeit ist.

Wenn wir hierbleiben und die Umstände akzeptieren, in denen wir jetzt leben, werden unsere Kinder in diesen Umständen heranwachsen und sie ebenfalls akzeptieren. Ich mag Armut nicht! Ich habe die Armut nie als mein Schicksal akzeptiert und werde das auch jetzt nicht tun!

Im Moment weiß ich noch nicht, wie unser erster Schritt auf dem Weg aus der Armut in die Freiheit aussehen wird, aber soviel weiß ich: Wir werden es schaffen, uns zu befreien, ganz gleich, wie lange es dauert, wie viele Opfer wir bringen müssen. Ich habe die Absicht, unseren Kindern den Vorteil einer guten Bildung zu verschaffen. Mehr noch, ich möchte, daß sie vom Ehrgeiz erfüllt sind, die Armut zu besiegen. Armut ist eine Krankheit, die chronisch wird und schwer zu überwinden ist, wenn man sie erst einmal akzeptiert hat.

Es ist keine Schande, arm geboren zu sein. Aber ganz bestimmt ist es eine Schande, dieses Erbe als etwas Unwiderrufliches hinzunehmen. Wir leben in einem der reichsten und höchstentwickelten Länder der Welt. Hier winken jedem Chancen, der bestrebt ist, sie zu erkennen und zu ergreifen. Und was unsere Familie angeht – wenn uns keine Chance winkt, dann schaffen wir uns eben selbst die Chance, diesem Leben hier zu entrinnen!

Armut ist wie eine schleichende Lähmung. Ganz allmählich zerstört sie das Verlangen nach Freiheit, raubt einem den Wunsch, sich an den besseren Dingen des Lebens zu freuen, untergräbt die persönliche Initiative. Außerdem konditioniert sie den Menschen auf die Hinnahme einer Vielzahl von Ängsten, darunter der Angst vor Krankheit, Kritik und körperlichen Schmerzen.

Unsere Kinder sind zu jung, um die Gefahren zu kennen, die entstehen, wenn man die Armut als Schicksal akzeptiert. Aber ich werde dafür sorgen, daß sie diese Gefahren erkennen. Und ich werde auch dafür sorgen, daß sie ein Wohlstandsbewußtsein entwickeln! Daß sie Wohlstand erwarten und bereit sind, den Preis für Wohlstand zu bezahlen!«

Überlegen Sie für sich: Muß sich Ihre Situation ändern? Wenn ja, dann müssen *Sie* sie ändern, und Sie *können* sie ändern.

Ob Sie etwas *müssen* oder nicht, liegt an Ihrem Glaubenssatz. Auch hier können Sie Ihre »Software« umprogrammieren.

Leverage

Um etwas zu einem *Muß* zu machen, brauchen wir Leverage. Leverage bedeutet soviel wie Druck, eine Hebelwirkung. Leverage entsteht immer dann, wenn Sie großen Schmerz empfinden würden, wenn Sie etwas nicht täten, aber große Freude empfinden würden, wenn Sie es täten.

Sie können künstlich Leverage folgendermaßen erzeugen: Assoziieren Sie Schmerz mit der Tatsache, daß sich Ihre finanzielle Situation nicht verändert.

Schreiben Sie alle Dinge auf, auf die Sie verzichten müßten. Was würden Sie verpassen, wenn Sie in Ihrem Leben niemals finanziell sicher oder frei wären? Wie würde sich das auf Ihre Beziehungen, Ihre Gesundheit, Ihren Streßpegel, Ihr Selbstwertgefühl, Ihr Bedürfnis nach Freiheit auswirken? Besonders wenn Sie sich in späteren Jahren immer noch ähnlich abmühen müssen?

_____

_____

Schmerzvermeidung allein reicht nicht aus, um Druck auf sich selbst auszuüben. Um Ihre Ziele zu einem Muß zu machen, brauchen Sie Schmerz und Freude. Schmerz, wenn Sie das Ziel nicht erreichen, und Freude, wenn Sie es erreichen.

Schreiben Sie nun alle Dinge auf, die Sie erhalten würden, wenn Sie finanziell unabhängig wären und nie mehr arbeiten müßten. Sie könnten sich ausschließlich den Dingen widmen, die Ihnen Spaß machen und die anderen helfen. Wie würde sich das auf Ihre Lebensfreude, auf Ihr Selbstwertgefühl, auf Ihre Beziehungen auswirken? Wieviel Freizeit hätten Sie, wieviel Spaß hätten Sie? Wie würde das Ihre Gesundheit und die Mission Ihres Lebens beeinflussen? Wie würde Ihr Leben und das der Menschen um Sie herum bereichert?

_____

_____

Was Sie brauchen, um aus Ihren Wünschen ein absolutes Muß zu machen, sind gute Gründe. Gründe, warum Sie etwas tun wollen und müssen. Fragen Sie sich öfter *warum* statt *wie*. Jeder Mensch, der große Ziele erreicht hat, hat sich anfangs zu 90 Prozent auf das Warum und nur zu 10 Prozent auf das Wie konzentriert. Die meisten Menschen denken zu 90 Prozent an das Wie und nur zu 10 Prozent an das Warum und erreichen darum ihre Ziele nie.

Nachdem Sie dieses Kapitel durchgearbeitet haben, möchte ich Ihnen gratulieren. Es kostete einiges an Mühe. Aber Sie haben den Grundstock für Ihren Wohlstand gelegt. Sie wissen jetzt genauer, was Sie wollen.

Was unter Umständen für die meisten Menschen wie ein Wunder aussieht, können Sie in sieben Jahren erreichen. Denn Sie haben es in der Hand, Sie haben die Macht über Ihre Zukunft. Sie haben eine präzise Vorstellung davon, was nötig ist, um wohlhabend zu werden. Sie haben den ersten Schritt getan und festgestellt, was Sie über Geld wirklich denken. Sie haben Ihre Glaubenssätze gegebenenfalls geändert, damit diese Sie auf dem Weg zu Ihrem Ziel unterstützen.

Die Power-Ideen auf den Punkt

- Die gegenwärtige Situation eines Menschen ist das genaue Spiegelbild seiner Überzeugungen.
- Im Grunde genommen haben Sie heute genau das, wovon Sie glauben, daß es richtig und gut für Sie ist.
- Die beste Vorbereitung für Wohlstand ist zu lernen, sich mit Geld wohl zu fühlen.
- Die meisten Menschen haben negative Assoziationen in bezug auf finanziellen Überfluß, die stärker sind als ihre positive Assoziationen über finanzielle Freiheit.
- Die finanzielle Situation, in der Sie aufgewachsen sind, prägte genauso wie die Dinge, die Sie häufig über den Umgang mit Geld beobachtet oder gehört haben.
- Wenn Sie Ihre finanzielle Situation wirkungsvoll und effektiv verändern wollen, dann müssen Sie Ihre ungünstigen Einstellungen ändern.
- Reich werden zu wollen, ohne seine Glaubenssätze zu kennen oder zu ändern, ist so vergeblich, wie gegen den Wind zu spucken.
- Mit Ratschlägen zeigen Ihnen Menschen zwar den Weg, aber auch die Grenze. Ratschläge sind sehr oft eine getarnte Rechtfertigung der eigenen Situation.
- Suchen Sie Ratschläge nicht in Ihrer Nähe, sondern dort, wo sie am besten sind.
- Es ist wichtig, daß Sie Überzeugungen entwickeln, die Ihnen helfen, das zu bekommen, was Sie wirklich wollen.
- Sie können jede Überzeugung in 30 Minuten ändern.
- Jeder von uns hat bereits in der Vergangenheit seine Einstellung oder Meinung geändert. Was damals unbewußt oder zufällig geschehen ist, können Sie ebensogut gezielt einsetzen.
- Das entscheidende Kriterium für Ihre Überzeugungen muß heißen: Ist diese Meinung hilfreich auf dem Weg zu meinem Ziel?
- Wann immer irgend etwas in Ihrem Leben nicht so ist, wie Sie es

gerne hätten, finden Sie zunächst heraus, welche Überzeugungen dahinterstecken.

- Um Ihre finanziellen Ziele zu erreichen, brauchen Sie drei Glaubenssätze:
  1. Es *muß* sich verändern.
  2. *Ich* muß es verändern.
  3. Ich *kann* es verändern.
- Um irgend etwas zu einem Muß zu machen, brauchen wir Leverage. Leverage besteht aus dem Vermeiden von Schmerz und dem Empfinden von Freude.
- Sie können künstlich Leverage entwickeln. Assoziieren Sie Schmerz mit der Tatsache, daß Sie Ihr Ziel nicht erreichen, und Freude mit der Tatsache, daß Sie Ihr Ziel erreichen.
- Jeder Mensch, der große Ziele erreicht hat, hat sich anfangs zu 90 Prozent auf das Warum und nur zu 10 Prozent auf das Wie konzentriert.

Der praktische Leitfaden
zur ersten Million

6

Schulden

Akzeptiere niemals eine kurzfristige Lösung
für ein langfristiges Problem.

Daniel S. Peña, Deals and Acquisitions

Schulden zu haben ist heute für viele selbstverständlich. Drei von vier Haushalten in Deutschland haben Konsumschulden. Warum auch nicht? Wer will schließlich als Geizhals durchs Leben gehen?

Nach meinem Studium dauerte es ungefähr ein Jahr, bis ich mich mit 75 000 DM verschuldet hatte. Denn ich wollte auf keinen Fall so sein wie mein Vater. Immer wenn der etwas kaufte, nahm er ein Notizbüchlein heraus und trug mit spitzem Bleistift ein: »Bodo, Eis, 0,40 DM, 3.8.1968«, so daß es jeder sehen konnte. Peinlich!

Nein, bei mir war von Geiz nichts zu spüren. Meine Freunde konnte ich im Restaurant meistens einladen. Ich brauchte ein großes Auto, ich mußte schließlich repräsentieren. Außerdem mußte ich ja Kosten schaffen – wegen der Steuer. Und dann die wunderbare Erfindung der Kreditkarten: Ich selber mußte nie bezahlen. Das taten die Jungs von der Kreditkartenfirma – zumindest zunächst einmal ...

Und dann hatte ich gehört: »Der Gewinner fährt 1. Klasse durchs Leben.« Also fuhr ich 1. Klasse: Es gab keinen Sekt – nur Champagner. Es gab keine Steaks – nur Filetsteaks.

Ich wollte bereits in der Zukunft leben – wie ein vermögender Mensch. Bald meldete sich die Vergangenheit immer häufiger in Form von Rechnungen, Mahnungen und steigenden Kreditraten. Als guter Verkäufer mit gutem Einkommen gelang es mir immer wieder, einen neuen Kredit zu beschaffen. Ich fing an, Geld umzuschichten, das heißt, ich besorgte mir neue Kredite, um die Raten der alten Kredite bezahlen zu können. So verfing ich mich langsam aber sicher in einer Abwärtsspirale.

119

Ich weiß nicht, wie Ihre persönliche Situation aussieht. Vielleicht müssen Sie dieses Kapitel lesen – sozusagen als letzten Strohhalm. Vielleicht haben Sie gar keine Konsumschulden. Dann lesen Sie bitte auf jeden Fall die ersten sechs Seiten. Eventuell haben Sie zwar Konsumschulden, aber nicht in beängstigender Höhe. In dem Fall lesen Sie das Kapitel bitte trotzdem. Wahrscheinlich werden Sie eine andere Einstellung gewinnen, nach dem Motto: »Wehret den Anfängen.«

Dumme und intelligente Schulden

Natürlich sind Schulden nicht gleich Schulden. Bei einem Hauskauf steht der Hypothek ein Wert gegenüber. Hier gelten eigene Gesetze. Ansonsten können Sie grundsätzlich nur Geld für Ihre Firma aufnehmen oder für sich selbst. Meiner Meinung nach ist es ausgesprochen gefährlich, Konsumschulden zu machen. Möbel, Autos, Urlaub, Musikanlagen, Fernseher, Waschmaschine sind einige klassische Gründe für Konsumschulden. Viele junge Menschen denken, sie brauchen unbedingt eine komplette Wohnungseinrichtung an dem Tag, an dem sie ihre neue Wohnung beziehen. Ich möchte Ihnen dringend davon abraten, Konsumschulden zu machen. Erinnern Sie sich: »Was wir wollen ist nicht gleich dem, was wir brauchen.«

Ganz anders ist es, wenn Sie Ihre Firma aufbauen. Ohne die folgenden zwei wichtigen Grundpfeiler ist heute ein schnelles Wachstum kaum möglich: O. P. und O. P. M. (*other people*, andere Menschen, und *other people's money*, anderer Leute Geld).

Lassen Sie uns also die Vor- und Nachteile von Konsumschulden untersuchen. Zunächst zu den Vorteilen:

Vorteile gibt es also keine. Um es gleich deutlich zu sagen: Konsumschulden sind dumm, destruktiv, demotivierend, energieraubend und enden oft in einem Teufelskreis.

Warum? Wir haben zwei Möglichkeiten, wie wir unsere Energie einsetzen: Wir können an einer langfristigen Lösung oder an einer kurzfristigen Scheinlösung arbeiten. Das Problem an einer kurzfristigen Lösung ist, daß wir uns in Wahrheit von unserem langfristigen Ziel entfernen. Unser Ziel ist Wohlstand. Wenn wir Kredite aufnehmen, um diesen Wohlstand heute schon auszuleben, berauben wir uns unserer Motivation. Einmal deshalb, weil wir nach einiger Zeit feststellen, daß wir nicht weiterkommen. Geld ist nun einmal zählbar. Und wenn wir unser Gesamtvermögen zählen und heute weniger haben als Null, dann drängt sich uns die Frage auf: Wofür arbeite ich eigentlich? Zum anderen berauben wir uns unserer Motivation, weil wir uns die Belohnung unserer zukünftigen Arbeit bereits heute gegeben haben. Drittens wissen oder ahnen wir zumindest, daß Konsumschulden »nicht gut« sind. Wenn wir bewußt gegen unsere eigene innere Stimme handeln, verlieren wir an Selbstbewußtsein. Niedriges Selbstbewußtsein bedeutet aber auch niedrige Motivation.

Wir holen einen großen Teil unserer Motivation aus der Erwartung, daß unsere Situation sich in Zukunft verbessert. Diese Verbesserung erreichen wir, indem wir an einer langfristigen Strategie arbeiten, um uns als Experten zu positionieren. Wen private Schulden drücken, dem fehlt die Zeit und die Motivation, um eine solche Strategie umzusetzen. Statt dessen muß er ständig unwichtige Dinge tun – nur weil sie dringend geworden sind.

Wenn wir eines sicher erwarten können, dann sind es unerwartete Umstände. Wer Kredite aufnimmt, kauft heute, was er mit zukünftigen Verdiensten bezahlen will. Nun, zukünftige Verdienste könnten ausbleiben, unerwartete Umstände könnten sich einstellen. Wir alle wissen, daß Banker recht nervös werden, wenn wir unsere Kreditraten nicht bezahlen können, weil unser Einkommen aufgrund von unerwarteten Umständen gesunken ist. Nervöse Banker rauben Motivation und Lebenslust. Wir alle wissen, daß es zumindest unklug ist, Konsumschulden zu machen. Warum ist es dann heute fast normal, welche zu haben?

Wie entstehen Schulden?

Wichtig ist, daß Sie erkennen, daß Sie in Ihre Situation nicht hineingeraten sind, sondern ganz einfach falsche Glaubenssätze hatten oder haben.

Erinnern wir uns, wie unser Gehirn funktioniert. Wir tun alles, um Schmerz zu vermeiden und Freude zu erleben. Schulden entstehen in der Regel, weil jemand im Moment Schmerz vermeiden will: Sich etwas nicht leisten zu können, das einem gut gefällt, bedeutet Verzicht, und Verzicht bedeutet Schmerz. Wir würden aber Freude erleben, wenn wir das schöne Kleid kaufen oder den Urlaub buchen könnten. Das Gehirn reagiert immer stärker auf das Aktuelle und Unmittelbare. Daß wir uns langfristig in eine schlimme Lage hineinmanövrieren, wenn wir zuviel kaufen, ist dem Gehirn nicht so wichtig. Es will kurzfristig Schmerz vermeiden und Freude erleben.

Menschen haben zwar die Fähigkeit entwickelt, strategisch zu planen und zu analysieren. Aber das Programm, aktuellen Schmerz zu vermeiden und Freude zu erleben, ist stärker als das analytische Programm.

Wir wissen alle, daß langfristig der Schmerz viel größer ist, wenn wir uns total verschuldet haben, als der relativ kleine Schmerz eines momentanen Verzichts. Welch kluge Erkenntnis. Nur leider hat das in den letzten 4000 Jahren nicht dazu geführt, daß weniger Konsumschulden gemacht werden. Schulden entstehen nun einmal nicht auf Vernunftsbasis.

Um zu verstehen, wie stark das Programm *Jetzt-Freude-erleben-und-Schmerz-vermeiden* unsere Handlungen beeinflußt, möchte ich Ihnen von den Babyloniern berichten:

Auch die alten Babylonier konnten bereits Konsumschulden machen. Sie gingen zu den Urahnen der heutigen Banken, den Geldverleihern. Der Geldverleiher stellte Fragen, die wir heute aus Gesprächen mit Bankern kennen: »Haben Sie Sicherheiten?« Der Babylonier konnte neben den auch heute üblichen Sicherheiten aber noch etwas anbieten – sich selbst. Dadurch florierte das Geldverleihgeschäft enorm: Jeder war kreditwürdig, denn jeder konnte sich selbst als Sicherheit anbieten. War der Babylonier nicht mehr in der Lage zurückzuzahlen, so wurde er als Sklave verkauft. So wie heute ein Haus unter den Hammer kommt, so kam damals der Mensch selbst unter den Hammer. Neun von zehn Sklaven endeten »an der Mauer«.

Nach den Beschreibungen antiker Historiker, wie dem Griechen Herodot, gehörten die beeindruckenden Stadtmauern Babylons zu den sieben Weltwundern der Antike. Die unter Nabupolassar erweiterten Mauern hatten eine Höhe von über 50 Metern, eine Länge von etwa 18 Kilometern und waren so breit, daß oben sechs Pferde nebeneinander reiten konnten.

Diese Mauern wurden von Sklaven erbaut. Die Arbeit war unglaublich hart. Die Sonne brannte unbarmherzig auf die Sklaven herab, die die Ziegel der Mauer emportrugen. Die durchschnittliche Lebenserwartung dieser Sklaven betrug drei Jahre. Wenn sie vor Erschöpfung zusammenbrachen, peitschte ein Aufseher auf sie ein. Konnten sie sich nicht mehr erheben, so wurden sie vom Pfad herabgestoßen und zerschellten unten auf den Felsen. Nachts wurden die Leichen weggeschafft.

Dieses Szenario beobachteten die Einwohner Babylons jeden Tag. Die arbeitenden Sklaven waren eine ständige Wahrheit, die in jedem Babylonier allgegenwärtig war. Interessant ist, daß zwei Drittel aller Sklaven an der Mauer keinesfalls versklavte Kriegsgefangene waren, sondern Babylonier, die ihre Freiheit verloren hatten.

Wir könnten die Frage stellen: Wie konnte ein Mensch nur so dumm sein, solch ein Risiko einzugehen? Wie konnte er einen Kredit aufnehmen und sich selbst als Sicherheit geben, wenn er ständig vor Augen hatte, was ihm blühen konnte?

Die Antwort lautet: Weil das menschliche Gehirn jetzt Freude erleben will und jetzt Schmerz vermeiden will. Der zukünftige, viel größere Verzicht der Freiheit und der Schmerz, als Sklave zugrunde zu gehen, wiegt nicht so schwer wie das Jetzt. Also kommen wir mit analytischem Verstand nicht weiter. Zu sagen: »Ich kann mir ausrechnen, was passiert, und darum vermeide ich klug Konsumschulden«, hat damals nicht funktioniert und funktioniert heute erst recht nicht. Schließlich trifft es uns nicht ganz so hart wie die alten Babylonier –

wir landen nur in einer sklavereiähnlichen Situation, wenn wir uns verschulden.

Wie verhindere ich Schulden?

Es gab Babylonier, die Kredite aufnahmen. Viele von ihnen wurden Sklaven. Es gab aber auch Babylonier, die nicht zum Geldverleiher gingen und mit Geld sehr gut umgehen konnten. Diese Menschen bauten persönlichen Wohlstand auf und machten Babylon zur wahrscheinlich reichsten Stadt, die es je gegeben hat. Was war der Unterschied?

Es gibt talentierte, fähige Menschen, die sich finanziell ruiniert haben, und es gibt Menschen, die vor zehn Jahren mit Null angefangen haben und heute ein Vermögen besitzen. Alle haben dasselbe *Schmerz-vermeiden-Freude-erleben-Programm* im Kopf.

Der Unterschied ist, wie wir Schmerz und Freude definieren. Den Ausschlag geben unsere Glaubenssysteme. Sie bestimmen, wann wir Schmerz empfinden und Freude erleben. Ich kenne Männer, die keine Krawatte anziehen würden, die nicht aus reiner Seide ist, von einem namhaften Designer stammt und mindestens 89 Mark kostet. Diese Männer würden körperliche Schmerzen erleiden, wenn sie sich eine Polyesterkrawatte von C&A umbinden müßten und der Wind dann die Krawatte so verdrehen würde, daß jeder das Logo lesen könnte. Ich kenne aber andere Männer, die körperliche Schmerzen erleiden würden, wenn sie für eine Krawatte 89 Mark ausgeben müßten. Sie erleben Freude, wenn sie sparen. Wir sehen also: Unsere Glaubenssätze bestimmen, wann wir Freude oder Schmerz erleben.

Wir handeln nicht aufgrund unserer »logischen Einsichten« und Vorsätze, sondern aufgrund unserer Glaubenssätze. Ändern wir unsere Glaubenssätze, ändern wir unsere finanzielle Situation.

Bitte stellen Sie sich folgende Frage: »Warum bin ich es wert, viel Geld zu besitzen?«

Fragen Sie sich, welche Glaubenssätze verantwortlich sind für Ihre Schulden. Hier sind einige Fragen, die Ihnen dabei helfen können:

- Welche Nachteile hat es für mich, wenn ich meine Schulden loswerde? (Wenn es solche Nachteile nicht gäbe, dann hätten Sie keine Schulden.) Mögliche Nachteile sind: Verzicht auf Freiheit, Einschränkungen, Imageverlust, Bequemlichkeit ...

- Welche Vorteile hat es, wenn ich meine Schulden loswerde?

- Welche weiteren Vorteile erwachsen mir aus diesen Vorteilen?

- Welche Glaubenssätze haben mich dazu geführt, Schulden zu machen?

- Welche Nachteile muß ich in Kauf nehmen, wenn ich weiter verschuldet bleibe?

- Wie will ich mich entscheiden?

Bitte gehen Sie nun zu den Übungen in Kapitel 5, und verändern Sie Ihre Glaubenssätze. Programmieren Sie sich neu: Sie sind der Meister Ihres Lebens. Sie sind nicht der Sklave irgendwelcher zufällig angenommener Glaubenssätze.

Dreizehn praktische Tips zum Abbau von Schulden

1. Richten Sie sich auf Ihr langfristiges Ziel aus. Fragen Sie sich, ob alles, was Sie denken, sagen und tun, zu Ihrer Zielerreichung beiträgt.
2. Ändern Sie Ihre Glaubenssätze. Die praktischen Tips anwenden zu

wollen, ohne die Glaubenssätze zu verändern, ist wie gegen den Wind zu spucken.

3. Sagen Sie niemals: »Darauf kommt es auch nicht mehr an.« Es kommt jetzt auf *jede* Mark an.

4. Listen Sie alle Ihre Ausgaben auf. Ich weiß, das ist ein wenig mühselig, aber ich verspreche Ihnen, es wird sich lohnen. Arbeiten Sie mit einem Budgetplan.

5. Zerreißen Sie Ihre Kreditkarten. Jetzt sofort. Besorgen Sie sich erst dann eine neue, wenn Sie 100 000 DM Guthaben besitzen.

6. Wandeln Sie Ihren Dispositionskredit in einen normalen Kredit um. Die Zinsen sind niedriger, und Sie können anfangen zu tilgen.

7. Listen Sie alle Außenstände auf. Gehen Sie persönlich zu Ihren Schuldnern und kassieren Sie. Bieten Sie Ratenzahlung an. Bedanken Sie sich für jede erhaltene Zahlung überschwenglich.

8. Reden Sie offen mit Ihren Gläubigern. Verstecken bringt Ihnen nur Unverständnis und Ärger ein. Reden Sie dagegen offen, so werden die meisten mit Ihrem Angebot der Rückzahlung einverstanden sein.

9. Bieten Sie maximal die Hälfte des Betrags, den Sie monatlich zur Rückzahlung übrig haben, tatsächlich an. Dafür gibt es zwei Gründe: Erstens, weil Sie ab sofort anfangen wollen zu sparen, und zweitens müssen Sie auf Nummer Sicher gehen, um Ihre Gläubiger nicht zu enttäuschen.

10. Fragen Sie sich bei jeder Ausgabe: *Ist das wirklich nötig? Muß das unbedingt sein?*

11. Suchen Sie nach neuen Verdienstquellen.

12. Setzen Sie einen maximalen Betrag fest, den Sie pro Monat ausgeben werden, und einen Mindestbetrag, was Sie verdienen werden.

13. Entwickeln Sie einen Sinn für Dringlichkeit. Simulieren Sie den absoluten Ernstfall. Handeln Sie so schnell wie möglich. Sie haben doch Ihre Glaubenssätze verändert und Ihre Kreditkarten zerrissen?

Strategien zum Umgang mit Schulden

Der beste Umgang mit Schulden ist, sie zu tilgen. Das geht aber nicht immer so einfach. Vielleicht müssen Sie eine Weile mit Ihren Schulden leben. Deshalb möchte ich Ihnen Hilfen geben, damit Sie trotz Schulden glücklich sein können.

Ihre Einstellung zu Schulden

Sie kennen inzwischen meine Einstellung zu Problemen: Probleme haben zwei Seiten, also auch eine gute. Wir müssen jetzt etwas verändern, wir müssen jetzt wachsen. Ich möchte Sie daher fragen: Was könnte die gute Seite daran sein, Schulden zu haben? Was müssen Sie jetzt tun, was Sie sonst womöglich nie getan hätten? Welche Menschen müssen Sie jetzt kennenlernen? Was kann alles Gutes aus Ihren neuen Glaubenssätzen erwachsen? Wie können Sie den Druck, unter dem Sie jetzt stehen, in eine positive Antriebskraft verwandeln?

Ihre Einstellung zu sich selbst

Leider erlebe ich es bei meinen Beratungsgesprächen immer wieder, wie sich verschuldete Menschen mit Selbstvorwürfen zerfleischen. Sie haben vielleicht Schulden, aber Sie sind kein Versager. Definieren Sie Ihre Identität nicht nur über Ihren Geldwert. Schließlich sind Sie ein Mensch und kein Geldschein. Sie sind ein wertvoller Mensch mit vielen liebenswerten Eigenschaften.

Auf jeder besseren Managerschulung lernen Sie, daß Sie Ihre Mitarbeiter möglichst selten kritisieren sollten. Wenn es absolut nötig ist, sollten Sie nach ganz gewissen Regeln Kritik üben:

Bevor Sie jemanden kritisieren, sollten Sie sich kurz hinsetzen und aufschreiben, welche zehn Eigenschaften Sie an dieser Person schätzen. Zweitens sollten Sie immer die Handlung von der Person isolieren. Stellen Sie also niemals die Person selbst in Frage.

Sagen Sie mir bitte einen Grund, warum wir uns selbst schlechter behandeln sollten, als wir andere behandeln? Viele Menschen zerstören sich selbst durch ihre Selbstkritik. Sie machen sich selbst nieder. Ich schlage darum vor: Wenn Sie in Zukunft hart mit sich ins Gericht gehen wollen, sagen Sie laut zu sich:»Stop!« Nehmen Sie Ihr Erfolgsjournal, und listen Sie zehn Eigenschaften auf, die Ihnen an Ihnen selbst gut gefallen. Machen Sie sich zweitens klar, daß Ihre Glaubenssätze die Ursache für Ihre heutige Situation sind. Und Glaubenssätze können Sie jederzeit verändern.

Geben Sie niemandem die Schuld

Wir neigen dazu, anderen Menschen oder gewissen Umständen die Schuld zu geben. Denken Sie daran: Wem Sie die Schuld geben, dem geben Sie die Macht. Sie benötigen jetzt soviel Kraft und Macht wie möglich.

Als ich das damals erkannte, konnte ich meine Schulden rasch abbauen. Vorher beschuldigte ich meine Firma, meine Kunden, die nicht zahlten, den Staat mit seiner Steuerpolitik. Tatsache war, daß ich mich da hineinmanövriert hatte und mich nur allein da wieder herausholen konnte. Diese klare Erkenntnis setzt viel Energie frei. Energie, die dann für die Schulden und nicht für die Schuld eingesetzt wird.

Haben Sie keine Angst

Angst kann Sie in dieser Lage nur lähmen. Was sollten Sie auch befürchten? Sollte wirklich eine Katastrophe eintreten, so werden Sie auch daran eine gute Seite entdecken. Malen Sie sich also einmal das Schlimmste aus, das geschehen könnte. Auch dann würde es weitergehen, stimmt's? Solch eine Einstellung ist schwierig anzunehmen. Wenn es Ihnen aber gelingt, ist es unheimlich befreiend. Es hilft Ihnen loszulassen. Denn eine Katastrophe ist das Ende des Alten. Sie zerstört, was war, und ermöglicht eine Geburt. Wenn das Alte zerstört ist, entsteht ein Vakuum, das mit einer Neuschöpfung gefüllt werden will. Also auch eine Katastrophe hat eine gute Seite, wenn Sie sie entdecken: Die Chance, völlig neu zu beginnen ... Und tatsächlich hat ein Großteil aller Erfolgsgeschichten nach einer Katastrophe begonnen.

Hören Sie nicht auf andere

Immer wieder höre ich bei Schuldenberatungen: »Was werden die Nachbarn sagen? Welche Schande! Meine Eltern werden vor Kummer umkommen ...«

Der Wert Ihrer Person mißt sich nur zu einem relativ kleinen Teil an Ihrer finanziellen Situation. Auf Freunde, die Sie nur gernhaben, wenn Sie viel Geld besitzen, können Sie gut verzichten. Und wenn jemand vor Kummer umkommen will, so ist das dessen eigene freie Entscheidung. Machen Sie Ihr Wohlbefinden nicht von der Meinung anderer Menschen abhängig.

Vermeiden Sie Mitleid

Zeigen Sie niemals Zweifel. Reden Sie mit niemandem über Ihre Schulden. Viele Menschen reden über Ihre mißliche Lage, unter dem Vorwand, Hilfe zu suchen. *Hilfe kommt aber nicht zu denen, die sie brauchen, sondern zu denen, die sie verdienen.* Wenn Sie von Ihren Problemen berichten, erhalten Sie allenfalls Mitleid. Wer Mitleid bekommt, will mehr Mitleid und berichtet darum mehr schreckliche Dinge. Um diese schöne Mitleidbeziehung aufrechtzuerhalten, müssen Sie in Ihrer miesen Situation bleiben. Sonst könnten Sie ja keine schrecklichen Dinge mehr berichten. Wir alle wollen Sympathie. Hüten wir uns davor, eine Identität anzunehmen, die uns diese Sympathie in Form von Mitleid erhalten läßt. Statt dessen sollten wir uns Respekt verdienen.

Wir brauchen die Identität eines Gewinners. Gewinner ziehen Gelegenheiten an. Gewinner zeigen keine Zweifel.

Haben Sie immer Bargeld – auch wenn Sie offiziell keines haben

Stellen Sie sich Herrn Schuldenberg vor. Er hat 325 000 DM Schulden und kein Geld. Er kann auch nirgendwo mehr welches bekommen. Seine Freunde verriegeln die Tür, wenn er kommt, in Banken löst sich der automatische Alarm aus, wenn eine Kamera sein Gesicht sieht. Er muß aber weiter seine Miete bezahlen. Kreditkarten sind keine mehr vorhanden, ab nächste Woche wird Essen ein Problem. Die Telekom droht, das Telefon abzustellen, wenn nicht innerhalb einer Woche die offenen Rechnungen beglichen werden. Ähnliche Aktionen drohen von den Elektrizitätswerken. Weitere Strecken kann er mangels Benzin nicht fahren.

Was ich mit dieser Beschreibung sagen will: 80 Prozent von Herrn Schuldenbergs Problem sind nicht die 325 000 DM Schulden, sondern die Tatsache, daß er jetzt keine 10 000 DM in bar hat. Ich will nicht andeuten, daß die 325 000 DM Schulden leicht zu nehmen seien. Aber 80 Prozent der Energie muß Herr Schuldenberg verschwenden, weil er 10 000 DM nicht hat. Dadurch kann er sich kaum auf das konzentrieren, was jetzt oberste Priorität wäre: Einkommen zu generieren. Darum ist es wichtig, immer mindestens 10 000 DM als eiserne Reserve in einem Schließfach oder im Tresor zu haben.

Gehen wir einen Schritt weiter: Stellen Sie sich vor, Herr Schuldenberg hat keine Möglichkeit, die 325 000 DM abzubezahlen. Er hatte es unterlassen, seine privaten Finanzen strikt von den Firmenfinanzen zu trennen. Die private Situation und die Lage seiner Firma sind ausweglos. Er muß Konkurs anmelden.

Wie würde sich nun die Situation von Herrn Schuldenberg verändern, wenn er 50 000 DM Bargeld hätte, von denen niemand etwas weiß? Den Konkurs würde er zwar trotzdem nicht vermeiden, aber er hätte die Möglichkeit, sechs bis zwölf Monate relativ sorgenfrei zu leben und alle wichtigen persönlichen Rechnungen zu bezahlen. Darüber hinaus könnte er in aller Ruhe über eine neue Idee nachdenken und ein neues Geschäft beginnen.

Haben Sie sich einmal gefragt, warum reiche Menschen gelegentlich Konkurs gehen, alles verlieren und trotzdem ihren Lebensstandard beibehalten?

Power-Tip

Haben Sie immer mindestens 50 000 DM in Ihrem Safe.

- Über 80 Prozent aller drückenden Probleme sind dann geregelt. Es erdrückt Sie in der Regel nicht die Höhe der Schulden, sondern die Vielzahl der »kleinen« Probleme.
- Dies ist eine Notreserve. Das heißt, dieser Betrag darf nur *nach* einem Konkurs oder Offenbarungseid benutzt werden. Vorher müssen Sie so tun, als wäre dieses Geld nicht existent.
- Es bietet sich Ihnen dadurch immer die Chance eines Neubeginns.
- Diese 50 000 DM sind sehr gut für Ihr Selbstbewußtsein und Ihr Sicherheitsbedürfnis.
- Diese Strategie sind Sie sich selbst, Ihrer Gesundheit und Ihrer Familie schuldig.

Überlegen Sie den Zeitpunkt Ihres Konkurses gut

Wenn der Konkurs unvermeidbar ist, so ist der Zeitpunkt klug zu wählen. Hier sollten Sie sich so schnell wie möglich mit einem erfahrenen Konkursanwalt in Verbindung setzen. Dieser wird Ihnen sagen können, ob es noch Sinn macht, weiter zu kämpfen. Einen Karren aus einem tiefen Morastloch herauszustemmen ist oft viel schwieriger und unbefriedigender, als sich nach einem neuen Karren umzuschauen.

Sollten Sie sich für den Konkurs entscheiden, dann ist der Zeitpunkt wichtig:»Fünf vor zwölf« ist aus vielen Gründen besser als »zwölf Uhr«. Solche Entscheidungen sind schwierig, weil es sich unter Umständen um Ihr »liebstes Kind« handelt. Sie haben sich wahrscheinlich gefühlsmäßig gebunden, haben viel Zeit, Kraft, Energie und Geld investiert. Außerdem bringen Sie eventuell eine wichtige Unternehmerqualität mit: Optimismus. Beachten Sie aber das Gesetz der Serie. Was sich über einen Zeitraum hinweg verschlechtert hat, wird sich kaum plötzlich stark verbessern, ohne daß Sie etwas verändern und ganz neue Wege gehen. Lassen Sie sich hier unbedingt fachkundig beraten.

Folgen Sie der 50/50-Regel

Verwenden Sie niemals mehr als 50 Prozent des Geldes, das Sie erübrigen können, um Schulden zu bezahlen. Wenn Sie also 6 000 DM verdienen und 5 000 DM zum Leben brauchen, dann bleiben Ihnen 1 000 DM übrig. 500 DM nehmen Sie dann zum Tilgen der Schulden, und 500 DM sparen Sie (ohne daß jemand etwas davon weiß).

Wahrscheinlich haben Sie von Ihren Eltern und Bankern andere Ratschläge erhalten. Aber überlegen Sie einmal: Wie motivierend kann das Ziel wirklich sein, nach Jahren endlich schuldenfrei zu sein? Sie denken vielleicht, daß Sie dann endlich die drückende Last von Ihrer Schulter weghaben. Und das gibt wirklich kurzzeitig ein schönes Gefühl. Tatsächlich haben Sie dann Null. Sie haben gar nichts. Sie sind dann so weit wie die meisten Menschen bei Ihrer Geburt. Null ist kein Ziel, schuldenfrei ist keine Vision, die unsere Emotionen anspricht.

Ein Ziel ist es, die ersten 50 000 DM Guthaben anzuhäufen. Die erste Viertelmillion. Die erste Million ... Entwickeln Sie darum sofort Wohlstandsbewußtsein, indem Sie jetzt anfangen zu sparen. Setzen Sie sich Ziele, die Sie wirklich motivieren können.

Nachdem ich die 50/50-Regel verstanden hatte, hat sich meine Identität schlagartig verändert: *Ich konnte sofort beginnen zu sparen, ich mußte nicht warten, bis ich bei Null war.*

Auch Sie können jetzt anfangen. Es spielt keine Rolle, wie verschuldet

Sie sind, beginnen Sie jetzt. Sie werden nur etwas länger benötigen, als wenn Sie schuldenfrei wären – genaugenommen doppelt so lange. Also müssen Sie zusehen, daß Sie mehr verdienen, damit Ihre 50 Prozent, die Sie sparen können, genauso groß sind wie die 100 Prozent, wenn Sie keine Schulden hätten.

Power-Tip

Von dem Geld, das Sie erübrigen können, nehmen Sie nur 50 Prozent zur Tilgung Ihrer Schulden, und die anderen 50 Prozent sparen Sie.

- So können Sie sofort anfangen, Wohlstand aufzubauen.
- Sie arbeiten an Zielen, die Sie motivieren: Sie bauen Wohlstand auf und gleichzeitig Schulden ab.
- Sie entwickeln Wohlstandsbewußtsein, indem Sie sich eine Barreserve schaffen.
- Im Notfall haben Sie immer Geld. Und das ist gut. Denn wenn Sie verschuldet sind, ist es sehr schwer, im Notfall weitere Kredite aufzunehmen.

Zeigen Sie Disziplin

Als ich damals meine Schulden schnell tilgen wollte, hatte ich mir folgenden Plan zurechtgelegt: Zuerst sprach ich mit allen Gläubigern. Ich berichtete ihnen von meiner Situation und versicherte ihnen, daß sie alles Geld so schnell wie möglich zurückerhalten würden. Ich bat sie, mir aber einen Zahlungsaufschub von drei Monaten zu gewähren. Bis auf eine Institution waren alle einverstanden – ich konnte also schnell eine Reserve schaffen. Dadurch veränderte sich meine gesamte Einstellung zu Geld. Ich fing an, mich vermögend zu fühlen. Parallel wollte ich wissen, wie diszipliniert ich sein konnte. Ich beschloß, mit nur noch 5 DM am Tag zu leben – Wohnung, Telefon, Auto, Versicherungen und andere Fixkosten ausgenommen. Von 5 DM am Tag mußte ich essen und alle anderen unregelmäßigen Ausgaben bestreiten. Früher hatte ich Freiheit als die Möglichkeit, zu tun und zu lassen, was ich will, definiert. Meine neue Definition lautet: Freiheit bedeutet, die Disziplin zu haben, das umzusetzen, was ich mir vorgenommen habe.

Inspiriert zu dieser Definition hat mich der Teil der Babylonier, die großes Vermögen geschaffen haben und die die Disziplin hatten, nicht zum Geldverleiher zu gehen. Die alten Babylonier sagten immer wieder: »Wie kannst du dich einen freien Menschen nennen, wenn deine Schwäche dich in diese Situation gebracht hat? Bist du ein Stück weicher Ton, das von jedem Menschen oder Wunsch geformt werden kann, oder ein Stück Bronze, das stark ist und sich nicht beirren läßt?«

Die Durchführung meines 5-DM-Programms war alles andere als leicht. Ich war aber bald unheimlich stolz auf meine Konsequenz. Ich fuhr zu dieser Zeit einen Ford Fiesta. Die Fahrerseite hatte außen keinen Türgriff mehr, weil ich einen Zaun gestreift hatte. Dadurch konnte ich die Fahrertür nicht von außen öffnen. Ich mußte immer wie ein Eichhörnchen über den Beifahrersitz ins Auto klettern. (Eichhörnchen ist ein schmeichelnder Vergleich, wenn man bedenkt, daß ich damals 96 Kilo wog). Ich hatte immer Sorge, daß ein Kunde mich dabei beobachten könnte und sein Vertrauen in mich Kratzer bekommen würde.

Können Sie sich vorstellen, daß ich sehr stark versucht war, die 180 DM für einen neuen Türgriff auszugeben? Glauben Sie nicht auch, daß ich versucht war, diese Ausgabe als »unbedingt notwendig« einzustufen, weil alles andere sich negativ auf mein Geschäft auswirken würde? Das paßte aber nicht gut in mein 5-DM-Programm. Also parkte ich meinen Fiesta immer so dicht an einer Hauswand oder an einem Auto, daß jeder sehen konnte, daß ich nur über die Beifahrertür einsteigen konnte.

Das habe ich acht Monate durchgehalten. In dieser Zeit konnte ich aber nicht nur eine erste Barreserve schaffen, sondern auch meine gesamten Schulden tilgen. Vor allem aber konnte ich sehr viel Selbstvertrauen aufbauen: Ich weiß seit damals, daß ich die Disziplin habe, alles umzusetzen, was ich mir vornehme.

Bevor ich das 5-DM-Programm begann, war ich recht undiszipliniert. Ich wußte nicht, daß Disziplin frei macht (Glaubenssatz). Ich habe damals Disziplin als eine veraltete Eigenschaft wenig genialer Menschen angesehen. Schließlich hatte ich mich durch die Schule gemogelt und bessere Noten erhalten als fleißige, diszipliniert arbeitende Mitschüler.

Heute weiß ich, daß ich nicht aufgrund meiner Disziplinlosigkeit ein gutes Abi gemacht habe, sondern trotzdem. Lassen Sie mich Ihnen erzählen, wie ich Disziplin lernte und meine Einstellung zu Disziplin änderte:

Eines Tages ging ich mit meinem Coach zusammen in die Küche, um Kaffee zu holen. Er nahm eine Kanne Kaffee und fing an, einfach den Kaffee auf den Boden zu schütten. Ich sprang zur Seite, um keine Spritzer abzubekommen, und rief:»Warten Sie, warten Sie, Sie haben doch gar keine Tasse!« Unbeeindruckt schüttete er weiter. Während ich völlig verdattert auf die Kaffeepfützen am Boden schaute, sagte mein Coach sehr langsam und eindringlich zu mir:»Sehen Sie, Herr Schäfer, der Kaffee sind Ihre Talente, die einfach vergeudet am Boden liegen. Ohne Tasse ist der Kaffee nichts wert, selbst wenn Sie sehr viel davon haben. Ohne Disziplin sind Ihre Talente nichts wert.«

Ist Ihnen aufgefallen, was mein Coach getan hatte? Er hatte meinen Glauben über Disziplin sehr wirkungsvoll verändert. Während ich den Kaffee vom Küchenboden wischte, sah ich Disziplin zum erstenmal als Hebel für meine Talente. Disziplin ist Kraft und gibt dem unendlichen Potential in uns Form. Ohne Disziplin ist jedes Talent verschwendet.

Was tun, wenn die Schulden hoffnungslos sind?

Überlegen Sie den Zeitpunkt von Konkurs oder Offenbarungseid genau, falls er sich nicht vermeiden läßt. Und denken Sie daran: Wenn Sie genug Bargeld haben (das Ihnen »nicht gehört«), ist beides kein Weltuntergang. Sie werden sich bald so sehr erholt haben, daß Sie einen Vergleich anbieten können. Wenn ein Gläubiger überzeugt ist, daß bei

Ihnen nichts mehr zu holen ist, gibt er sich mit erstaunlich wenig zufrieden. Nach dem Motto: »30 Prozent sind besser als nichts«, kommen Sie in der Regel sehr weit.

Ich möchte Sie nicht zum Konkurs oder Offenbarungseid ermuntern, ich möchte Ihnen aber aufzeigen, daß sie eine vernünftige Alternative sein können. Überlegen Sie bitte, daß sich Ihre Strategie immer nach Ihrem Fernziel ausrichten sollte. Einen Konkurs oder Offenbarungseid zu vermeiden ist aber kein Ziel. Die erste Million könnte dagegen ein Ziel sein. Fallstudien zeigen immer wieder, daß Schuldbewußtsein gegenüber Institutionen nicht unbedingt zur strategisch besten Entscheidung führen muß.

Ein früherer Kollege hatte sich eines Tages mit 175 000 DM verschuldet. Als Ehrenmann sah er keine andere Möglichkeit, als tapfer zurückzuzahlen. Er machte Überstunden, seine Frau nahm Putzstellen an und arbeitete als Sprachlehrerin – neben dem Haushalt und ihren zwei kleinen Kindern. Zusammen verdienten sie 5 600 DM netto, von denen sie über 3 100 DM zur Tilgung aufwandten. Auto und Urlaub waren da nicht möglich. Leider tauchten immer wieder kleinere Forderungen aus der Vergangenheit auf. Manche unerwartete Umstände traten ein. Dadurch konnten sie nicht alle Rückzahlungsversprechen halten. Ihre Freunde waren folglich ständig sauer. Nach sieben Jahren traf ich ihn wieder und führte für ihn eine Analyse durch. Wohlgemerkt, er hatte jeden Monat etwa 3 100 DM bezahlt und keinesfalls gut gelebt. Er war aufgrund von nervösen Schlafstörungen abgemagert und depressiv geworden, bei ihm zu Hause wurde kaum mehr gelacht. Was glauben Sie, wieviel Schulden er noch hatte? 171 000 DM! Das meiste Geld seiner monatlichen Zahlungen war zur Deckung der Zinsen seiner Darlehen aufgewandt worden. Den Rest teilten sich neu auftauchende Forderungen und das Finanzamt.

Hätte er einen Offenbarungseid geleistet und nach drei Jahren einen Vergleich mit 50 000 DM angeboten, wäre er nicht nur ab dann schuldenfrei gewesen, sondern hätte bereits damals ein Guthaben von 50 000 DM aufgebaut. Wenn er die 3 000 DM weiter gespart hätte, hätte er nach sieben Jahren mindestens 250 000 DM Guthaben besessen. So hatte der Ehrenmann noch 170 000 DM Schulden, schließlich hatte er dem Bankangestellten sein Wort gegeben.

Stecken Sie Ihre Ziele nun noch höher

Die meisten verschuldeten Menschen kommen zu verhängnisvollen Schlüssen. Sie denken, daß sie am besten nur noch Minimalziele ansteuern. Sie verdrängen ihre Wünsche und beerdigen ihre Träume. Sie beschließen, auf alle zu hören, die sagen:»Man kann auch mit wenig zufrieden sein.« Ihr Motto wird Bescheidenheit. Sie reden sich ein, »nicht für den Wohlstand gemacht zu sein«. Hemmende Glaubenssätze, wie»Schuster, bleib bei deinen Leisten«, kommen ins Bewußtsein. *Wer anfängt, sich mit weniger zufriedenzugeben, hat sich selbst aufgegeben.* Er will sich mit einer Minimalexistenz begnügen, ein Schattendasein führen, sich wie eine Kellerassel in der Dunkelheit verstecken. Sie sollten aber nicht vergessen, daß Ihre Schulden nicht entstanden sind, weil Sie kein Talent zum Reichwerden haben, sondern weil Sie ungünstige Glaubenssätze hatten. Der einzige Grund, warum viele Menschen ihre Ziele senken, wenn sie verschuldet sind, ist mangelndes Selbstbewußtsein. Wer sich hoch verschuldet hat – und großes Selbstbewußtsein besitzt –, der erkennt, daß er nun gar keine andere Chance hat, als Vollgas zu geben. Er erkennt, daß er mit der bisherigen Erwartungshaltung niemals wieder auf einen grünen Zweig kommt. *Unsere Erwartungen bestimmen, was wir erhalten.*

Menschen, die viel vom Leben erwarten, gibt das Leben auch viel. Jonathan Swift sagte einmal ironisch:»Gesegnet sei der, der nichts erwartet, denn er soll nicht enttäuscht werden.«

Schrauben Sie also Ihre Erwartungen höher. Licht ist am wichtigsten, wenn die Nacht am schwärzesten ist. Jetzt ist der Moment gekommen, ein Traumalbum zu beginnen. Nehmen Sie ein Fotoalbum, und kleben Sie alles ein, was Ihnen gefällt: was Sie bald sein, tun und haben wollen. Tun Sie es so bald wie möglich, schließlich wollen Sie ja auch, daß Ihre Erwartungen so bald wie möglich Realität werden. Als ich damals mit meinem Fiesta durch die Straßen fuhr, da wußte ich, daß ich bald einen 100 000-DM-Wagen fahren würde. Ich wollte es, ich erwartete es, und ich wußte, daß es so sein würde. Ich stellte mir vor, wie ich ihn bar bezahlen würde. Zweieinhalb Jahre später war es soweit.

Finden Sie sich niemals damit ab, weniger zu haben, als Sie wollen. Reden Sie sich niemals ein, Sie»verdienten« nicht mehr. Sie alleine bestimmen, was Sie verdienen. Ihre Erwartungen bestimmen, was Sie erhalten. Ihnen gehört ein Platz am Licht.

Wie können Sie Spaß haben?

Viele Menschen meinen, daß sie nur glücklich sein können, wenn sie keine Probleme haben. Solange das Problem nicht gelöst ist, meinen sie, mit verbissenem Gesichtsausdruck herumlaufen zu müssen. Nun, Sie wissen bereits:»Wer reich werden will, muß nur nach einer längeren Liste von Problemen fragen.«

Probleme werden immer da sein. Wenn wir nur lachen, wenn wir keine Probleme haben oder die Sorgen für einen Moment vergessen haben, können wir nie bewußt das Problem genießen. Denken Sie einmal nach: Immer, wenn Sie auf eine erreichte Leistung stolz sind, dann deshalb, weil Sie eine schwierige, problematische Situation gemeistert haben. Es gibt kein Problem, das nicht auch ein Geschenk für uns in den Händen hält. Wir suchen daher Probleme, weil wir Ihre Geschenke brauchen. *Hinter jedem Schmerz liegt eine Goldgrube.* Wir brauchen die Chancen, die aus ihnen erwachsen. Also besteht ausreichend genug Grund, sich über sie zu freuen. Zumindest aber dürfen wir trotz Problemen Spaß haben.

Fragen Sie sich darum bewußt: Wie kann ich den Prozeß genießen und Spaß haben?

Die höchste Weisheit über Schulden

Ein Kind ging einmal im Wald spazieren und kam an ein Haus auf einer großen Lichtung. Auf beiden Seiten des Hauses war ein großer Garten, und in beiden Gärten stand jeweils ein Gärtner. Die Gärten waren aber sehr verschieden: Der eine war wild und voller Unkraut, und der Gärtner darin ein sehr wütender Mann: Er riß Unkraut aus und schimpfte unentwegt.

Der andere Garten bildete eine einzige Harmonie. Überall blühten Blumen, alles war wunderschön natürlich. Der Gärtner in diesem Garten schien alles mühelos zu beherrschen. Er lehnte gegen einen Baum und pfiff vergnügt ein Liedchen.

Das Kind beschloß, lieber den entspannten, glücklichen Gärtner zu besuchen. Es fragte ihn, warum er denn seinen Garten so mühelos geordnet halten könne, während der andere Gärtner pausenlos arbeitete, ohne einen schönen Garten zu haben.

»Weißt du«, antwortete der entspannte Gärtner, »es gab einmal eine Zeit, da habe ich es genauso wie mein Kollege versucht. Ich habe das Unkraut ausgerissen, aber festgestellt, daß ich es nicht besiegen kann. Immer blieben Wurzeln im Boden zurück, und Samenkörner fielen beim Ausreißen auf den Boden. Jedenfalls kam immer Unkraut nach. War ich an einem Ende des Gartens fertig, mußte ich am anderen Ende wieder anfangen.

Dann habe ich mir eine neue Strategie überlegt. Ich suchte Blumen und Pflanzen, die schneller wachsen als das Unkraut. Diese Pflanzen erdrückten dann bald das Unkraut völlig. Wo immer diese Blumen stehen, ist kein Unkraut. Mein Garten hält sich von alleine sauber.«

Es war inzwischen fast dunkel geworden, und das Kind ging mit dem Gärtner in das Haus seiner Familie. Als alle im Zimmer waren, machte der Gärtner plötzlich das Licht aus. Es war stockdunkel. Er fragte das Kind: »Kannst du die Dunkelheit ausreißen?« Als er das Licht wieder anschaltete, fuhr er fort: »Der einzige Weg, um die Dunkelheit zu besiegen, ist, sie mit Licht zu durchdringen. Du kannst sie nicht wegschaufeln oder mit ihr kämpfen.«

Es ist zum Beispiel nicht sehr effektiv, daß Sie gegen Ihre Ängste ankämpfen. Ein sehr wirkungsvolles Mittel gegen Angst ist dagegen Dankbarkeit. Wenn Sie sich einmal sehr vor der Zukunft ängstigen und zweifeln, ob Sie alles schaffen, ob alles gutgeht, versuchen Sie einmal eine ganz einfache Übung: Schreiben Sie fünf Dinge auf, für die Sie dankbar sind. Die Angst ist wie die Dunkelheit. Wir können sie nicht ausreißen oder wegschaufeln. Sie können sie aber, wie Licht die Dunkelheit, mit Dankbarkeit »überstrahlen«.

Nicht ausgeben und sparen sind zwei Paar Schuhe. Das gleiche gilt für Schulden. Gegen die Schulden anzurennen ist oft fast so, als ob Sie die Dunkelheit abtragen wollten. Aus diesem Grund ist die 50/50-Regel so wichtig. *Der beste Weg, die Schulden zu besiegen, ist, Vermögen aufzubauen.*

Als das Kind am nächsten Morgen weitergehen wollte, sah es einen dritten Garten. Es erkundigte sich bei der freundlichen Familie, was es mit diesem Garten auf sich habe. Der Gärtner antwortete: »Der Mann, dem dieser Garten gehört, ist ein großartiger Arzt. Er macht aus den Giftpflanzen, die dort wachsen, Medizin.«

Machen Sie aus Ihrer an sich giftigen Situation eine Arznei: Lassen Sie sich durch Ihre Lage anspornen. Wünschen Sie sich nicht leichtere Situationen, sondern wünschen Sie sich mehr Fähigkeiten. Wünschen Sie sich nicht, daß Ihre Probleme vergehen, wünschen Sie sich die Fähigkeit, mit Problemen umzugehen. Druck kann gut sein. Druck verhindert, daß Sie Ihr Potential verschwenden. Jetzt müssen Sie aktiv und kreativ sein, Sie müssen schöpferisch handeln. *Druck kann für Sie Gift oder Medizin sein.* Sie entscheiden. Wie sehen Sie sich selbst? Sind Sie ein Profi? Nun, ein Profi ist jemand, der seine beste Arbeit auch dann tun kann, wenn er sich nicht danach fühlt. Um es ganz deutlich zu sagen: Jeder kann Erfolg managen. Aber Mißerfolg zu managen – darum dreht sich alles. Schulden sind niemals das Problem. Das Problem ist unsere Art, die Schulden zu sehen.

Treten Sie einige Schritte zurück

Gewinnen Sie Abstand von Ihrer Situation. Nehmen Sie Ihr Problem nicht zu ernst. Wenn Sie Monopoly spielen und verlieren, sterben Sie nicht. Sie werden auch nicht durch Schulden sterben. Nehmen Sie auch sich selbst nicht zu ernst.

Mein letzter Mentor, ein Milliardär, sagte immer zu mir, wenn ich eine schwierige geschäftliche Entscheidung treffen mußte:»Bodo, folge deiner Intuition. Jede Entscheidung, die du triffst, ist nicht mehr als ein Furz im Kosmos der Zeit.«

Sie hatten einige ungünstige Glaubenssätze. Dadurch ist eine ungünstige Situation entstanden. Jetzt haben Sie Ihre alten Glaubenssätze ausgetauscht gegen reichtumsfördernde. Sie fangen an, Wohlstand aufzubauen. Durch diese Situation werden Sie vielleicht Dinge tun, die Sie sonst nie getan hätten. Wer weiß, was alles daraus erwächst.

Die Power-Ideen auf den Punkt

- Akzeptieren Sie niemals eine kurzfristige Lösung für ein langfristiges Problem.
- Konsumschulden töten Ihre Motivation und Ihr Selbstbewußtsein.
- Unsere Glaubenssätze bestimmen, ob wir Schulden machen. Unsere Glaubenssätze können wir jederzeit ändern.
- Nutzen Sie Ihre Energie für die Schulden, nicht für die Schuld. Klagen Sie niemanden an, auch sich selbst nicht.
- Nutzen Sie die Schulden, um Disziplin zu lernen. Wenn Sie Ihre Glaubenssätze verändern, fällt Disziplin leicht.
- Stecken Sie Ihre Ziele noch höher, denn Ihre Erwartungen bestimmen, was Sie erhalten.
- Jedes Problem hält ein Geschenk für uns in seinen Händen. Probleme sind *fun*.
- Finanzieller Druck kann für Sie Gift oder Medizin sein. Sie entscheiden.

- Jeder Idiot kann Erfolg managen. Aber Mißerfolg zu managen ist die wahre Kunst.
- Die Schulden sind nicht das Problem. Unsere Art, die Schulden zu sehen, ist das Problem.

7

Wie Sie Ihr Einkommen erhöhen

Wer den ganzen Tag arbeitet,
hat keine Zeit, Geld zu verdienen.

John D. Rockefeller

Jeder bekommt genau das, was er verdient. Zwar höre ich immer wieder Menschen stöhnen:»Ich bin viel mehr wert, als ich bekomme.« Aber das ist falsch. Richtig ist: *Wenn Sie mehr »verdienen« würden, dann hätten Sie auch mehr.*

Ihr Einkommen richtet sich ziemlich genau nach dem Wert, den Sie in den Wirtschaftsmarkt einbringen. Der Markt liebt oder haßt Sie nicht; er bezahlt Sie nach Ihrem Wert. Wohlgemerkt geht es hier nicht um Ihren Wert als Partner, als Freund, als Vater oder Mutter. Hier geht es ausschließlich um Ihren wirtschaftlichen Wert. Sie sind also kein vom Glück verlassenes, verkanntes Genie, gegen das sich die Umstände, Menschen oder ignorante Vorgesetzte verschworen haben. Sie alleine haben es in der Hand zu bestimmen, wieviel Sie verdienen.

Sie müssen die Gesetze des Marktes kennen, nach denen sich die Höhe Ihres Einkommens richtet. *Solange Sie nicht verstehen, daß Ihr heutiger Verdienst das Resultat Ihrer gestrigen Entscheidung ist, können Sie nicht sagen:»Jetzt treffe ich eine andere Wahl.«* Als Designer Ihres Lebens gestalten Sie Ihr Einkommen oder Ihre Gehaltserhöhung selbst. Sie bekommen keine Gehaltserhöhung, sondern Sie verdienen sie sich. Wenn andere die Höhe Ihres Einkommens bestimmen könnten, dann hätten diese Menschen auch die Macht über Ihr Leben. Sie – und nur Sie – erhöhen Ihr Gehalt. Sie sind alleine verantwortlich. Sie alleine bestimmen.

Die nachfolgenden Gesetze, um Ihr Einkommen zu erhöhen, funktionieren seit Jahrtausenden. Sie gelten gleichermaßen für Arbeitnehmer und Selbständige. Wenn Sie dieses Kapitel durchgearbeitet haben, werden Sie in der Lage sein, Ihr Einkommen innerhalb von einem Jahr um wenigstens 20 bis 100 Prozent zu erhöhen.

Zeigen Sie Stärke

Geld und Gelegenheiten antworten nicht auf Bedürftigkeit, sondern auf Fähigkeiten. Eine Gehaltserhöhung erhalten Sie nicht, weil Sie eine *brauchen.* Sie erhalten sie, weil Sie sie *verdienen.*

Fast alle Gespräche um eine Gehaltserhöhung laufen schon in diesem Punkt völlig falsch. Angestellter Bedürftig zu seinem Boß Mächtig: »...Wir haben noch ein Kind bekommen, und wir *brauchen* jetzt eine größere Wohnung. Außerdem *brauchen* wir unbedingt ein neues Auto, sonst kann ich ja nicht zur Arbeit kommen ... Ich *brauche* eine Gehaltserhöhung.« Boß Mächtig wird nicht nur die Gehaltserhöhung verweigern, sondern wahrscheinlich gleichzeitig beschließen, daß die Firma den Angestellten Bedürftig bald nicht mehr *braucht.*

Wenn Sie also eine Gehaltserhöhung haben wollen, erklären Sie, warum Sie sie *verdienen.* Bereiten Sie sich auf das Gespräch vor, indem Sie sich auflisten, welchen Nutzen Sie der Firma bringen und welchen zusätzlichen Nutzen Sie bringen können. Schreiben Sie auch alle Ihre Stärken auf. Kündigen Sie Ihr Gespräch frühzeitig an. Stellen Sie klar, daß es in dem Gespräch darum geht, Ihren Wert für die Firma festzustellen. Sollten Sie keine Verhandlungserfahrung haben, so üben Sie das Gespräch vor dem Spiegel oder mit Ihrem Partner. Zeigen Sie Stärke. Das gleiche gilt für den Selbständigen. *Teilen Sie niemandem Ihre Zweifel mit.* Zeigen Sie Stärke. Menschen folgen keinem Zweifler. Sie folgen demjenigen, der stark und unbeirrt auf seine Ziele zusteuert. Stärke wird einfach besser bezahlt.

Fragen Sie nach Ihren Pflichten und nicht nach Ihren Rechten

Wenn Sie sich zu stark auf Ihre Rechte konzentrieren, kommen Sie nicht weiter. Fragen Sie, was Sie für Ihren Betrieb tun können, anstatt ständig darüber nachzudenken, was Ihr Betrieb für Sie tun kann. Eine Gesellschaft, die sich hauptsächlich an Ihren Rechten orientiert, scheitert. Eine Beziehung, in der sich jeder auf seine Rechte konzentriert, wird scheitern. So sagte John F. Kennedy: »Überlegen Sie nicht, was Ihr Land für Sie tun kann, überlegen Sie, was Sie für Ihr Land tun können.« Der Grund kann purer Egoismus sein. Sie kommen mit dieser Einstellung viel weiter. Sie verdienen mehr. Sie wachsen. Sie sind zufriedener, weil Sie etwas leisten, anstatt nur die Leistungen anderer in Anspruch zu nehmen.

Wenn Sie für acht Stunden bezahlt werden, arbeiten Sie zehn Stunden

Geben Sie immer mehr, als irgend jemand von Ihnen erwarten könnte. Überraschen Sie alle Menschen um Sie herum. Übertreffen Sie alle Erwartungen.

In einer Firma, in der ich als Schüler während der Ferien arbeitete, hatten die alten Hasen ganz bestimmte Möglichkeiten entdeckt, in die ich freundschaftlich eingeweiht wurde: Man konnte 18 Minuten vor der Frühstückspause schon einmal losgehen und etwa neun Minuten später zurückkommen. Die Zeitung konnte man auf der Toilette lesen – 20 Minuten lang. Wenn man Material holen mußte, konnte man einen Erholungsspaziergang über die Cafeteria machen ... Insgesamt konnte man es schaffen, zwar acht Stunden bezahlt zu bekommen, aber nur sechs Stunden zu arbeiten.

Ich rate Ihnen: Wenn Sie für acht Stunden bezahlt werden, arbeiten Sie zehn Stunden. *Verdienen* Sie sich mehr Geld. Entwickeln Sie Arbeitsgewohnheiten, die Sie vermögend machen werden. Es geht nicht darum, daß Ihre Firma von Ihnen etwas »zuviel« Leistung erhält. *Wer zu lange auf Sparflamme kocht, dessen Feuer geht schließlich ganz aus.* Selbst wenn ein Arbeitgeber Ihren Einsatz nicht sehen und belohnen will, so haben Sie doch etwas, was Sie immer weiterbringen wird: die Arbeitsgewohnheiten der Erfolgreichen.

Machen Sie die Dinge dringlich

Wenn es ein letztes Geheimnis des Erfolgs gibt, dann ist es die Fähigkeit, die alltäglichen Dinge im Leben zu nehmen und sie unglaublich dringend zu machen. Machen Sie sich einen Leitsatz: *So schnell wie irgend möglich.* Machen Sie sich einen Sport daraus, jeden mit Ihrer Schnelligkeit zu überraschen. Sorgen Sie dafür, daß Ihre Uhr schneller läuft. Vielleicht sagen Sie: »Wenn ich schnell arbeite, mache ich Fehler.« Das stimmt, wer viel tut und es schnell tut, macht mehr Fehler. Aber erstens wird das Gute überwiegen. Zweitens sind Fehler gut. Wer aus Angst vor Fehlern untätig wird, wird nie Großes vollbringen. Nicht Perfektion ist gefragt. *Perfektion bedeutet Lähmung.* Außergewöhnliches ist gefragt. Wer Angst vor Fehlern hat, der möchte alles richtig tun. Wer keine Angst vor Fehlern hat, vollbringt Außergewöhnliches.

Fragen Sie sich also: Wie kann ich Außergewöhnliches so schnell wie irgend möglich ausführen? Machen Sie auf sich aufmerksam. Geben Sie Faxantworten innerhalb von drei Minuten. Rufen Sie sofort zurück. Dulden Sie keine Aufschieberitis.

Power-Tip

Tun Sie alles so schnell wie irgend möglich.

- Haben Sie keine Angst vor Fehlern.
- Thomas J. Watson von IBM sagte: »Wer in meiner Firma vorankommen will, muß die Anzahl seiner Fehler verdoppeln.«

- Fehler bringen Erfahrung. Erfahrung hilft Ihnen, *schnell* die richtigen Entscheidungen zu treffen.
- Lernen Sie, Ihrer Intuition zu vertrauen. Treffen Sie Entscheidungen schnell.
- Reagieren Sie auf Ihren ersten Impuls hin. Sie werden Fehler machen. Aber Sie werden mehr richtig machen.
- Wenn 51 Prozent aller schnellen Entscheidungen richtig sind, werden Sie reich.

Es gibt keine unbedeutenden Dinge

Alles, was es wert ist, getan zu werden, ist es wert, gut getan zu werden. Ob Sie einen Brief schreiben, einen Anruf machen, einen Konferenzraum vorbereiten, indem Sie die Stühle zurechtrücken. Es gibt keine unbedeutenden Dinge. Geben Sie immer 100 Prozent. Stellen Sie sich immer vor, ein Milliardär schaut Ihnen bei Ihrer nächsten Tätigkeit zu und entscheidet dann, ob er Sie als Partner in seiner Firma haben will.

Zur Erinnerung: Ich will nicht andeuten, daß Sie alles perfekt tun sollen. Perfekt bedeutet fehlerfrei. Angst vor Fehlern lähmt. Nennen Sie mir eine Firma, in der Perfektion gefragt wird, und ich zeige Ihnen eine Firma, die stagniert. Nein, erledigen Sie alles außergewöhnlich gut. Tun Sie alles anders: Tun Sie die Dinge hervorragend. Denn nur hervorragende Leistungen prägen sich bei anderen Menschen ein.

Machen Sie sich unentbehrlich

Übernehmen Sie Verantwortung über Ihr Aufgabengebiet hinaus. Machen Sie auf sich aufmerksam. Es gibt in jeder Firma einen oder mehrere Menschen, ohne die nichts geht: die Unentbehrlichen. Werden Sie unentbehrlich. Das heißt nicht, daß Sie alle Arbeit auf sich ziehen sollen, sondern die Verantwortung. Erweitern Sie Ihren Einflußbereich. Melden Sie sich freiwillig für Aufgaben. Übernehmen Sie die Organisation für Projekte. Nehmen Sie die Einstellung an:»Die Firma, das bin ich.« Machen Sie sich andererseits in Ihrer eigenen Abteilung beziehungsweise in der Firma, die Ihnen gehört, entbehrlich. Bilden Sie sich niemals ein, daß Sie alles tun müßten, damit es gut getan wird. Sie werden sonst zum Sklaven Ihrer Firma.

Machen Sie sich also unentbehrlich, weil Sie bereit sind, Verantwortung zu tragen, und entbehrlich, weil Sie Aufgaben und Autorität wegdelegieren.

Bilden Sie sich fort

Das menschliche Gehirn mußte zu Beginn der Evolution vor allem spontane Reaktionen hervorbringen. War Beute in Sicht, so mußte man sofort losschlagen, bei Gefahr sofort auf die Bäume klettern ...Wir haben es verstanden, vom Nomaden zum Seßhaften zu werden, weil wir begonnen haben, Zusammenhänge zu erkennen und vorauszuplanen. Heute zu säen und in ein paar Monaten zu ernten war eine wichtige Bewußtseinsveränderung. Eine dreijährige Ausbildung zu machen, vier bis sechs Jahre zu studieren, um dann später mehr zu verdienen, entspringt der gleichen Erkenntnis.

Aber nach dem Studium ist nicht Schluß. Jetzt geht es erst los. Leider haben wir diese Erkenntnisse auf die meisten Lebensbereiche noch nicht übertragen. Ansonsten würden wir nicht so kurzsichtig handeln. Zehn Jahre lang alles ausgeben macht arm. Zehn Jahre Schokolade machen fett und krank. Zehn Jahre übertriebener TV-Konsum macht blöde. Wer zehn Jahre kaum Fernsehen schaut, aber zwei Stunden am Tag aufbauende Fachliteratur liest, der kennt vielleicht nicht den aktuellen Bundesligatabellenstand. Aber er wird durchschnittlich zwei- bis dreimal soviel verdienen wie derjenige, der täglich zwei bis drei Stunden fernsieht.

Wenn es Probleme gibt, melden Sie sich freiwillig

Wer mehr verdienen will, darf Problemen nicht aus dem Weg gehen. Darum sind wir gut beraten, uns Problemen zu stellen. Melden Sie sich ruhig freiwillig, wenn schwierige Aufgaben verteilt werden.

Positionieren Sie sich als Experte

Tun, was alle tun, ist soviel wert wie Sand in der Wüste. Wenn Sie eine Bohrinsel in der Nordsee besitzen und diese brennt, wen rufen Sie? Red Adair. Fast jeder kennt ihn. Es gibt wahrscheinlich Millionen von Feuerwehrleuten weltweit, die kaum einer kennt, aber Red Adair kennt fast jeder. Warum: Weil er sich als Experte spezialisiert hat. Er übernimmt nur große Ölbrände.

Wenn Sie das tun, was alle tun, werden Sie haben, was alle haben. Es reicht nicht zu sagen, daß Sie eine bessere Leistung bringen (selbst wenn es stimmt), denn das sagen alle. Wenn Sie das tun, was alle tun, dann müssen Sie Ihre Kunden finden. Wenn Sie sich als Experte im Markt positioniert haben, so kommt der Kunde zu Ihnen. Der entscheidende Punkt ist also nicht, besser zu sein, sondern *anders zu sein.*

Was haben Sie getan, um als Experte zu gelten? Richten Sie Ihre Entscheidungen danach aus, in diesem Jahr genügend zu verdienen und dadurch »automatisch« in ein paar Jahren in einer guten Position zu sein? Oder arbeiten Sie gezielt auf Ihren Expertenstatus hin?

Es beginnt mit dem Selbstbild. Richten Sie alle Entscheidungen so aus, daß Sie in drei Jahren der Experte in Ihrer Nische sind. Bauen Sie Ihr Geschäft nicht um die Kunden, die Sie haben, sondern bauen Sie Ihr Geschäft so, daß Sie die Kunden bekommen, die Sie wollen.

Ihre Vision entscheidet. Vielleicht sind Sie Arzt, und Ihr Ziel ist es, bekannter zu werden als Dr. Müller-Wohlfahrt. Plötzlich erhalten Sie einen Anruf von Herrn Schäuble, der Ihnen mitteilt, daß Ihr Ruf bis in höchste Ränge vorgedrungen ist und daß der Bundeskanzler sich geehrt fühlen würde, Sie in seinem Kabinett als Gesundheitsminister aufzunehmen. Nach dem Motto, wenn die Macht ruft, geht man bescheiden in sich, sagen Sie zu. Ihre Vision hat sich schlagartig geändert. Glauben Sie, daß die neue Vision Ihr Leben völlig beeinflußt? Werden Sie nun die Zeitung (vielleicht auch eine andere Zeitung) und die Nachrichten anders sehen?

Die Kunst ist es, eine solche Vision ohne den Anruf von Herrn Schäuble zu entwickeln. Finden Sie heraus, was Ihre Leidenschaft und Ihre Talente sind. Welche Nische können Sie in drei Jahren als *der* Experte besetzen? Und dann arbeiten Sie konsequent auf diesen Expertenstatus hin.

Wenn Sie sich nicht ändern, wird sich nichts ändern

Wenn Sie wollen, daß die Dinge sich für Sie ändern, müssen zuerst Sie sich ändern. Wenn Sie in drei, in fünf oder in sieben Jahren etwas anderes tun wollen als heute, so müssen Sie diese Veränderung vorbereiten und bewirken. Entscheiden Sie selbst, ob Sie in sieben Jahren noch den gleichen Tagesablauf wie heute haben wollen, die gleichen Ergebnisse, gleich viel oder gleich wenig Achtung von Ihren Mitmenschen erhalten wollen ...

Was wollen Sie tun? Sie werden nicht eines Tages aufwachen und in der Morgenzeitung lesen, daß Sie über Nacht zum Experten ernannt worden sind. Ein Mensch wird so sehr Experte, wie er sich seine Expertenrolle selber schafft. Wenn Sie also wollen, daß sich etwas ändert, dann nehmen Sie täglich einen Zeitblock aus Ihrem Arbeitspensum heraus. Reservieren Sie eine Zeit, um Ihren Expertenstatus aufzubauen. Bereiten Sie sich vor, indem Sie sich weiterbilden. Kreisen Sie Ihre spezielle Zielgruppe ein. Suchen Sie Zugangswege, um sich in Ihre Zielgruppe »hineinzubohren«. Machen Sie auf sich aufmerksam. Schreiben Sie Artikel in Fachzeitschriften ...

Wenn die Dinge für Sie besser werden sollen, müssen zuerst Sie selbst besser werden.

Hier die beste Technik, die ich je gefunden habe, um schneller Experte zu werden. Schreiben Sie heute schon eine volle einseitige Werbung, die auf Sie als Experte und Ihren besonderen Service oder Ihr Produkt aufmerksam macht. Das hat mehrere Vorteile:

1. Es zwingt Sie dazu, jeden Nutzen aus der Sicht des Kunden zu durchdenken.
2. Sie können sich viel klarer auf das Wesentliche konzentrieren.
3. Beim Ausformulieren stellen Sie möglicherweise fest, daß es Ihnen in letzter Konsequenz nicht gefällt. Dann können Sie frühzeitig umdenken und vermeiden viel verlorene Zeit und Energie.
4. Die einzelnen Schritte zum Erreichen des Expertenstatus liegen viel klarer vor Augen, und Sie können auch Ihre Zielgruppe genauer bestimmen.
5. Sie erkennen, wie Sie die Bedürfnisse Ihrer Kunden am besten befriedigen, und fragen sich immer wieder, was ihnen am meisten nutzt.
6. Der gesamte Prozeß wird erheblich beschleunigt. Sie können sofort anfangen.

Power-Tip

Positionieren Sie sich als Experte. Finden Sie eine Nische, die noch nicht besetzt ist, oder erfinden Sie eine neue Kategorie.

- Ihre Vision ändert sich und lenkt Sie in eine von Ihnen gewählte Richtung.
- Sie orientieren sich nicht an Ihrer jetzigen Situation, sondern an der Situation, die Sie gerne hätten.
- Ein Ziel macht kreativ. Nachdem Sie »das große Bild gesehen haben«, erkennen Sie plötzlich, welche Puzzleteilchen Sie wo verwenden können.
- Wenn Sie eine allgemeine Zielgruppe anstreben, dann müssen Sie möglichst billig sein. Wenn Sie sich auf eine »kleine« spezielle Zielgruppe beschränken, können Sie Ihre Leistung teuer anbieten.

- Wenn Sie Experte sind, klopfen die Kunden bei Ihnen an.
- Sich als Experte zu positionieren ist nicht schwer. Denn oft ist ein Experte jemand, der von Amateuren dafür gehalten wird.

Beim Gehalt gibt es zwischen Angestellten und Selbständigen keinen Unterschied

Ob Sie als Selbständiger Erfolg haben, wird stark davon abhängig sein, ob Sie bereit sind, Angestellter und Chef in einer Person zu sein. Das heißt, selbst als Freiberufler müssen Sie sich selbst ein Gehalt zahlen von Ihrem Firmenkonto auf Ihr Privatkonto. Das heißt auch, daß Sie Firmenkosten und private Kosten strikt trennen. Jeden Monat zahlen Sie sich ein gleichbleibendes Gehalt. Wenn Sie das nicht tun, dann ergibt sich oft folgendes Szenario:

Siegfried Sorglos verdient zwischen 5000 DM und 23000 DM monatlich. Er entnimmt alles, was er kann. In den schlechteren Monaten muß er kleine Kredite aufnehmen, um seinen Lebensstandard von ca. 12000 DM zu halten. In den fetten Monaten belohnt er sich selbst, weil er ja schließlich so hart gearbeitet hat.

Siegfried Sorglos verdient sechs Monate im Jahr durchschnittlich 17000 DM und lebt gut. Die anderen sechs Monate des Jahres hat er aber nur 7000 DM im Durchschnitt und lebt auch dann gut. Schließlich ist Herr Sorglos nicht irgendwer. Er weiß, was er »sich schuldig« ist, und nimmt 30000 DM Kredit auf. Bei seinem Einkommen kein Problem, und 30000 DM sind »gut überschaubar«. Außerdem ist er optimistisch.

Clever manövriert sich Siegfried Sorglos durch die nächsten zweieinhalb Jahre. Seine Schulden sind jetzt auf »leicht überschaubare« 60000 DM angewachsen. Das Leasing rechnet er nicht mit. Leasing ist »schließlich steuergünstig«. Die Steuern des ersten Jahres sind auch kein Problem, weil er »Verluste darstellen« kann. Im nächsten Jahr aber muß er 12 000 DM an Steuern zahlen, das Einkommen geht zurück, beim Verkauf des Leasingfahrzeuges muß er 8 700 DM »draufzahlen«. Bevor er sich versieht, hat er 100 000 DM Schulden mit einer monatlichen Abtragung von 3 000 DM. Sein Verdienst liegt nur noch bei 6 500 DM aufgrund von »unerwarteten Umständen«. Die Steuern des dritten Jahres, die Voraussteuer, einige alte Rechnungen tauchen auf ... Siegfried Sorglos stellt verbittert fest, daß alle, die von Optimismus reden, die »Realität falsch darstellen«. In Wahrheit sei das Leben hart und brutal. Selbstverständlich wirkt sich die neue Einstellung von Herrn Sorglos auf sein Einkommen negativ aus.

Dabei ist es so einfach: Hätte Siegfried Sorglos sich ein Gehalt von 7 000 DM monatlich gezahlt, so hätte er auch gut gelebt und 60 000 DM pro Jahr gespart. Nach den gleichen drei Jahren hätte er nach den Steuern über 130 000 DM Guthaben gebildet. Diese 130 000 DM bringen ihm 15 000 DM Zinsen pro Jahr (12 Prozent). Seine Motivation ist hoch. Sein Einkommen steigt. *Er rechnet sich aus, daß er in sieben Jahren seine erste Million hat, wenn er nur 10 Prozent pro Jahr mehr verdient.*

Mein Vorschlag lautet darum: Zahlen Sie sich ein fixes Gehalt, das sich an Ihrem niedrigsten Umsatz orientiert.

Power-Tip

Wenn Sie selbständig sind, zahlen Sie sich selbst ein fixes Gehalt.

- Sie gewöhnen sich daran, mit einem festen Betrag monatlich auszukommen.
- Sie trennen private und geschäftliche Finanzen streng.
- Sie bilden Guthaben. Dadurch wissen Sie, wofür Sie arbeiten. Ihre Motivation steigt. Ihre Motivation verbessert Ihr Einkommen.
- Bereits nach zwei Jahren haben Sie für zwölf Monate finanziellen Schutz. Sie könnten dann ein Jahr lang nichts tun und nur von Ihrem Gesparten leben. Wenn Sie wollen. Sie sind frei.

- Nach sieben bis zehn Jahren haben Sie finanzielle Sicherheit. Ihre Gans ist gewachsen. Sie haben ca. 10 000 DM monatlich an Zinsen.
- Sie arbeiten nicht mehr, weil Sie müssen, sondern weil Sie Ihr Hobby ausleben.

Als Selbständiger müssen Sie privates Vermögen bilden

Vielleicht sind Sie auch versucht, alles Geld wieder in Ihre Firma zu stecken. Das ist der Fehler, den viele Selbständige machen. Sie bauen kein Vermögen *neben* der Firma auf. So machen Sie Ihr privates Wohlergehen davon abhängig, ob Ihre Firma Erfolg hat und Sie die Firma irgendwann zu einem guten Preis verkaufen können.

Wenn Sie wirklich viel Geld in Ihre Firma investieren wollen, so sind Sie gut beraten, O. P. M. (*other people's money*, das Geld anderer Leute) zu nutzen. Nehmen Sie Kredite auf. Besorgen Sie sich soviel Geld, wie Sie bekommen können. Denn erstens wissen Sie nicht, wieviel Sie brauchen, und zweitens werden Sie es früher oder später immer gebrauchen können.

Hier gilt genau das Gegenteil von dem zu Konsumschulden Gesagten. Noch einmal: Machen Sie niemals Konsumschulden, aber finanzieren Sie den Aufbau und Ausbau Ihrer Firma fremd. Denn hier gilt ein positiver Effekt. Ihr investiertes Kapital erhöht Ihren Umsatz. Der Wert Ihres Unternehmens steigt. Gleichzeitig sinkt der Wert des Geldes, das Sie zurückzahlen müssen, durch die Inflation. Wenn Sie beispielsweise durch eine gute Investition mit geliehenem Geld Ihren Umsatz um 12 Prozent pro Jahr steigern können, so haben Sie Ihren Umsatz in sechs Jahren verdoppelt. Nehmen wir an, daß in demselben Zeitraum die »wahre« Inflation die Rate, die Sie zurückzahlen müssen, um fünf Prozent pro Jahr entwertet, dann beträgt der wahre (abgezinste) Geldwert nach dem siebten Jahr, gemessen an dem Zeitpunkt, als Sie das Kapital aufgenommen haben, nur noch 69,8 Prozent.

Aus diesem Grund ist ein Selbständiger immer gut beraten, Geld aus seiner Firma zu ziehen und es privat gut anzulegen. Wenn es nötig sein sollte, können Sie diese privaten Anlagen als Sicherheit für O. P. M., das Geld anderer Leute, abtreten. (Oft ist das gar nicht notwendig.) Ziehen Sie also regelmäßig Geld aus Ihrer Firma und finanzieren Sie fremd.

Wie Sie Ihr Einkommen aufgliedern

Wenn ein Sportler seine Leistung verbessern will, so zerlegt er seine Leistung in einzelne Bausteine, wie etwa Schnellkraft, Kondition, Sprungstärke, Muskelmasse, Flexibilität, Stil, Technik, Schnelligkeit. Anschließend wird jeder Bereich gesondert analysiert und danach ein Trainingsprogramm erstellt. Dasselbe wollen wir mit Ihrem Verdienst machen. Zuerst die »Diagnose«, dann das »Rezept«.

Bitte lesen Sie die einzelnen Abschnitte, und geben Sie sich selbst eine Note zwischen 1 (schlecht) und 10 (herausragend).

Qualität

Wie gut sind Sie in Ihrem Bereich? Haben Sie sich als Experte positioniert? Kennen Sie Ihr Fach? Haben Sie gute Mentoren und ein Experten-Netzwerk um sich herum aufgebaut, die Ihr Wissen und somit Ihre Qualität steigern? Bilden Sie sich auch neben Ihrem Spezialgebiet weiter? Wächst die Qualität Ihrer Persönlichkeit mit Ihrer Qualität als Experte mit? Kennen Sie die Gesetze des Erfolgs, und wenden Sie sie an? Haben Sie Führungsqualitäten? Gemessen an den Hervorragenden in Ihrer Branche, wie gut ist Ihre Qualität?

Ihre eigene Bewertung: _____ Punkte
(maximal 10 Punkte)

Energie

Wieviel Energie sind Sie bereit in Ihr berufliches Fortkommen zu investieren? Wieviel Energie bringen Sie tatsächlich ein? Wie hoch ist Ihre Energie grundsätzlich? Können Sie Ihre Energie bündeln, sich also voll konzentrieren? Wie hoch ist Ihre Leidenschaft und Begeisterung für das, was Sie tun? Lieben Sie Ihren Beruf? Nehmen Sie sich trotzdem Zeit für Gesundheit, Sport, Familie und konstantes Lernen und Wachsen, weil Sie auf längere Sicht so mehr Energie haben?

Ihre eigene Bewertung: _____ Punkte
(maximal 10 Punkte)

Ausbreitung

Ist Ihnen bewußt, daß dies der wichtigste Baustein Ihres Verdienstes ist? Die Ausbreitung ist der stärkste Multiplikator. Wie viele Menschen erreichen Sie mit Ihren Produkten/Service? Boris Becker verdient Geld, weil er gut ist und viel Energie einsetzt. Aber großes Geld verdient er, weil ihm Millionen Menschen zuschauen. Gutes Wissen, Können, gute Produkte gibt es heute in Massen. Ob Sie viel damit verdienen, richtet sich danach, wie viele Menschen davon wissen. Achtung: Hier gibt es 100 Punkte.

Ihre eigene Bewertung: _____ Punkte
(maximal 100 Punkte)

Selbstwert

Verstehen Sie, daß Wahrnehmung Realität ist? Wie gut können Sie sich verkaufen? Wie sicher treten Sie auf? Wie hoch ist Ihr Selbstwertgefühl? Sind Sie sich bewußt, daß Sie herausragend und außergewöhnlich gut sind? Können Sie sich präsentieren? Sehen andere in Ihnen einen Experten? Wollen gute Menschen Ihnen kostenlos einen Gefallen tun, weil Sie einfach gut sind? Denken andere, daß es gewinnbringend ist, Sie zu kennen? Können Sie sich positionieren?

Ihre eigene Bewertung: _____ Punkte
(maximal 10 Punkte)

Ideen

Sind Sie kreativ? Sind Sie aufgeschlossen für Neues? Kleben Sie an Ihrem Ziel, sind aber gleichzeitig bereit, ständig neue Wege zu diesem Ziel auszuprobieren? Sind Sie flexibel? Schreiben Sie Ideen sofort auf? Trauen Sie Ihren Ideen und setzen Sie sie um? Wie weit ist Ihre persönliche Ideenfabrik entwickelt? Fragen Sie sich ständig: »Wie trifft das auf mich zu?« Und: »Wie kann ich sofort handeln?« Verstehen Sie, daß es jede, wirklich jede Information und Lösung, die Sie brauchen, irgendwo gibt? Und daß Sie immer neue Ideen entwickeln müssen, um diese Information zu bekommen?

Ihre eigene Bewertung: _____ Punkte
(maximal 10 Punkte)

Um Ihre Gesamtpunktzahl zu errechnen, müssen Sie nur die erreichten Punktezahlen miteinander multiplizieren. Möglich sind maximal eine Million Punkte (= 10 × 10 × 100 × 10 × 10).

Hier ein Rechenbeispiel: Sie haben bei Qualität 5 Punkte, bei Energie 10 Punkte, bei Ausbreitung 3 Punkte, bei Selbstwert 6 Punkte und ebenfalls 6 Punkte bei Ideen. Das ergibt folglich 5 400 Punkte (gleich DM-Verdienst). Würden Sie beispielsweise Ihre Ausbreitung auf 30 Punkte erhöhen, hätten Sie 54 000 Punkte (DM monatlich).

Ihre Gesamtpunktzahl: _____ Punkte

Wahrscheinlich haben Sie jetzt für sich klare Wachstumsbereiche erkannt. Ich kann Ihnen einige Denkanstöße geben, aber die Arbeit müssen Sie tun.

Wie Sie die einzelnen Bausteine Ihres Einkommens verbessern

Qualität

Die Fragen haben Ihnen sicherlich schon viele Hinweise gegeben. Lesen Sie Fachbücher und Fachzeitschriften. Schauen Sie in andere Länder. Wenn Sie nicht schon Englisch sprechen, wäre es gut, es zu lernen. Das hier angesprochene Lernen geht weit über den Fachbereich Ihrer Arbeit hinaus. Es geht darum, als ganzer Mensch zu wachsen und zu der Persönlichkeit zu werden, die Erfolg magisch anzieht.

Ich glaube, den größten Einfluß auf unsere Qualität als Experte sowie auf die Qualität unserer Persönlichkeit hat unsere unmittelbare Umgebung. *Umgeben wir uns mit »besseren« Leuten als wir, werden wir besser. Umgeben wir uns mit »demotivierten« Menschen, stagnieren wir.*

Als kleines Baby lernen wir am besten durch unbewußtes Abschauen und Nachahmen. Genauso lernen wir auch heute noch am besten. Wir *brauchen* Menschen um uns herum, von denen wir uns etwas abschauen können. Ich habe es mir darum zur Angewohnheit gemacht, jeden Monat mindestens eine neue, interessante und auf einem Gebiet erfolgreichere Person, als ich es bin, kennenzulernen.

Bitte überlegen Sie jetzt gleich, was Sie konkret innerhalb von 72 Stunden tun können, um mehr Qualität als Experte und Persönlichkeit zu erhalten.

_____

_____

Energie

Durch eine dumme, selbstzerstörerische Lebensweise blockieren wir oft unsere Energie. Das ist ein Aspekt, der von den meisten Menschen unterschätzt wird. Sie können nicht morgens aufwachen und die Welt erobern wollen, wenn Sie vor lauter Krankheit noch nicht einmal aus dem Bett kommen. Wenn Sie gesund leben, werden Sie feststellen: *Je mehr Energie Sie verbrauchen, desto mehr Energie haben Sie.*

Energie ist Leben. Und Energie ist kein Zufall. Es geht mir nicht darum, hier ein Gesundheitswerk zu schreiben. Aber wenn Sie Ihr *Einkommen* verbessern wollen, dann denken Sie einmal darüber nach, wie Sie sich energiereicher fühlen können.

Was können Sie jetzt konkret tun, um mehr Energie zu erhalten?

Ausbreitung

Sie müssen alles dafür tun, daß Menschen Ihr Produkt oder Ihren Namen kennen. Schreiben Sie Kolumnen in Zeitschriften. Gehen Sie zu Talkshows. Besorgen Sie sich eine gute PR-Agentur. Schreiben Sie Werbebriefe.

Vereinbaren Sie Kooperationen mit anderen örtlichen Händlern. Wenn Sie in London zu meinem Schneider gehen, dann empfiehlt er Ihnen gleich einen Hemdenschneider, ein Geschäft für maßgefertigte Schuhe, sein persönlich bevorzugtes Restaurant ...

Führen Sie Events durch, zu denen Sie potentielle Kunden und Kooperationspartner einladen.

Ganz gleich, was Sie tun und wieviel Zeit Sie bereits darüber verbringen: Sie sollten mehr Zeit fürs Vermarkten und die Ausbreitung Ihrer Person oder Ihres Produkts aufwenden. Tun Sie alles, um auf sich aufmerksam zu machen.

Vergessen Sie nicht: Gute Fachleute und gute Information gibt es heute in Hülle und Fülle. Gut zu sein reicht nicht. Andere müssen davon erfahren. Es ist Ihre Aufgabe, dafür zu sorgen.

Was können Sie tun, um bekannter zu werden?

Selbstwert

In der Regel können sich Menschen nur 100 Prozent mehr Einkommen vorstellen. Nur doppelt soviel, wie Sie jetzt haben. Mehr halten die meisten für unglaubwürdig und entwickeln ein unsicheres Gefühl. Das ist ausschließlich eine Frage des Selbstwertgefühls. Steigern Sie Ihr Selbstwertgefühl, und Sie steigern Ihr Einkommen.

Zum Selbstwert gehören aber auch die Fähigkeit und das Geschick, sich gut zu verkaufen. Wenn Sie keine Verkaufserfahrung haben, empfehle ich Ihnen, einige gute Verkaufsbücher zu lesen und dann über den Zeitraum von einem Jahr irgend etwas zu verkaufen. Nicht umsonst heißt es:»Ist der Handel noch so klein, bringt er mehr als Arbeit ein.«Vielleicht entdecken Sie eine Leidenschaft. Auf jeden Fall aber lernen Sie, sich selbst zu verkaufen.

Was können Sie tun, um Ihr Selbstwertgefühl zu steigern und sich besser zu verkaufen?

_____

_____

Ideen

Die besten Ideen kommen beim Autofahren, Spazierengehen, Sport oder im Halbschlaf. Wir brauchen dann einen Zettel oder ein Diktiergerät, um die Ideen festzuhalten – sonst verschwinden sie oft für immer. Ich habe mir ein Ideenjournal angelegt, in dem ich alle meine Ideen sammle. Die meisten werde ich nie verwirklichen, aber meine Ideenfabrik läuft auf Hochtouren.

Napoleon Hill sagte:»Jede Firma, jeder große Erfolg hat mit einer Idee begonnen.«Wenn unsere Ideen gut sind, wird von irgendwoher das Geld in unser Leben fließen. Eine einzige Idee kann Millionen wert sein.

Was können Sie tun, um Ihre Ideenfabrik auf Hochtouren laufen zu lassen?

_____

_____

Sie sehen, Ihr Einkommen bestimmt sich nicht durch die Willkür Ihres Chefs oder des Marktes. Um es zu steigern, überlegen Sie, an welcher Stelle der Formel Ihre größte Schwachstelle liegt. Arbeiten Sie daran. Suchen Sie nach Lösungen. Denken Sie aber auch daran, daß der stärkste Hebel die Ausbreitung ist.

Wenn Sie kontinuierlich an allen fünf Bausteinen arbeiten, verspreche ich Ihnen, daß Sie noch innerhalb eines Jahres Ihr Einkommen um mindestens 20 Prozent, wahrscheinlicher aber um 100 Prozent gesteigert haben.

Sehen Sie sich nach anderen Geldquellen um

Einerseits sollten Sie sich nicht zerstreuen, denn in der Bündelung der Energie liegt die Macht. Andererseits gibt es gute Gelegenheiten, die Sie einfach mitnehmen sollten.

Wie ist dieser Gegensatz zu lösen? Ganz einfach. Solange Sie nicht ein bestimmtes anvisiertes Einkommen erreichen, sollten Sie sich nur auf eine Aktivität konzentrieren. Setzen Sie die Summe ruhig ziemlich hoch an. Es macht keinen Sinn, vor Schwierigkeiten davonzulaufen, indem Sie sich einer neuen Sache zuwenden.

Wenn Sie jedoch einmal gelernt haben, wie Sie viel Geld verdienen, wird Ihnen das auch auf anderen Gebieten gelingen. Wie und wo können Sie solche Möglichkeiten finden? Zunächst ist wichtig, daß Sie wissen, daß Einkommen Geld ist, das in Ihr Leben hineinkommt.

Machen Sie bitte einmal eine kleine Übung: Schauen Sie sich in dem Raum um, in dem Sie gerade sitzen. Bitte versuchen Sie, sich zehn Dinge zu merken, die rot sind. Haben Sie zehn Dinge gefunden? Gut. Dann lesen Sie bitte die nächste Aufgabe und schließen danach schnell die Augen, ohne sich noch einmal umzuschauen. Nennen Sie bitte sechs Gegenstände, die blau sind.

Wir neigen dazu, nur das zu sehen, worauf wir uns konzentrieren. Gute Einkommenschancen für uns können auch außerhalb unserer jetzigen Tätigkeit bestehen.

Die vier Verdienstquellen

Grundsätzlich werden wir für den Wert bezahlt, den wir in den Markt einbringen. Folgende vier Werte gibt es:

- Produkte,
- Wissen,
- Dienstleistung,
- Ideen.

Mit welchem dieser Werte können Sie Geld verdienen? Wie können Sie Ihr Wissen vermarkten? Wie können Sie Ideen zu Geld machen? Welche Produkte können Sie verkaufen? Denken Sie daran, Einkommen ist all das Geld, das in Ihr Leben hineinkommt. Wer schuldet Ihnen noch etwas? Welche Dinge, die Sie besitzen, können Sie verkaufen? Denken Sie nach!

Verlangen Sie Geld

Gehören Sie zu den Menschen, die manchmal eine Leistung erbringen, ohne Geld dafür zu verlangen? Bitte bedenken Sie: Geld zu verlangen ist oft eine Frage des Selbstwertgefühls. Immer wenn Sie Wert bringen, ist es natürlich und völlig berechtigt, dafür Geld zu erhalten. Ob Sie Ihre Leistung für wertvoll halten, richtet sich danach, für wie wertvoll Sie sich einschätzen. Wenn ein Wert, der von Fachleuten teuer berechnet wird, bei Ihnen gratis zu haben ist, dann ist der einzige Grund oft mangelndes Selbstbewußtsein. Der Fachmann ist sich seines Wertes bewußt – und Sie sind sich dessen nicht bewußt.

Ich will es sogar noch drastischer formulieren: Sie sind für die Qualität Ihres Lebens verantwortlich. Es ist daher Ihre Pflicht, Geld zu verdienen. Und darum müssen Sie auch Geld verlangen. Zumindest bis Sie Ihre finanzielle Freiheit erreicht haben.

Sie sehen, Erfolg ist mehr Einstellung als Fähigkeit. Arbeiten Sie daran, daß Sie sich als wertvoll erachten. Schreiben Sie in Ihrem Erfolgsjournal.

Konzentrieren Sie sich
auf einkommensproduzierende Aktivitäten

Es ist ganz einfach. Verwenden Sie Ihre Zeit nur für einkommensproduzierende Aktivitäten. Kristallisieren Sie klar heraus, was die einkommensproduzierende Aktivitäten in Ihrem Bereich sind. Viele Menschen hätten wahrscheinlich die Fähigkeit, einen Großteil der Arbeit zu tun, die Sie erledigen. Aber nur wenige Menschen haben die Disziplin, (fast) nur einkommensproduzierende Aktivitäten zu tun.

Sie werden feststellen, daß es viel befriedigender ist, sich um einkommensproduzierende Aktivitäten zu kümmern. Jedoch ist es leichter, die anderen Dinge zu erledigen. Aber vergessen Sie nicht, daß sich die Höhe Ihres Einkommens stark danach richtet, wie sehr Sie Dinge tun, die kaum ein anderer tun kann.

Auch hier gilt: so schnell wie irgend möglich. Warten Sie nicht, bis Sie es sich leisten können. Delegieren Sie so schnell wie irgend möglich. Delegieren Sie alles weg, was ein anderer tun kann, und nutzen Sie die frei werdende Zeit für einkommensproduzierende Aktivitäten. Delegieren Sie noch mehr weg, und nutzen Sie die Zeit, um sich zu positionieren. Solange Sie in der gleichen Zeit mehr verdienen, als Sie an Ihre Helfer bezahlen müssen, geht die Rechnung immer auf.

Die meisten Firmen wollen zuerst wachsen, um dann die Menschen bezahlen zu können, die Sie brauchen. Richtig ist: Holen Sie sich diese Menschen so schnell wie irgend möglich, *damit* Sie wachsen.

Fragen Sie sich also: Was kann auch ein anderer tun? Wer könnte es tun?

Einkommen bedeutet nicht Reichtum

Viele Menschen wissen nicht, was Reichtum ist: Gutes Geld zu verdienen bedeutet nicht Reichtum. In der Regel wird unser Lebensstandard mit unserem Einkommen wachsen. Wir »brauchen« einfach mehr. Merkwürdigerweise brauchen wir immer genausoviel, wie wir verdienen.

Wir dürfen »brauchen« nicht mit »wünschen« verwechseln.

Schon die alten Babylonier wußten: »Das, was du ›notwendige Ausgaben‹ nennst, wird immer wachsen – bis zur jeweiligen Höhe deines Einkommens.«

Reich sind Sie erst dann, wenn Sie von Ihrem Kapital leben können, ohne arbeiten zu müssen: Das Geld arbeitet für Sie. Reich werden Sie nicht durch das Geld, das Sie verdienen, sondern durch das Geld, das Sie behalten. Sparen bedeutet den Unterschied dazwischen, selbst ein Geldesel zu sein oder einen Geldesel zu haben. Dazu mehr im nächsten Kapitel.

Hören Sie nicht auf …

Hören Sie nicht auf, Ihr Einkommen zu vermehren, bis Sie genug Kapital angehäuft haben, um von den Zinsen leben zu können.

Selbstverständlich können und sollen wir Pausen einlegen. So habe ich es mir zur Gewohnheit gemacht, mich nach jedem erreichten Zwischenziel selbst zu belohnen. Ich arbeite nur sechs Tage und habe einen freien Tag pro Woche. Ich fahre viermal im Jahr in Urlaub, einmal davon drei Wochen. Ich habe für mich festgestellt, daß ich dadurch wesentlich mehr erreiche. Ich bin konzentrierter und voller Energie. Außerdem nutze ich die Urlaube. Ich lese etwa 150 Bücher pro Jahr, von denen ich 50 in den Ferien genieße. Während des Weihnachtsurlaubs werte ich das alte Jahr aus und plane das neue. Für jeden Teilbereich meines Lebens lege ich Ziele fest und schreibe die Gründe auf, warum ich sie erreichen möchte. Ich schreibe außerdem hauptsächlich während der Ferien an meinem Erkenntnisjournal. Hier formuliere ich aus, was ich lernen konnte. So wird jeder Fehlschlag zur Lehre. Um sicherzugehen, daß ich die gleichen Fehler nicht noch einmal begehe, schreibe ich sie auf. Urlaub ist also für mich eine Zeit, in der ich von meinem Alltagsgeschäft völlig abschalte und mich dafür einmal nur mit mir und meiner Partnerin beschäftige. Wenn ich wieder zu Hause bin, weiß ich noch genauer, warum ich alles tue. Ich konzentriere mich wieder mehr auf das Ziel statt auf den Weg. Das sind nur ein paar Gründe, warum ich sage, daß ich insgesamt produktiver bin, wenn ich viermal im Jahr Urlaub mache.

Machen Sie also Pausen, um nicht auszubrennen, aber hören Sie nicht auf, bis Sie finanzielle Freiheit erreicht haben. Nichts ist schwieriger, als eine stehende Lokomotive wieder anzuschieben. Aber eine Lokomotive in voller Fahrt ist ebenso schwer anzuhalten. Sie müssen nicht ständig Gas geben, aber kommen Sie möglichst nicht zum Stillstand, bis Sie von Ihren Zinsen leben können.

Dann müssen Sie nicht mehr arbeiten. Aber warum sollten Sie aufhören, das zu tun, was Ihnen Spaß macht: Wenn Sie nicht mehr arbeiten müssen, sondern nur das tun, was Ihnen Spaß macht, wissen Sie, was dann passiert? Dann geht es erst richtig los.

Die Power-Ideen auf den Punkt

- Jeder bekommt genau das, was er verdient. Sie alleine haben es in der Hand zu bestimmen, wieviel Sie verdienen.
- Mehr erhalten Sie nicht, weil Sie es brauchen, sondern weil Sie es verdienen. Fragen Sie nach Ihren Pflichten, nicht nach Ihren Rechten.
- Geben Sie immer mehr, als irgend jemand von Ihnen erwarten könnte. Überraschen Sie alle Menschen, indem Sie alle Erwartungen übertreffen. Sehr gut zu sein reicht nicht. Tun Sie alles hervorragend.
- Machen Sie sich unentbehrlich, indem Sie bereit sind, Verantwor-

tung zu übernehmen. Und machen Sie sich entbehrlich, indem Sie Aufgaben und Autorität delegieren.

- Wer mehr verdienen will, muß nach einer längeren Liste von Problemen fragen.
- Das zu tun, was alle tun, ist soviel wert wie Sand in der Wüste. Sie müssen nicht besser sein, sondern der einzige. Finden Sie Ihre Nische.
- Ihr Einkommen wächst parallel zu Ihrem Selbstbewußtsein.
- Ihr Einkommen setzt sich aus folgenden Bausteinen zusammen: Qualität, Energie, Ausbreitung, Selbstwert/sich verkaufen und Ideen.
- Verbringen Sie mehr Zeit fürs Vermarkten und die Ausbreitung Ihrer Person (bzw. Ihrer Produkte).
- Konzentrieren Sie sich auf Ihre gewinnbringenden Aktivitäten. Fragen Sie sich: Muß ich das tun, oder kann das auch ein anderer tun?

8

Sparen – Sich selbst bezahlen

Ein Mann, der sowohl Geld ausgibt
als auch Geld spart,
ist der zufriedenste Mann,
denn er hat beide Vergnügen.

Samuel Johnson

Eines Tages ging ein armer Farmer in seine Scheune und fand ein goldenes Ei im Nest seiner Gans. Sein erster Gedanke war:»Da will sich jemand über mich lustig machen.« Aber um sicherzugehen, nahm er das Ei und brachte es zu einem Goldschmied. Dieser prüfte das Ei und teilte dem Farmer mit:»100 Prozent Gold, durch und durch reines Gold.« Der Farmer verkaufte das Ei und ging mit viel Geld nach Hause. Am Abend gab er ein großes Fest. Im Morgengrauen stand die ganze Familie auf, um zu sehen, ob die Gans eventuell noch ein goldenes Ei legte. Und tatsächlich, wieder lag ein goldenes Ei im Nest. Von da ab fand der Farmer jeden Morgen ein weiteres goldenes Ei, das er verkaufte, und er wurde sehr reich.

Aber der Farmer war ein habgieriger Mann. Er fragte sich, warum die Gans nur ein Ei legte. Und überhaupt wollte er gerne wissen, wie das Tier das machte, um selber goldene Eier produzieren zu können. Er steigerte sich immer mehr in seine Wut hinein. Schließlich lief er in den Stall und spaltete die Gans mit einem Buschmesser in zwei Hälften. Alles, was er fand, war ein halbes, in der Entstehung begriffenes Ei. Und die Moral von der Geschicht: Töte deine Gänse nicht.

Handeln die meisten Menschen nicht ähnlich? Die Gans steht für Kapital und die goldenen Eier für Zinsen. Ohne Kapital keine Zinsen. Die meisten Menschen geben ihr gesamtes Geld aus. Sie können darum niemals eine Gans züchten. Sie töten bereits ihre kleine, junge Gans, noch bevor sie jemals goldene Eier legen kann.

Solange Sie keine Gans oder Geldmaschine haben, sind Sie Geldmaschine, ganz gleich, wieviel Sie verdienen. Weniger ausgeben, als Sie einnehmen, klingt nicht gerade sensationell. Sie werden jedoch feststellen, daß Sparen Spaß machen kann und daß es Sinn macht.

Vier Gründe, warum Menschen nicht sparen

Es gibt gute Gründe, zu sparen. Aber für die meisten Menschen sprechen vor allem vier Gründe dagegen:

1. Sie denken, daß sie später soviel verdienen, daß sie jetzt nicht zu sparen brauchen.
2. Sie wollen jetzt leben und denken, Sparen sei schwer und bedeute Einschränkung.
3. Sie halten Sparen nicht für wichtig und meinen, sie könnten diese Einstellung nicht verändern.
4. Sie denken, daß es doch nichts bringt (niedrige Zinsen, Inflation).

Lassen Sie uns alle vier Punkte untersuchen. Sie werden feststellen, daß es tatsächlich ganz anders aussieht, als Sie möglicherweise gedacht haben. Lesen Sie die vier Aussagen, wie sie wirklich lauten müßten:

1. Nicht durch Ihr Einkommen, sondern durch Sparen werden Sie reich.
2. Sparen macht Spaß und ist kinderleicht – für jeden.
3. Sie können jederzeit Ihre Glaubenssätze und Ihre Einstellung zum Sparen ändern.
4. Sparen macht Sie zum Millionär. Sie bekommen ohne Probleme 12 Prozent und mehr. Die Inflation unterstützt Sie sogar dabei.

Schwer zu glauben? Sie werden begeistert sein, wenn Sie sehen, wie wahr diese vier Aussagen sind. Sehen wir uns nun einen Punkt nach dem anderen an.

Nicht durch Ihr Einkommen, sondern durch Sparen werden Sie reich

Niemand wird alleine dadurch reich, daß er viel verdient. Reichtum entsteht, wenn Sie Geld behalten. Zu viele Menschen haben die irrsinnige Hoffnung:»Wenn ich genug verdiene, wird alles besser.« In Wahrheit steigt jedoch der Lebensstandard immer mit dem Einkommen. Sie brauchen fast immer soviel, wie Sie haben. Die Wahrheit lautet ferner: Das einzige, das Menschen haben, die nicht sparen, sind Schulden.

Mein erster Coach war ein erfolgreicher Mann, den ich sehr mochte und bewunderte. So war ich glücklich, als er mir anbot, mich persönlich zu coachen. Er verlangte allerdings von mir, daß ich 50 Prozent meines Einkommens sparen sollte. Unmöglich, dachte ich. Ich argumentierte, daß ich eigentlich 100 Prozent bräuchte und nicht sparen könne, wenn 100 Prozent meines Einkommens nicht ausreichen, um meine notwendigen Ausgaben zu decken.

Außerdem war ich ein Optimist. Es würde sich schon alles von alleine regeln, wenn ich erst einmal richtig viel verdienen würde, dachte ich. Ich mußte feststellen, daß dies eine schwachsinnige Hoffnung ist. Es wird sich nichts verändern, wenn wir uns nicht verändern.

Es ist völlig falsch zu denken, Reichtum komme von alleine, man brauche den Umgang mit Geld nicht zu ändern. Es bedeutet, die Verantwortung von sich wegzuschieben. Nach dem Motto:»Ich kann mich jetzt im Umgang mit Geld völlig daneben benehmen, denn später mache ich alles wieder gut, wenn ich unendlich viel verdiene. Warum soll ich mir jetzt etwas abknapsen, wenn ich später ohnehin im Geld schwimme?«

Ihr Einkommen soll dann die Zauberlösung für das sein, was Sie nicht zustande bringen: Es soll Sie reich machen. Glauben Sie mir: Das wird nicht passieren. Es wird bei der Hoffnung bleiben.

Tatsächlich können Sie verdienen, soviel Sie wollen, Ihre finanzielle Situation wird sich nicht verändern. Ich habe Hunderte von Menschen kennengelernt, die 50 000 DM und mehr monatlich verdienen und die nichts besitzen außer Schulden. Warum verändert das Einkommen die finanzielle Situation nicht? Weil zwei Faktoren trotz des steigenden Einkommens gleichbleiben: die Prozente und Sie selbst.

Wenn Sie mit dem, was Sie heute haben, nicht auskommen, werden Sie auch nicht zurechtkommen, wenn Sie doppelt soviel verdienen. Denn die Prozente ändern sich nicht.

Wenn Sie heute 2 000 DM verdienen und 10 Prozent sparen, dann sind das 200 DM. Die gleichen 10 Prozent von 25 000 DM zu sparen (also 2 500 DM) ist wesentlich schwerer, weil die Summe höher ist. Es ist darum sogar leichter, bei geringem Einkommen zu sparen. Sie tun sich weniger schwer, 200 DM wegzulegen als 2 500 DM. Denn je größer die Summe ist, desto schwerer wiegen die Prozente.

Darum beginnen Sie *jetzt*. Ganz gleich, in welcher schwierigen Situation Sie sich befinden, nie wieder wird es so leicht sein wie heute. Beginnen Sie heute damit, 10 Prozent Ihres Nettoeinkommens zu sparen.

Fangen Sie darum so früh wie möglich an zu sparen. Sollten Sie 18 oder 20 Jahre alt sein und noch zu Hause wohnen, dann ist jetzt der beste Moment. So leicht wird es nie wieder sein. Wann werden Sie noch einmal so niedrige Kosten haben? Selbst wenn Sie etwas Geld »abgeben« müssen, ist das nichts im Verhältnis zu den Kosten, die Sie haben, wenn Sie ausziehen. Diese Chance kommt nie wieder. Sparen Sie darum, soviel Sie können.

Die meisten Menschen ändern ihre finanziellen Gewohnheiten nicht, auch wenn sie mehr verdienen

Grundsätzliche Einstellungen ändern sich kaum (außer Sie ändern ganz bewußt Ihre Glaubenssätze). Hier ist eine Einstellung, die verhindert, daß jemand spart: »Das brauche ich.« Sie erinnern sich sicher an den Satz: »Du darfst deine ›notwendigen Ausgaben‹ nicht mit deinen Wünschen verwechseln. Das, was wir unsere notwendigen Ausgaben nennen, wird immer bis zur jeweiligen Höhe unseres Einkommens wachsen.«

Die dümmste Rechtfertigung für eine unnötige Geldausgabe lautet:»Das brauche ich. Das muß sein.« Die wenigsten Dinge brauchen wir wirklich. Wir behaupten es nur, um es vor uns selbst zu rechtfertigen. *Wenn die Dinge sich für uns verbessern sollen, müssen zuerst wir uns verbessern.*

Sparsamkeit ist eine Tugend aller Reichen

Sir John Templeton hat zusammen mit seiner Frau im Alter von 19 Jahren beschlossen, von jedem Monatseinkommen 50 Prozent wegzulegen. Er sagt, daß es in manchen Monaten sehr schwer war, besonders wenn seine Provision sehr gering ausfiel.

Er wurde Milliardär und einer der respektiertesten und geachtetsten Fondsmanager der Welt. Er sagt heute, daß die entscheidenden Momente diejenigen waren, als er so wenig verdiente, daß es fast nicht möglich war, die 50 Prozent wegzulegen.

Warren Buffett ist der reichste Mensch Amerikas. Sein Vermögen wurde von Forbes bereits 1993 auf 17 Milliarden geschätzt. Wie wurde er so reich? Sein Rezept: sparen und anlegen. Und noch einmal sparen und anlegen.

Warren Buffett fing als Zeitungsjunge an – und sparte. Er hielt jeden Dollar fest, den er festhalten konnte. Er kaufte sich fast nichts, denn er sah nie das Geld, das er ausgeben würde. Er sah immer den Geldbetrag, den es in Zukunft wert sein würde.

So kaufte er sich kein Auto. Nicht wegen der 10 000 Dollar, die es kostete, sondern wegen der Summe, die diese 10 000 Dollar in 20 Jahren wert sein würden.

Vielleicht sagen Sie: ganz schön langweilig. Aber Sie wissen ja bereits, daß es eine Frage Ihrer Überzeugungen ist, ob etwas langweilig oder spannend ist. Hätten Sie jedenfalls diese 10 000 Dollar vor 40 Jahren bei Warren Buffett investiert, dann wären daraus heute ganz und gar nicht langweilige 80 Millionen Dollar geworden.

Wissen Sie, was die folgenden Unternehmensgründer gemeinsam hatten? Werner von Siemens, Robert Bosch, Ferdinand Porsche, Gottlieb Daimler, Adam Opel, Karl Benz, Fritz Henkel, Heinz Nixdorf, Johann Jacobs, Heinrich Nestlé, Rudolph Karstadt, Josef Neckermann, Reinhard Mannesmann, Friedrich Krupp, die Aldi-Brüder? Sie waren sparsam, sparsam und noch einmal sparsam. Sie haben weniger Geld ausgegeben, als sie verdient haben, und klug investiert. Die Sparsamkeit war sicherlich nicht alleine verantwortlich für ihren Reichtum, aber offensichtlich eine Grundvoraussetzung, ohne die Wohlstand nicht möglich ist. Sie werden *keinen* Unternehmensgründer finden, der nicht sehr sparsam war.

Viele Unternehmer waren pleite

Vielleicht wenden Sie ein, daß Sie oft von Unternehmern gehört haben, die des öfteren pleite gegangen sind. Stimmt, aber sie hatten keine Konsumschulden, und ihr Lebensstandard war bescheiden. Sie waren sparsam. Sie gingen nicht pleite, weil sie privat nicht sparsam waren, sondern wegen widriger Umstände oder weil sie sich verspekuliert hatten.

Wegen ihrer Sparsamkeit und anderer unternehmerischer Eigenschaften haben sie solche Krisen durchgestanden. Sie konnten oft jahrelang mit einem absoluten Minimum auskommen. Sie gaben fast nichts für sich selbst aus. Sie nahmen alle möglichen Entbehrungen auf sich.

Sie waren teilweise so extrem sparsam, daß viele Menschen entsetzt ausrufen würden: »Das ist nichts für mich. Das könnte und wollte ich nicht!« Auch hier gilt der Satz: *Erfolgreiche Menschen sind bereit, Dinge zu tun, die die meisten erfolglosen Menschen ablehnen würden.* Die meisten Menschen lehnen es ab zu sparen. Sie wollen jetzt leben. Schon Goethe hat dieses Phänomen erkannt: »Jeder will etwas sein, keiner möchte etwas werden.«

Die großen Unternehmensgründer wollten reich werden. Diesem Ziel haben sie sich verschrieben und ihm alles unterstellt. Sie mußten darum auch nicht so tun, als hätten sie bereits viel Geld. Der Schein war ihnen gleichgültig. Sie wollten etwas werden und waren darum sparsam.

Vielleicht gehören Sie zu der Gruppe von Menschen, die sagen: »Ich bin eine Ausnahme. Ich kann 100 Prozent ausgeben und trotzdem wohlhabend werden.« Ich will mich solchen Gedanken nicht verschließen. Schließlich gibt es immer wieder unglaubliche Phänomene, die wir uns nicht erklären können.

Allerdings hätten Sie die Statistik nicht auf Ihrer Seite. Außerdem wäre es wahrscheinlich wesentlich leichter, einfach die Glaubenssätze zu verändern: Sparen ist gar nicht so schwer.

Sparen macht Spaß und ist kinderleicht – für jeden

Gerade wenn Sie jetzt das Leben genießen wollen, sollten Sie sparen. Aber nicht so, wie Sie es unter Umständen schon mehrmals versucht und nicht geschafft haben.

Die meisten Menschen sparen falsch. Sie machen es sich selbst unglaublich schwer. Sie versuchen, sich den ganzen Monat über einzuschränken. Sie knapsen sich hier etwas ab und verzichten dort. Trotzdem bleibt oft nichts übrig. Oder es kommt eine unerwartete Reparatur oder eine vergessene Rechnung.

Vielleicht betrachten Sie dieses Szenario einmal von einer anderen Seite. Sie bezahlen im Grunde genommen jeden, nur nicht sich selbst. Sie bezahlen den Bäcker, wenn Sie Brot kaufen, die Bank, wenn Sie Zinsen zahlen, den Metzger, wenn Sie Fleisch kaufen, den Friseur, wenn Sie sich die Haare schneiden lassen.

Aber wann bezahlen Sie sich? Sie selbst sollten in Ihrem Leben doch zumindest ebenso wichtig sein wie Ihr Bäcker, Banker, Metzger oder Friseur.

Sparen heißt, sich selbst zu bezahlen

Sie sollten also sich selbst bezahlen. Und zwar zuerst! Hier mein Vorschlag: Zahlen Sie sich selbst ein Gehalt. Lassen Sie 10 Prozent von Ihrem monatlichen Einkommen auf ein separates Konto buchen. Mit diesen 10 Prozent werden Sie wohlhabend. Mit den restlichen 90 Prozent bezahlen Sie die anderen.

Sie werden erstaunt feststellen: *Es ist genauso leicht oder schwer, mit 90 Prozent zurechtzukommen, wie mit 100 Prozent.* Sie werden die 10 Prozent gar nicht vermissen.

Wahrscheinlich fällt es Ihnen schwer, das zu glauben. Sie werden aber überrascht sein, wenn Sie es wirklich ausprobieren. Sagen Sie niemals, das geht nicht, solange Sie es nicht probiert haben.

Rechnen Sie nicht bestehende Sparverträge oder Lebensversicherungen in diese 10 Prozent hinein. Mit Versicherungsverträgen bezahlen Sie zwei wichtige Dinge: Versicherungsschutz und Ihre Altersabsicherung. Beides ist für die meisten von uns eine absolute Notwendigkeit. Mit Sparverträgen bezahlen Sie mittelfristige Anschaffungen wie ein neues Auto, Möbel, Urlaub.

Mit 10 Prozent züchten Sie Ihre Gans

Die 10 Prozent aber rühren Sie nie an. Mit diesen 10 Prozent »züchten« Sie Ihre Gans, die goldene Eier legt. Diese 10 Prozent machen Sie reich. Sie werden gleich sehen, daß diese 10 Prozent ausreichen, um Sie so reich zu machen, daß Sie von den Zinsen leben können und nie mehr zu arbeiten brauchen.

Es ist genauso schwer oder genauso leicht, mit 90 Prozent zurechtzukommen, wie mit 100 Prozent. Sie werden das kaum glauben können. Dann geht es Ihnen wie den meisten Teilnehmern meiner Seminare. Aber nachdem sie es ausprobiert haben, bekomme ich folgende Rückmeldung:»Ich hätte nicht gedacht, daß es geht. Aber inzwischen mache ich es konsequent einige Monate, und ich vergesse die 10 Prozent völlig. Es ist gut zu wissen, daß diese 10 Prozent mich wohlhabend machen.«

Power-Tip

Bezahlen Sie sich zuerst selbst. Lassen Sie am Anfang des Monats 10 Prozent Ihres Einkommens auf ein separates Konto buchen.

- Eröffnen Sie ein Gans-Konto. Richten Sie einen Dauerauftrag von Ihrem normalen Konto auf Ihr Gans-Konto ein. Lassen Sie zu jedem 1. eines Monats 10 Prozent Ihres Gehalts auf Ihr Gans-Konto fließen.
- Das Geld auf dem separaten Gans-Konto greifen Sie niemals an.
- Sie legen dieses Gans-Geld nach den Grundsätzen an, die Sie in diesem Buch lernen werden.
- Sie bekommen mehr Spaß am Leben und mehr Selbstsicherheit, während Ihr Gans-Geld wächst.
- Das Gans-Konto ist eine leichte und sinnvolle Art, um Ihre Disziplin zu verbessern.

Was tun Sie mit einer Gehaltserhöhung?

Wahrscheinlich haben Sie schon einmal weniger verdient als heute. Denken Sie an Ihre Ausbildungszeit. Mit wie wenig Geld sind Sie damals zurechtgekommen. Wie war es mit Ihrem ersten Job? Normalerweise verdienen wir stetig mehr Geld und verbrauchen dieses Geld. Unser Lebensstandard erhöht sich immer parallel zu dem verfügbaren Einkommen.

Hier ein Tip, wie Sie vermeiden können, daß dies auch in Zukunft geschieht: Nehmen Sie 50 Prozent von jeder Gehaltserhöhung für Ihre Gans. Da Sie im Moment an Ihr jetziges Einkommen gewöhnt sind, bedeutet es keinen Verzicht, von einer Gehaltserhöhung 50 Prozent wegzulegen. Auf diese Weise gewöhnen Sie sich eben nur an eine halbe Gehaltserhöhung. Die anderen 50 Prozent überweisen Sie auf Ihr Gans-Konto.

175

Wenn Sie zum Beispiel im Moment 5 000 DM netto verdienen, so bezahlen Sie sich zukünftig am Anfang jedes Monats selbst, indem Sie 10 Prozent, also 500 DM, auf Ihr Gans-Konto überweisen.

Sollten Sie nun eine Gehaltserhöhung von 1 200 DM bekommen, so überweisen Sie 50 Prozent, also 600 DM, auf Ihr Gans-Konto. Sie haben somit Ihre Sparrate auf einen Schlag um 120 Prozent gesteigert.

Warum Sparprogramme scheitern

Es gibt zwei entscheidende Gründe, warum die meisten Menschen Ihre Sparprogramme nicht durchstehen:

Sie nehmen sich zuviel vor. Aus diesem Grund sollten Sie von Ihrem bestehenden Gehalt »nur« 10 Prozent weglegen. Diese 10 Prozent bemerken Sie gar nicht. 15 oder gar 20 Prozent sind dagegen schon wesentlich gewichtiger.

Die meisten Menschen wollen sparen, was am Ende eines Monats übrigbleibt. Und das ist in aller Regel nicht sehr viel. Darum bezahlen Sie sich in Zukunft zuerst – gleich am Anfang des Monats.

Power-Tip

Überweisen Sie 50 Prozent von jeder Nettogehaltserhöhung auf Ihr Gans-Konto. Auf diese Weise steigt Ihr Lebensstandard nicht so schnell.

- Mit jeder Gehaltserhöhung bekommt Ihre Gans einen Wachstumsschub.
- Sie wissen, wofür Sie arbeiten. Sie zeigen Ihrem Unterbewußtsein, daß Sie gut mit Geld umgehen können.
- Automatisch bringt Sie jede Gehaltserhöhung so Ihrem Fernziel näher.
- Als Selbständiger sind Sie Unternehmer und Angestellter in

einer Person. Sie geben sich selbst von Zeit zu Zeit eine Gehaltserhöhung.

- Diese 50 Prozent tun Ihnen niemals weh, weil Sie sich noch nicht an das höhere Gehalt gewöhnt haben.

Sie können jederzeit Ihre Glaubenssätze und Ihre Einstellung zum Sparen ändern

Viele Menschen haben wenig förderliche Glaubenssätze zum Thema Sparen. Hier einige Beispiele:

- »Ich habe nicht die Disziplin zu sparen.«
- »Sparen ist nur etwas für untalentierte, langweilige Menschen.«
- »Ich lebe jetzt, und Sparen heißt, mich einzuschränken. Dazu bin ich nicht bereit.«

Wenn Sie dieses Kapitel bis hierher gelesen haben, dann haben Sie alle logischen Argumente, um die obengenannten, wenig förderlichen Glaubenssätze zu bezweifeln. Sie können sie jederzeit durch das in Kapitel 5 beschriebene Verfahren in neue, hilfreichere Glaubenssätze austauschen. Vielleicht hilft Ihnen dabei der eine oder andere der folgenden Sätze:

- »Der Farmer, der sein ganzes Saatgut aufißt, hat nichts, womit er säen könnte.«
- »Nicht zu sparen ist der Beweis für völlige Geschäftsuntauglichkeit, Naivität und Dummheit. Einen Menschen, der nicht bewiesen hat, daß er mit Geld umgehen kann, kann man nicht ernst nehmen.«
- »Ich bewundere Menschen, die ihr Leben so im Griff haben, daß sie ihre Energie für die Aufgaben einsetzen können, die ihnen Spaß machen. Dazu gehört einfach auch eine gesunde finanzielle Basis.«
- »Ich rechne damit, den Rest meines Lebens in der Zukunft zu ver-

177

bringen. Darum möchte ich einigermaßen sicher sein, wie die Zukunft sein wird. Das ist mein Grund zu sparen.«

Sparen macht Sie zum Millionär

Sie haben bereits eingangs in diesem Kapitel gelesen: Sie bekommen ohne Probleme 12 Prozent Rendite und mehr. Die Inflation unterstützt Sie sogar dabei.

Es ist mir bewußt, daß dies in Deutschland nicht unbedingt die herkömmliche Meinung ist. In keinem Land auf der ganzen Welt wird so dumm investiert wie in Deutschland. Sie werden bei uns oft bereits als unseriös abgestempelt, wenn Sie Gewinne über 6 Prozent pro Jahr erwirtschaften.

Diese 6 Prozent entsprechen aber knapp der tatsächlichen Inflationsrate. Wenn Sie nur 2 bis 4,5 Prozent pro Jahr an Zinsen bekommen, sparen Sie sich arm. Das heißt, Ihr Geld verliert mehr Kaufkraft, als es sich durch Gewinne vermehrt. Insofern kann ich jeden verstehen, der sagt: Unter diesen Umständen lohnt es sich nicht, Geld anzulegen.

Allerdings gilt auch beim Investieren der Grundsatz: Wenn Sie tun, was alle tun, werden Sie auch nur haben, was alle anderen haben. Also geben Sie sich nicht mit den üblichen Renditen zufrieden. Der erste Schritt wird sein, daß Sie sich grundlegende Kenntnisse über Investitionen aneignen, die in den folgenden Kapiteln beschrieben sind.

Was aus 100 000 DM werden kann

Sie werden die Kraft des Zinseszinses erfahren. Vorab ein Beispiel. Stellen Sie sich vor, Sie erben 100 000 DM. Diese legen Sie nun für 7 Prozent 30 Jahre lang an. Sie würden dann nach 30 Jahren 761 220 DM erhalten. Hätten Sie dagegen in eine Anlageform mit 16 Prozent Rendite pro Jahr investiert, würden Sie 8 584 980 DM erhalten.

Stellen Sie sich außerdem vor, Sie hätten die 100 000 DM gestreut in fünf Anlagen mit jeweils 20 000 DM. Nehmen wir weiter an, Sie hätten eine Anlage komplett verloren, die zweite hätte überhaupt keine Gewinne erzielt, die dritte hätte 7 Prozent, die vierte 12 Prozent und die fünfte 16 Prozent erzielt.

In diesem Fall würde die fünfte alleine Ihnen über 1,7 Millionen einbringen. Also mehr als das Doppelte, als wenn Sie das Geld für 7 Prozent angelegt hätten. Insgesamt hätten Sie trotz zwei schlechter Anlagen über 2,6 Millionen erzielt.

Die nächsten Fragen werden also sein, wie Sie Renditen von 10, 12, 16 und sogar 20 Prozent pro Jahr erreichen. Und wie Sie Ihr Risiko streuen, um einerseits einen Totalverlust zu vermeiden und andererseits eine größere Chance auf einen Volltreffer zu haben.

Zu diesem Zweck werden Sie einige Grundsätze von Aktien und Fonds kennenlernen. Sie werden sehen, daß gute Gewinne in diesen Anlagen von jedem erzielbar sind.

Schließlich möchte ich Ihnen vier Finanzpläne zu vier unterschiedlichen, aufeinander aufbauenden Zielen aufzeigen. Sie werden sehen: Kluges Sparen bringt Ihnen Wohlstand.

Lehren Sie Ihre Kinder, sich selbst zu bezahlen

Wann sollten Kinder anfangen zu sparen? Bereits mit dem ersten Taschengeld. Führen Sie sie so früh wie möglich an das Konzept des Sich-selbst-Bezahlens heran. Sorgen Sie dafür, daß Ihre Kinder hilfreiche Glaubenssätze zum Thema Sparen und Wohlstand annehmen.

Als ein Bekannter von mir beschloß, seiner achtjährigen Tochter Taschengeld zu geben, gab er ihr 10 DM und setzte sie in seinen Wagen. Er sagte ihr, er müsse ihr etwas ungeheuer Wichtiges erklären.

Er fuhr mit ihr in den ärmsten Teil der Stadt, in der sie wohnten. Alles sieht dort grau in grau aus. Kein Grün, dafür Schmutz und Beton. Er fragte sie, ob sie gerne hier wohnen wolle oder in der freundlichen Nachbarschaft, in der sie ihr Einfamilienhaus haben.

Er erklärte ihr, daß sie die nächsten 10 bis 15 Jahre bei ihnen wohnen würde, danach aber sei sie selbst verantwortlich. Dann würde sie entweder in einer häßlichen Umgebung wohnen oder ebenfalls in einem schönen Haus. Und er eröffnete ihr, daß sie es jetzt entscheiden kann.

Er verbrachte einen halben Tag, um seiner Tochter das Konzept des Sparens und Sich-selbst-Bezahlens zu erklären. Er stieg in jener häßlichen Umgebung mit ihr aus dem Auto und ging mit ihr umher. Sie aßen dort in einem schmuddeligen Restaurant zu Mittag. Und als die Kleine sich so richtig unwohl fühlte, sagte er: »Hier wohnen die Leute, die immer die ganzen 10 DM ausgegeben haben.«

Wieder zu Hause angekommen, machten sie einen Sparplan: Die Tochter wollte 5 DM von den 10 DM sparen. Denn für jede gesparte Mark wollte ihr Vater 50 DM für sie anlegen, also insgesamt 250 DM monatlich.

Angenommen, mein Bekannter und seine Tochter ziehen dieses Programm nur sieben Jahre durch. Er hört dann auf, die 250 DM monatlich zu sparen. Selbst auf diese Weise wird seine Tochter, noch bevor sie 32 Jahre alt ist, über 200 000 DM besitzen. Und mein Bekannter hat lediglich 21 000 DM investiert.

Was aber viel wichtiger ist: Die kleine Tochter meines Bekannten lernt die Konzepte des Geldes mühelos und sehr früh. Wahrscheinlich wird sie niemals Geld von ihrem Vater brauchen.

Überlegen Sie einmal, wieviel Vermögen Sie besitzen würden, wenn Sie immer 50 Prozent gespart hätten. Selbstverständlich hätten Sie damit anfangen müssen, bevor Sie dachten, daß Sie 100 Prozent »brauchen«, um alle »notwendigen« Ausgaben zu decken.

Unseren Kindern einfach Geld zu schenken kann verantwortungslos sein. Ihnen die Konzepte des Geldes und des Wohlstands zu erklären, kostet etwas Zeit. Aber unsere Kinder haben dann eine große Chance, die die meisten Menschen nicht haben: Geld wird den Platz bekommen, den es verdient, es wird etwas Natürliches und Angenehmes sein. Geld wird nämlich meist nur dann zum wichtigsten Bestandteil des Lebens, wenn man keines hat. Sie können viel dazu beitragen, daß Ihre Kinder Geld nicht überbewerten, sondern Wohlstand als einen automatischen, natürlichen Bestandteil unseres Lebens betrachten.

Die Power-Ideen auf den Punkt

- Nur wenn Sie genug Geld haben, so daß Sie von den Zinsen leben können, sind Sie wirklich reich und unabhängig.
- Solange Sie keine Geldmaschine haben, sind *Sie* die Geldmaschine, ganz gleich, wieviel Sie verdienen.
- Nicht durch Einkommen, sondern durch Sparen werden Sie reich. Reichtum entsteht, wenn Sie Geld *behalten*.
- Tendenzen verstärken sich eher mit steigendem Einkommen. Wenn Sie heute nicht mit Geld zurechtkommen, dann werden Sie es noch weniger können, wenn Sie viel verdienen.
- Es ist leichter, bei geringem Einkommen zu sparen, denn je größer die Summe ist, desto schwerer wiegen die Prozente.
- Die wenigsten Dinge brauchen wir wirklich. Wir behaupten es nur, um Ausgaben vor uns selbst zu rechtfertigen.
- Sie werden keinen Unternehmensgründer finden, der nicht sehr sparsam war.
- Sehen Sie nicht den heutigen Wert des Geldes. Sehen Sie, wieviel es in 10, 15 oder 20 Jahren wert sein wird.
- Erfolgreiche Menschen sind bereit, Dinge zu tun, die die meisten erfolglosen Menschen ablehnen würden.
- Es ist genauso schwer oder genauso leicht, mit 90 Prozent zurechtzukommen, wie mit 100 Prozent.
- Unser Lebensstandard dehnt sich immer parallel zu dem verfügbaren Einkommen aus.
- Sie können jederzeit Ihre Glaubenssätze und Ihre Einstellung zum Sparen ändern.
- Ganz gleich, wie schwierig es erscheinen mag zu sparen: Nicht zu sparen wird immer mehr Schwierigkeiten bereiten als einfach zu sparen.

- Wenn Sie tun, was alle tun, werden Sie auch nur haben, was alle anderen haben.
- Geld wird meist nur dann zum wichtigsten Bestandteil des Lebens, wenn man keines hat.
- Führen Sie Ihre Kinder an das Sparen heran.

9

Das Wunder des Zinseszinses

Geld ist für diejenigen reserviert,
die die Gesetze des Kapitals kennen und einhalten.

George S. Clason, The Richest Man in Babylon

Wer sein Geld mehrt, wird reich. Wer die Gesetze der Geldvermehrung ignoriert, wird sein Geld wieder verlieren. So einfach ist das.

Wenn Sie sich das Wunder des Zinseszinses anschauen, dann werden Sie sehen, daß es eine unverantwortliche Ignoranz ist, die Kraft des Zinseszinses zu kennen, ohne sie einzusetzen, um finanzielle Freiheit zu erreichen. So gesehen ist Armut keine Tugend, sondern Ignoranz.

Zunächst möchte ich Ihnen einige Beispiele für die Kraft des geometrischen Wachstums geben.

Schaffen Sie sich eine neue Einkommensmöglichkeit

Ich schlage Ihnen vor, ein Sparbuch anzulegen und 10 Pfennig im ersten Monat einzuzahlen. Im zweiten Monat verdoppeln Sie und zahlen 20 Pfennig ein.

Gleichzeitig fangen Sie an, sich nach neuen Einkommensquellen umzuschauen. Sie haben 14 Monate Zeit, bis es »richtig losgeht« und Ihre Einzahlungen größeren Umfang annehmen. Sie müßten also Ihre Zeit nutzen, um eine neue Verdienstquelle zu entwickeln. Im 16. Monat müßten Sie dann 3 276,80 DM, im 17. Monat 6 553,60 DM und im 18. Monat 13 107,20 DM einzahlen. Hier ist der Plan:

Monat	1	2	3	4	5	6	7	8	9
DM	0,10	0,20	0,40	0,80	1,60	3,20	6,40	12,80	25,60

Monat	10	11	12	13	14	15	16	17	18
DM	51,20	102,40	204,80	409,60	819,20	1.638,40	3.276,80	6.553,60	13.107,20

Sie müßten sich strecken und wachsen. Sie müssen Ihre Kreativität anstrengen und Mühe aufwenden. Aber es lohnt sich. Nach genau eineinhalb Jahren hätten Sie 26 004,30 DM, die Sie sonst nicht hätten.

Sie könnten davon beispielsweise 6 000 DM nehmen, um sich selbst zu belohnen. Die restlichen 20 000 DM könnten Sie anlegen und hätten nach 20 Jahren (mit 12 Prozent verzinst) fast 200 000 DM.

Power-Tip

Legen Sie ein Sparbuch an, auf dem Sie Ihre Einzahlungen 18 Monate lang jeden Monat verdoppeln.

- Sie lernen, sich nach neuen Einkommensquellen umzusehen.
- Sie haben ausreichend Zeit, um Ihren neuen Verdienst aufzubauen.
- Sie trainieren Ihren Verdienstmuskel.
- Ihr Selbstbewußtsein wächst. Bald können Sie sich ganz neuen Herausforderungen stellen.
- Sie machen sich von Ihrer jetzigen Verdienstquelle unabhängiger.
- Wenn Sie das Geld anlegen, schaffen Sie sich den Grundstock für ein ansehnliches Vermögen.

Die Faktoren, die Ihren Gewinn bestimmen

Für den Zinseszins sind nur drei Faktoren wichtig: Die Zeit, der Zinssatz und der Einsatz.

Ich möchte auf alle drei eingehen. Erlauben Sie mir, in den Beispielen auch von so hohen Zinssätzen wie 12 Prozent und 20 Prozent auszugehen. Sie werden in den Kapiteln 10 und 11 sehen, daß diese Zinssätze durchaus berechtigt sind. Aktien haben im Durchschnitt seit 1948 fast 12 Prozent pro Jahr erzielt. Viele gute Fonds lagen darüber. Weil solche Ergebnisse in Deutschland fast für unmöglich gehalten werden, habe ich sowohl den Aktien als auch den Fonds je ein Kapitel gewidmet. Sie werden sehen, daß 12 bis 20 Prozent pro Jahr und mehr keine Seltenheit sind.

Die Zeit

Wahrscheinlich haben Sie schon gehört, daß es gut ist, so früh wie möglich anzufangen. Hier ein Beispiel:

Angenommen, Sie sparen 400 DM monatlich ab dem 30. Lebensjahr. Wenn das Geld sich mit 12 Prozent verzinst, haben Sie dann mit 65 Jahren 2 099 140 DM. Diese ungeheure Summe ergibt sich, weil Sie 35 Jahre Zeit haben, das Geld für sich arbeiten zu lassen.

Sollten Sie dagegen erst mit 45 Jahren anfangen, haben Sie »nur« noch 20 Jahre Zeit. Angenommen, Sie wollten mit dem gleichen Zinssatz von 12 Prozent ebenfalls 2,1 Millionen erreichen, dann müßten Sie Ihre monatliche Sparrate von 400 DM auf das Sechsfache, also auf 2 400 DM, anheben.

Sollten Sie dagegen erst im Alter von 55 Jahren beginnen, so bleiben Ihnen nur 10 Jahre. Wollten Sie trotzdem auf 2,1 Millionen kommen, müßten Sie über 10 000 DM monatlich sparen.

Um 2,1 Millionen zu erzielen, brauchen Sie also entweder

- 35 Jahre x 400 DM monatlich oder
- 20 Jahre x 2 400 DM monatlich oder
- 10 Jahre x 10 000 DM monatlich.

Denken Sie also daran: Je früher Sie anfangen, desto ruhiger können Sie es angehen.

Sparen Sie darum für Ihre Kinder. Und noch wichtiger, zeigen Sie

Ihren Kindern das Sparen. Wenn Sie bei der Geburt Ihres Kindes beginnen, 100 DM monatlich zu investieren, so hätte es im Alter von 35 Jahren 524 785 DM (bei 12 Prozent).

Der Zinssatz

Ebenso wichtig wie die Zeit ist der Zinssatz. Es heißt ja auch: Zeit ist Geld. Wir könnten sagen: Zeit bringt Geld. Lassen Sie mich Ihnen auch hohe Zinssätze vorstellen, obwohl viele dies als unseriös abtun. Tausende von Menschen in Deutschland machen jedes Jahr Investitionsgewinne von 20 Prozent und mehr. Jede amerikanische Hausfrau würde nur müde gähnen, wenn sie von den Zinsen hörte, die bei uns vielfach angeboten werden. 4, 5, 6 oder 7 Prozent erzeugen in den USA allenfalls Mitleid. Nicht umsonst haben wir weltweit den Ruf, daß niemand so sparsam ist und daß niemand sein Geld so dumm anlegt wie die Deutschen.

Wenn Sie sich gleich die Zahlen im Vergleich anschauen, werden Sie sehen, wie wichtig es ist, hohe Zinsen zu erzielen. Der Unterschied zwischen 7, 12, 15 und 21 Prozent ist dramatisch. Angenommen, Sie legen 100 DM monatlich über 35 Jahre an. Was kommt wohl dabei heraus, wenn Sie 7, 12, 15 bzw. 21 Prozent pro Jahr erzielen würden?

- 7 Prozent: 166 722 DM
- 12 Prozent: 524 785 DM
- 15 Prozent: 1 078 249 DM
- 21 Prozent: 4 671 602 DM

Wenn Sie also einen dreimal so hohen Zinssatz haben, dann erhalten Sie nicht lediglich die dreifache Summe. Tatsächlich bekommen Sie fast dreißigmal soviel heraus!

Lassen Sie uns noch ein Beispiel anschauen: Wenn Sie 1 000 DM investieren, was kommt für Sie wohl nach 30 Jahren heraus, wenn Sie 7 Prozent, 12 Prozent, 15 Prozent beziehungsweise 20 Prozent erzielen würden?

- 7 Prozent: 7 612 DM
- 12 Prozent: 29 960 DM
- 15 Prozent: 66 212 DM
- 20 Prozent: 237 376 DM

Hand aufs Herz: 7 612 DM nach 30 Jahren aus 1 000 DM zu machen haut uns nicht vom Hocker. Ich sage es Ihnen ganz ehrlich: Dann würde ich den Tausender lieber »auf den Kopf hauen«. Aber wenn Sie Ihr Geld fast verdreißigfachen könnten (12 Prozent), eventuell sogar verzweihundertsiebenunddreißigfachen könnten (20 Prozent), wäre das doch sicher reizvoll?

Wissen Sie, was passiert wäre, wenn Ihre Großmutter vor 50 Jahren einen Tausendmarkschein für Sie investiert und tatsächlich durchschnittlich 20 Prozent Zinsen bekommen hätte? Nun, aus den 1 000 DM wären 9 Millionen geworden. Folglich ist Ihre Großmutter »schuld«. Sie aber können es besser machen, Sie können rechtzeitig an Ihre (zukünftigen) Enkelkinder denken.

Schauen Sie sich nun in der Tabelle an, wie sich Ihr Geld vermehren kann.

Wie Sie den Zinseszins leicht im Kopf errechnen können

Damit Sie aber nicht immer auf Tabellen angewiesen sind, möchte ich Ihnen eine Faustformel an die Hand geben.

Teilen Sie 72 durch den Zinssatz, und Sie erhalten die Jahreszahl, die notwendig ist, damit sich Ihr investiertes Kapital verdoppelt.

72 : Zinssatz in Prozent = Anzahl der Jahre, in denen sich Ihr Kapital verdoppelt

Angenommen, Sie bekommen 12 Prozent Zinsen pro Jahr und wollen wissen, wie lange es dauert, bis sich Ihre 10 000 DM verdoppeln:

72 : 12 = 6 Jahre.

Zinseszins-Tabelle: 1 200 DM jährlich investiert

	5. Jahr	10. Jahr	15. Jahr	20. Jahr	25. Jahr	30. Jahr	35. Jahr
1 %	6 134	12 568	19 330	26 437	33 907	41 758	50 009
2 %	6 271	13 168	20 784	29 192	38 475	48 724	60 040
3 %	6 411	13 804	22 373	32 308	43 824	57 175	72 653
4 %	6 556	14 476	24 111	35 835	50 098	67 452	88 565
5 %	6 704	15 187	26 013	39 831	57 466	79 974	108 790
6 %	6 855	15 939	28 094	44 361	66 129	95 260	134 244
7 %	7 011	16 734	30 371	49 498	76 325	113 951	166 722
8 %	7 171	17 576	32 865	55 329	88 336	136 834	208 094
9 %	7 334	18 466	35 594	61 947	102 495	164 884	260 876
10 %	7 502	19 408	38 583	69 464	119 198	199 296	328 295
11 %	7 674	20 404	41 855	78 002	138 912	241 547	414 495
12 %	7 850	21 458	45 439	87 703	162 186	293 451	524 785
13 %	8 031	22 572	49 364	98 727	189 674	357 239	665 966
14 %	8 216	23 751	53 663	111 255	222 145	435 653	846 744
15 %	8 406	24 998	58 370	125 494	260 504	532 058	1 078 249
16 %	8 600	26 316	63 525	141 677	305 822	650 584	1 374 701
17 %	8 800	27 710	69 170	160 068	359 358	796 292	1 754 246
18 %	9 004	29 184	75 350	180 968	422 596	975 382	2 240 022
19 %	9 213	30 742	82 117	204 715	497 278	1 195 438	2 861 493
20 %	9 428	32 389	89 524	231 693	585 457	1 465 733	3 656 143
21 %	9 647	34 130	97 631	262 336	689 539	1 797 594	4 671 602
22 %	9 872	35 970	106 503	297 133	812 352	2 204 839	5 968 323
23 %	10 103	37 914	116 210	336 639	957 212	2 704 316	7 622 946
24 %	10 339	39 968	126 830	381 476	1 128 004	3 316 542	9 732 515
25 %	10 581	42 139	138 445	432 350	1 329 277	4 066 480	12 419 759

Alle 6 Jahre verdoppelt sich demnach Ihr Geld bei 12 Prozent Zinsen. Bei einem Zinssatz von nur 5 Prozent gilt:

72 : 5 = 14 Jahre.

Sie sehen also, daß 5 Prozent Zinsen eher eine langweilige Angelegenheit sind, weil Sie ganze 14 Jahre warten müssen, bis sich Ihr Geld verdoppelt. Und dann noch einmal 14 Jahre, bis sich das verdoppelte Geld erneut verdoppelt. Nach 30 Jahren hätten Sie aus Ihren ursprünglichen 10 000 DM magere 45 000 DM gemacht.

Bei 12 Prozent verdoppelt sich das Geld innerhalb von 6 Jahren.

Wie 1 000 DM wachsen – selbst wenn Sie keinen weiteren Pfennig hinzufügen!

Jahre	8 %	10 %	12 %	15 %	20 %
1	1 080	1 100	1 120	1 150	1 200
2	1 166	1 210	1 254	1 323	1 440
3	1 260	1 331	1 405	1 521	1 728
4	1 360	1 464	1 574	1 749	2 074
5	1 469	1 611	1 762	2 011	2 488
6	1 587	1 772	1 974	2 313	2 986
7	1 714	1 949	2 211	2 660	3 583
8	1 851	2 144	2 476	3 059	4 300
9	1 999	2 358	2 773	3 518	5 160
10	2 159	2 594	3 106	4 046	6 192
11	2 332	2 853	3 479	4 652	7 430
12	2 518	3 138	3 896	5 350	8 916
13	2 720	3 452	4 363	6 153	10 699
14	2 937	3 797	4 887	7 076	12 839
15	3 172	4 177	5 474	8 137	15 407
20	4 661	6 727	9 646	16 367	38 338
25	6 848	10 835	17 000	32 919	95 376
30	10 063	17 449	29 960	66 212	*237 376*
35	14 785	28 102	52 800	133 176	590 668
40	21 725	45 259	93 051	267 864	1 469 772
45	31 920	72 890	163 988	538 769	3 657 262
50	46 902	117 391	289 002	1 083 657	9 100 438
100	2 199 761	13 780 612	83 522 266	1 174 313 451	82 817 974 522

Nach 12 Jahren verdoppelt es sich erneut und so weiter. Nach 30 Jahren haben Sie aus Ihren 10 000 DM sage und schreibe ca. 300 000 DM gemacht. Bei 20 Prozent wären es fast 2,4 Millionen.

Fazit: Der Zinssatz ist wichtig. So wichtig, daß Sie sich die Kapitel 10 und 11 durchlesen mussen, um zu sehen, wie Sie solche Zinssätze erzielen können. Je weniger Zeit Sie haben (oder sich nehmen wollen), desto mehr Zinsen müssen Sie erzielen, wenn Sie Vermögen aufbauen wollen.

Was wird aus Ihrem Geld

Aus dem oben Gesagten lassen sich zwei Fragen ableiten:
1. Wie oft wollen Sie Ihr Geld verdoppeln? (Zinssatz!)
2. Wieviel Geld soll sich denn verdoppeln? (Sparen!)

Selbst der höchste Zinssatz ist nutzlos, wenn Sie ihn mit Null multiplizieren. 100 000 DM sind beispielsweise keine Riesensumme. Sie bekommen dafür ein gutes Auto.

So gesehen sind 100 000 DM kein besonders erstrebenswertes Ziel. Aber wenn Sie die 100 000 investieren, werden daraus nach 20 Jahren 1 Million (bei 12 Prozent pro Jahr). Und genau deshalb sparen kluge Menschen: Sie sehen nicht die 100 000 DM, sondern sie sehen die Million.

Kapitalismus ohne Kapital bedeutet finanzielle Steinzeit

Erst der Kapitalismus eröffnet jedem die Möglichkeit zu Wohlstand und Reichtum. Unzählige Millionäre und sogar Milliardäre sind aufgrund einer wirtschaftlichen Voraussetzung entstanden: der Möglichkeit der Kapitalvermehrung durch Investition. Erst im Kapitalismus spielt Zinseszins eine entscheidende Rolle.

Die Kapitalinvestition hat Vorteile für den Investierenden, denn er wird die Gewinne erhalten. Er kann sich an Unternehmen beteiligen, ohne selbst Unternehmer zu sein.

Und es hat Vorteile für den Unternehmer. Er kann mit O. P. M. (anderer Menschen Geld) sein Unternehmen schneller aufbauen und expandieren. Ohne O. P. M. ist kein schnelles Wachstum möglich. Alle großen Firmenimperien der Neuzeit sind auf der Basis von geliehenem Geld entstanden.

Nehmen Sie das Beispiel von Sam Walton. Er kaufte einen kleinen

Laden in einer kleinen Stadt in den USA. Das Geld dazu lieh ihm der Vater seiner Frau.

Er erschuf den Discountmarkt. Sam Walton gab seinen Kunden die Garantie: Wenn Sie irgendwo etwas billiger als in meinem Laden finden, erstatte ich Ihnen sofort das Geld zurück. Nach anfänglichen Rückschlägen hätte Sam aufgeben müssen. So aber lieh er sich immer wieder Geld und kaufte neue Läden dazu.

Seine zweite geniale Idee war, die riesigen Discountgeschäfte dort zu errichten, wo es nach Meinung seiner Konkurrenten kein ausreichendes Umsatzpotential gab: in kleineren Städten.

Den Gewinn, den Sam Walton seinem Land brachte, war ungeheuer: Er schaffte Arbeit für Tausende von Menschen, und Millionen konnten und können billig einkaufen. Ist es da nicht auch völlig in Ordnung, daß Sam Walton sehr reich wurde? Er war zeitweise sogar der reichste Mann Amerikas. Übrigens ist er dabei äußerst bescheiden geblieben. Er lebte weiterhin in seinem ersten Haus und fuhr einen alten zerbeulten Pick-up. Für ihn war die Möglichkeit, sich Geld zu leihen, ein Segen. Er lebte seinen Traum.

Aber schauen wir uns noch an, was die Investoren davon hatten, die 1975 in Sam Waltons Wal-Mart investierten. Ein Investor, der 1975 90 000 DM investierte, hatte 10 Jahre später 3,2 Millionen. Hätte er das Geld nicht angerührt, so hätte er zum 31. Juli 1995 einen Wert von 26 630 000 DM gehabt. Aus 90 000 DM in 20 Jahren 26 Millionen DM zu machen, das ist die Macht des Zinseszinses mit Investitionen. Und die Geschichte von Wal-Mart ist nur eine von vielen.

Denken Sie daran: In Kapitalismus steckt das Wort Kapital. Wenn Sie nicht Kapital und Investitionen für Sie arbeiten lassen, dann geht der ganze Kapitalismus privat an Ihnen vorüber. Wirtschaftlich leben Sie dann vergleichsweise mitten in der Steinzeit.

Ob es uns gefällt oder nicht: Unser System starkt den Starken und schwächt die Armen in vieler Hinsicht. Dies scheint eine immanente Gesetzmäßigkeit unserer Evolution zu sein.

Eigentlich sollte zum Beispiel unser Steuersystem eine gewisse Chancengleichheit herstellen. Aber es ist lange bekannt, daß unser Steuersystem nur vorteilhaft für den Intelligenten und Kundigen ist.

Genauso ist der Kapitalismus nur hilfreich für den, der mit Geld umgehen kann. Die anderen zerstört er. Schon die alten Babylonier sagten darum:»Geld ist für diejenigen reserviert, die die Gesetze des Geldes kennen und einhalten.«

Wer Geld hat, kann sich Berater leisten, die die Gesetzeslücken kennen. Normalerweise beginnen Menschen erst ab einem gewissen Guthaben, sich für gute Zinssätze zu interessieren. Vorher geht die Kraft des Zinseszins an ihnen vorbei.

Warum Geld noch mehr Geld bringt

Gute Berater kosten Geld. Legale »Steuerlösungen« kosten Geld. Gute Steuerberater kosten Geld. Aber sie sparen Ihnen ein Vielfaches von dem Geld, das Sie für sie bezahlen. Jemand, der Geld und gute Berater hat, bekommt 12 bis 30 Prozent pro Jahr für sein Geld, und das oft steuerfrei – legal!

Der, der wenig Geld hat und sich nicht auskennt, bekommt 2 bis 7,5 Prozent pro Jahr. Die mageren Erlöse teilen sich dann auch noch das Finanzamt und die Inflation.

Sie werden Ihr ganzes Leben Geldmaschine sein. Es sei denn, Sie treffen die bewußte Entscheidung, sich eine Geldmaschine zu schaffen. Schaffen Sie sich eine Gans, die goldene Eier legt. Sie haben jetzt gesehen, wie schnell eine solche Gans wachsen kann. Aber Gänse kommen nicht gerne zu Menschen, die sie sofort schlachten.

Aufklärung ist wichtig

Insgesamt hat der Kapitalismus die Lebensbedingungen vieler Menschen verbessert. Auch die Armen, die in kapitalistischen Systemen leben, sind nicht so arm wie Menschen, die in anderen Wirtschaftsformen leben.

Reich wird man bei uns nur, wenn man vielen einen Nutzen bringt. Wenn jemand reich wird, schafft er Arbeitsplätze, Produkte oder Dienstleistungen, die andere haben wollen. Noch nie hatten Menschen so viele Chancen wie heute. Und das hat auch der Kapitalismus bewirkt.

Dennoch ist der Kapitalismus weit davon entfernt, uns zufrieden sein zu lassen. Er ist alles andere als ein direkter »Segen« für alle. Er schafft eine neue Klassengesellschaft.

So mißfällt mir die Eigendynamik, die der Kapitalismus entwickelt hat. *Es ist Zeit, den »Kapitalismus der wenigen« jedem zugänglich zu machen.* Aktien, und damit die Möglichkeit der Firmenbeteiligung, sind ein wesentlicher Schritt dahin. Fonds erlauben es einer immer breiteren Schicht, relativ risikolos an diversen Firmen zu partizipieren.

Was fehlt, ist ein aufgeklärter Kapitalismus. Eine Informationspolitik, die nicht nur von Interessengemeinschaften betrieben wird, sondern eine Aufklärung um der Aufklärung willen. Eine Aufklärung, um den Menschen auf diesem Planeten ein lebenswertes Dasein zu ermöglichen. Ein Leben, in dem Kapital eine unterstützende Energie ist.

Dazu möchte ich mit diesem Buch beitragen. Und dazu können Sie beitragen, indem Sie privaten Wohlstand erwerben und ein Beispiel sind.

Die Power-Ideen auf den Punkt

- In bezug auf Geld gilt das Prinzip der Verantwortlichkeit. Wer sein Geld mehrt, wird reich. Wer die Gesetze der Geldvermehrung ignoriert, wird sein Geld wieder verlieren.
- Es ist eine unverantwortliche Ignoranz, die Kraft des Zinseszins zu kennen, ohne sie einzusetzen, um finanzielle Freiheit zu erreichen.
- Für den Zinseszins sind nur drei Faktoren wichtig: die Zeit, der Zinssatz und der Einsatz.
- Je früher Sie anfangen, desto ruhiger können Sie es angehen.
- Wenn Sie einen 3mal so hohen Zinssatz haben, erhalten Sie fast 30mal soviel heraus!

- Wenn Sie nicht Kapital und Investitionen für Sie arbeiten lassen, dann geht der ganze Kapitalismus an Ihnen vorüber.
- Geld ist für diejenigen reserviert, die die Gesetze des Geldes kennen und einhalten.
- Der Kapitalismus stärkt die Reichen und nimmt denen, die seine Gesetzmäßigkeit ignorieren, auch noch das, was sie haben.
- Es ist Zeit, den »Kapitalismus der wenigen« jedem zugänglich zu machen. Dazu können Sie beitragen, indem Sie privaten Wohlstand erwerben und ein Beispiel sind.

10

Aktien – Der Weg, um Geld zu züchten

Die Deutschen sind Weltmeister im Sparen.
Bei echten, gewinnbringenden Geldanlagen
belegen sie hingegen die hintersten Ränge ...

Franz Rapf, Alles über Aktien

Die meisten Menschen haben ein völlig falsches Verständnis von Aktien. Ich will Ihnen aufzeigen, daß Sie nicht an Aktien vorbeikommen, wenn Sie in der kürzestmöglichen Zeit vermögend werden wollen. Dazu müssen Sie einige Grundregeln verstehen und Gesamtzusammenhänge erkennen. Darüber hinaus möchte ich Ihnen Aktien und Börse näherbringen, so daß Sie Vertrauen in deren Gesetzmäßigkeiten bekommen.

Aktien sind eine ausgezeichnete und sichere Geldanlage. Allerdings hat sich das in weiten Teilen Deutschlands noch nicht herumgesprochen. Bei uns kursieren die merkwürdigsten Mythen, Halbwahrheiten und Fehlinformationen über Aktien. Nach vorsichtigen Schätzungen besitzen in Deutschland weniger als 5 Prozent aller Menschen Aktien. In den USA sind es wesentlich mehr.

Es wird Zeit, daß wir unser Investitionsverhalten überdenken. Es ist auf der gesamten Welt einzigartig, daß die Deutschen über 30 Prozent ihres gesamten Sparvermögens auf dem Sparbuch liegen haben. Der durchschnittliche Deutsche hat seine Ersparnisse zu einem großen Teil auf dem Sparbuch, einen weiteren Teil in Bausparverträgen und Lebensversicherungen (alle drei zeichnen sich sicherlich nicht durch übergroße Gewinne aus). Darüber hinaus hat er 20 000 DM Konsumschulden. Wer soll bei solch einer Konstellation vermögend werden? Sicherlich nicht der »Anleger«.

Auf der anderen Seite wird die Anlage in Aktien sehr amateurhaft betrieben. Alle Regeln, die es gibt, werden mißachtet. Wie beim Roulette auf Rot gesetzt wird, so setzt der Anleger auf eine Aktie.

Grundregeln

André Kostolany sagt, daß 90 Prozent der Börsianer theorielose und emotionale Spieler sind, die über keine Strategie verfügen.

Nehmen wir das Beispiel von Toni Zocker. Er hat von seinem Arbeitskollegen den »qualifizierten« Rat bekommen, die Aktie TTT zu kaufen. Also setzt Toni Zocker auf TTT und kauft für 5 000 DM. Das Dumme ist nur, daß er gerade nicht flüssig ist, also leiht er sich das Geld, denn schließlich will er sich den »sicheren Gewinn« nicht entgehen lassen. Er kauft sich davon 100 Stück à 50 DM.

Wider Erwarten fällt TTT. Toni Zocker ist von der Aktie tief enttäuscht und verliert den Glauben an sie. Leider fällt die Aktie daraufhin noch etwas. Plötzlich erinnert er sich daran, daß er mit Anlagen eigentlich noch nie Glück hatte. Soviel Pech, wie er hat, »muß ja den Kurs der besten Aktie negativ beeinflussen«. Wahrscheinlich wird er die ganze Firma in den Konkurs treiben, wenn er die Aktie weiter hält.

Außerdem beginnt Herr Zocker nun, die Zeitung aufmerksamer zu lesen. »Sie kann ja gar nicht steigen«, stellt er nach seinen wissenschaftlichen Forschungen fest, »schließlich sprechen die Fachleute ja von einer Rezession.«

Um den Schaden zu begrenzen, verkauft er panikartig. Er rettet, was noch zu retten ist, und bekommt die TTTs für 37 DM pro Stück verkauft. Er hat also den Verlust von 1 300 DM »schnell mitgenommen«, bevor das Papier wieder steigt. Die 3 700 DM, die er nun nach dem Verkauf erhält, gibt er aus. Aber der Kredit bleibt, und so zahlt er noch längere Zeit zurück. Und er schwört sich, nie mehr Aktien zu kaufen. Er hat halt einfach kein Glück. Bis er nach einigen Jahren einen todsicheren Tip bekommt von jemandem, der es wirklich wissen muß ...

So muß es nicht laufen. Für den Umgang mit Aktien gibt es ein paar wichtige Regeln, die Sie in diesem Kapitel finden. Schauen Sie sich aber zunächst noch ein positives Beispiel an.

Nehmen wir auf der anderen Seite Claus Clever. Auch er hört, daß TTT ein Geheimtip sein soll. Er weiß, daß man nie kaufen sollte, wenn alle kaufen. Also wartet er. In der Zwischenzeit hat er die Firma TTT untersucht. Er hat sich dabei auf seinen gesunden Menschenverstand verlassen und Informationen ausgewertet. Seiner Meinung nach wird diese Aktie langfristig immer steigen. Also beobachtet er sie. Als sie auf 37 DM fällt, kauft er 50 Stück. Er könnte mehr kaufen, aber er will noch Geld übrig haben, um nachkaufen zu können, falls die Aktie weiter fallen sollte. Und tatsächlich fällt sie innerhalb der nächsten sieben Monate auf 28 DM.

Claus Clever kauft noch einmal 50 Stück. Langsam beginnt das Papier nun zu steigen. Clever kümmert sich gar nicht mehr groß darum. Er weiß, daß er sein Geld der Börse längerfristig geliehen hat, und hat darum Geduld. Nach zwei Jahren hat TTT die allgemeinen Erwartungen zwar nicht erfüllt, aber ist immerhin auf 58 DM gestiegen. Gemessen an dem ursprünglichen Kurs von 50 DM war das insgesamt nur ein Anstieg von 16 Prozent in drei Jahren.

Claus Clever weiß, daß dieser Gewinn noch nicht einmal Börsendurchschnitt ist, der immerhin seit 1948 bei durchschnittlich 11,85 Prozent pro Jahr liegt. Aber er grämt sich nicht. Er verkauft jetzt seine Aktien, die er im Schnitt für 32,50 DM erworben hatte. Das ist ein satter Gewinn von 25,50 DM pro Aktie, was einem Gewinn von fast 80 Prozent innerhalb von zweieinhalb Jahren entspricht. Insgesamt hat Clever 2 550 DM verdient.

Claus Clever hat also etwa das Doppelte von dem verdient, was Toni Zocker verloren hat – und das, obwohl er wesentlich weniger investiert hat, nämlich nur 3 250 DM.

Zehn goldene Regeln

Schauen wir uns nun an, was Sie über Aktien wissen müssen, um Vertrauen in sie zu gewinnen.

Regel 1:
An der Börse wechseln sich gute und schlechte Zeiten ab.

Kein Börsensommer währt ewig, aber auch kein Börsenwinter dauert ewig. Nach jedem Kurseinbruch kommt immer wieder ein Kursanstieg. Das scheint eine ganz einfache Weisheit zu sein. Und doch wird es immer wieder vergessen. Und so kommt es dann, daß Börsianer ungeheure Verluste machen.

Die Kurse haben sich bis jetzt immer wieder erholt. Es gab seit 1948 nie mehr als zwei schlechte Jahre hintereinander. Danach hat sich der Kurs immer innerhalb von einem Jahr oder spätestens nach zwei Jahren erholt. Der durchschnittliche Gewinn des Dow-Jones-Index (eine repräsentative Auswahl aller US-Aktien) betrug im Durchschnitt knapp 12 Prozent pro Jahr.

Sie sollten darum Ihre Aktien niemals verkaufen, wenn die Kurse im Keller sind.

Regel 2:
Den großen Gewinn erzielt man nur, wenn man bereit ist, der Börse sein Geld mindestens zwei bis fünf Jahre zu borgen.

Investieren Sie darum niemals Geld in Aktien, das Sie unter Umständen kurzfristig wieder benötigen. Wenn die Aktien gerade dann im Keller stehen, wenn Sie Ihr Geld wieder brauchen und sie verkaufen müssen, dann machen Sie Verluste. Sie müssen so anlegen, daß Sie Zeit haben, bis sich die Kurse wieder erholen. Und das haben sie bis jetzt immer wieder getan.

Regel 3:
Kaufen Sie immer wenigstens fünf verschiedene Aktien, aber nicht mehr als zehn.

Sie sollten in mindestens fünf verschiedene Papiere investieren, um das Risiko zu streuen. Wählen Sie pro Aktie unterschiedliche Branchen und verschiedene Länder.

Sie sollten aber auch nicht mehr als zehn Aktien halten, weil Sie sonst die Übersicht verlieren (es sei denn, Sie sind Börsenprofi).

Regel 4:
Von Gewinn und Verlust kann man erst dann sprechen, wenn man die Aktie mit Gewinn oder Verlust verkauft hat.

Wenn Ihre Aktie in den Keller fällt, haben Sie noch keine Verluste gemacht. Sie machen nur dann Verluste, wenn Sie in diesem Moment verkaufen. Und genau das sollten Sie nicht tun (siehe Regel 1).

Genauso haben Sie aber auch erst dann einen Gewinn erzielt, wenn Sie mit Gewinn verkauft haben. Verkaufen Sie also zumindest einen Teil Ihrer Papiere, wenn Ihre Erwartungen erfüllt worden sind. Aus diesem Grund ist es zwingend notwendig, daß Sie sich alle Ihre Gründe für Kauf und Verkauf sowie Ihre Kursziele schriftlich notieren.

Regel 5:
Gewinne ergeben sich aus Kursanstiegen und Dividenden.

Steigt die Aktie im Wert und Sie verkaufen, dann haben Sie einen Gewinn gemacht. Solange Sie nicht verkaufen, können Sie dennoch jedes Jahr einen Gewinn machen, wenn die Firma Dividenden ausschüttet.

Wenn die Firma, deren Aktien Sie halten, Gewinne macht, behält sie davon einen Teil Gewinn ein, um Reserven zu bilden, und schüttet oft den Rest in Form von Dividenden aus. Wenn Sie in den Genuß von Dividenden kommen wollen, so sollten Sie einen Teil Ihres Kapitals in große Firmen investieren, die bereits über erhebliche Reserven verfügen und die Gewinne erzielen. Dividenden sind steuerpflichtig, während Gewinne, die sich durch steigende Kurse ergeben, steuerfrei sind, wenn zwischen Kauf und Verkauf mindestens sechs Monate liegen.

Regel 6:
Ein Crash hat seine guten Seiten. Es bietet sich nun eine gute Gelegenheit, um Aktien weit unter Wert zu kaufen.

Es erfordert zwar Nervenstärke, mitten in einer Krise Kaufaufträge loszuschicken, aber es wird auch sehr gut belohnt. Kaufen Sie ruhig sofort, denn die Kurse steigen oft schnell und unbemerkt wieder an.

Ein Crash ist für Sie nur dann schlecht, wenn Sie panikartig verkaufen. Denn der nächste Aufschwung kommt bestimmt. Also brauchen Sie Ihre Aktien nur festzuhalten, und Sie haben niemals Verluste gemacht.

Wie Sie genau nachkaufen, finden Sie unter der Überschrift »Der Königsweg«. Soviel aber sollte hier schon klar sein: Um nachkaufen zu können, brauchen Sie Geld. Investieren Sie darum niemals alles Geld, das Sie für den Kauf von Aktien zur Verfügung haben. Behalten Sie immer Geld zurück, um nachkaufen zu können, falls der Kurs fällt oder falls sogar ein herrlicher Crash naht.

Regel 7:
Hören Sie nicht auf die Masse. Auch hier gilt: Wer tut, was alle tun, bekommt das, was alle bekommen.

Und 90 Prozent aller Börsianer verlieren, weil sie sich nicht an die hier beschriebenen Regeln halten. Die Mehrzahl der Aktionäre finanziert die Gewinne von wenigen.

Der Trend ist darum nicht Ihr Freund. Je mehr davon gesprochen wird, daß es nun günstig ist, schnell noch auf den Börsenzug aufzuspringen, desto sicherer können Sie sein, daß es bereits zu spät ist. Die großen Kursanstiege sind bereits gelaufen.

Eine Hausse (Hoch) nährt eine Hausse, und eine Baisse (Talfahrt) nährt eine Baisse. Kaufen Sie also nicht, wenn alle kaufen, und verkaufen Sie nicht, wenn alle verkaufen.

Regel 8:
Richtiges Timing und rationale Entscheidungsgründe sind wesentlich. Der emotionale Spieler hat keine Chance.

Verlassen Sie sich darum nicht auf Ihr Fingerspitzengefühl, sondern wägen Sie rational ab. Bringen Sie soviel wie möglich über die Firma, deren Aktien Sie kaufen wollen, in Erfahrung.

Sie brauchen dabei nicht alle Geschäftsberichte zu lesen, sondern können sich von Ihrem gesunden Menschenverstand leiten lassen. Nehmen Sie beispielsweise McDonald's. Glauben Sie, daß Menschen auch in Zukunft schnell einen Hamburger essen wollen und daß eine Firma, die alle paar Minuten irgendwo auf der Welt eine neue Filiale eröffnet, sich auch weiterhin positiv entwickelt?

Studieren Sie die Kursentwicklung einer Firma in der Vergangenheit, und überlegen Sie, wie sich dieser Kurs in der Zukunft entwickeln wird. Berücksichtigen Sie so viele Daten wie möglich. Schreiben Sie auf jeden Fall alle Ihre Entscheidungsgründe und Ihre Kursziele auf.

Regel 9:
Angelegtes Geld muß zuvor erarbeitet werden.
Nehmen Sie darum niemals einen Kredit auf,
um damit in Aktien zu investieren.

Investieren Sie auch nur in Aktien, wenn ein eventueller Verlust Ihren Lebensstil nicht negativ beeinflussen würde.

Ich habe viele Probleme daraus erwachsen sehen, daß Menschen sich nicht an diesen Grundsatz gehalten haben. Sie haben sich Geld geliehen, um damit an die Börse zu gehen.

Regel 10:
Aktien haben Geld immer geschlagen,
und Aktien werden Geld immer schlagen.

Der Grund liegt unter anderem in der Inflation. Wenn Sie einen bestimmten Betrag in Geld anlegen, dann wird der Wert dieses Geldes durch die Inflation vermindert. Sie können heute nicht mehr das gleiche für Ihr Geld kaufen wie vor zehn Jahren, denn die Sachen sind teurer geworden. Die Inflation hat zugeschlagen. Anhand der folgenden Tabelle können Sie sehen, wie Ihr Geld tatsächlich weniger wird.

So, wie die Inflation dem Geld schadet, so hilft sie den Aktien. Aktien sind Anteile an einer Firma, also Anteile an Gegenständen und Immobilien. Wenn also alles teurer wird (Inflation), so steigt der Wert Ihrer Aktien.

Was wir bei Geld Inflation nennen, bezeichnen wir bei Sachwerten darum als Wertsteigerung. Darum hilft Ihnen die Inflation geradezu, wenn Sie Aktien besitzen. Und aus diesem Grund schlagen Sachwerte (Aktien) immer die Geldwerte. Zwischen 1948 und 1995 haben die Aktien durchschnittlich um 11,9 Prozent pro Jahr zugelegt und Wertpapiere nur um 6,6 Prozent.

Sollten Sie nun spontan sagen: »Das macht Sinn. Wenn ich nach diesen Regeln vorgehe, dann kann gar nichts schiefgehen. Ich will selber

Inflationstabelle: Die reale Kaufkraft von 100 DM

Jahre	Geldentwertungsrate									
	3 %	4 %	5 %	6 %	7 %	8 %	9 %	10 %	11 %	12 %
1	97,00	96,00	95,00	94,00	93,00	92,00	91,00	90,00	89,00	88,00
2	94,09	92,16	90,25	88,36	86,49	84,64	82,81	81,00	79,21	77,44
3	91,27	88,47	85,47	83,06	80,44	77,87	75,36	72,90	70,50	68,15
4	88,53	84,93	81,45	78,08	74,81	71,64	68,58	65,61	62,74	59,97
5	85,87	81,53	77,38	73,40	69,57	65,91	62,41	59,05	55,84	52,77
6	83,29	78,27	73,51	69,00	64,70	60,64	56,79	53,14	49,70	46,44
7	80,79	75,14	69,83	64,86	80,17	55,79	51,68	47,83	44,23	40,87
8	79,37	72,13	66,34	60,97	55,96	51,33	47,03	43,05	39,36	35,97
9	76,02	69,24	63,02	57,31	52,04	47,22	42,80	38,74	35,03	31,65
10	73,74	66,27	59,87	52,87	48,40	43,44	39,85	34,87	31,18	27,85
11	71,53	63,81	56,88	50,64	45,01	39,96	35,44	31,38	27,75	24,51
12	69,38	61,26	54,04	47,60	41,86	36,76	32,25	28,24	24,70	21,57
13	67,30	58,81	51,34	44,74	38,39	33,82	29,35	25,42	21,96	18,98
14	65,28	56,46	48,77	42,06	36,20	31,11	26,71	22,88	19,56	16,70
15	63,32	58,20	46,33	39,54	33,67	28,62	24,31	20,59	17,41	14,70
16	61,42	52,03	44,01	37,17	31,31	26,33	22,12	18,56	15,49	12,94
17	59,58	49,95	41,81	34,94	29,12	24,22	20,13	16,68	13,79	11,39
18	57,79	47,95	39,72	32,84	27,06	20,50	18,32	15,01	12,27	10,02
19	56,06	46,03	37,73	30,87	25,18	18,86	16,67	13,51	10,92	8,82
20	54,38	44,19	35,84	29,02	23,42	17,35	15,17	12,16	9,72	7,76

Aktien kaufen«, so lesen Sie zuvor, wie Sie jede Aktie mit Gewinn verkaufen. Nachdem Sie die nächsten Seiten gelesen haben, sollten Sie sich zunächst drei Fragen stellen:

- Haben Sie genug Geld, um so zu streuen, wie es nötig ist, und verfügen dennoch über genügend Bargeld, um nachkaufen zu können?
- Haben Sie die nötigen Qualitäten dazu? Sie brauchen Nervenstärke. 87 Prozent aller Aktien wechseln den Besitzer innerhalb eines Jahres, und eine Aktie fluktuiert bis zu 50 Prozent pro Jahr.
- Haben Sie genug Zeit, und wollen Sie sich diese Zeit auch nehmen, um die Börse und die von Ihnen gewählten Firmen aufmerksam zu beobachten?

Der Königsweg:
Wie Sie jede Aktie mit Gewinn verkaufen

Es gibt eine Börsen-Strategie, die sich seit Jahrzehnten bewährt hat und die sich vor allem für den konservativen Anleger eignet. Wer sich diszipliniert an diese Regeln hält, der wird künftig jede Aktie wirklich nur noch mit Gewinn verkaufen. Man nennt diese Strategie den »Königsweg«.

1. Nur auf Qualität und Stärke setzen

Für die Strategie des »Königswegs« eignen sich nur Aktien allererster Güte. Von jeder Branche kommt jeweils nur der Branchenführer als Anlagewert in Betracht. An der Deutschen Börse ist dies beispielsweise bei den Banken nur die Deutsche Bank. Bei den Kaufhäusern nur Karstadt. Bei den Elektrounternehmen nur Siemens. In Europa zählen dazu Namen wie die holländische Unilever oder der französische Nahrungsmittelkonzern BSN (Gervais, Danone). In den USA gehören dazu Unternehmen wie Philip Morris oder Coca-Cola. Und in Japan fallen unter diese Kategorie Weltunternehmen wie Canon.

2. Auf die Mischung kommt es an

In ein Depot, welches nach der Strategie des Königswegs verwaltet wird, gehören mindestens fünf, aber nicht mehr als zehn verschiedene Aktienwerte. Hierbei ist darauf zu achten, daß sowohl die Mischung zwischen den Ländern als auch zwischen den Branchen stimmt. Entscheidet man sich also in Japan für einen Elektronik-Wert, dann setzt man in Deutschland auf eine andere Branche, zum Beispiel auf den Markenartikelkonzern Beiersdorf (Nivea), in den USA auf den Softdrink-Giganten Coca-Cola und in Holland beispielsweise auf die Ölaktie Royal Dutch. Damit hat man schon einmal einen der großen

Fehler vieler Anleger vermieden, nämlich alles auf eine Karte zu setzen.

3. Nur 50 Prozent des Kapitals investieren

Ein konservativer Anleger, der nach der Strategie des »Königswegs« arbeitet, wartet zunächst einmal eine schwache Börsenphase ab, das heißt, der Aktienkurs sollte mindestens 10 bis 30 Prozent unter dem Höchstkurs notieren. Auch dann investiert der Anleger beim ersten Kauf maximal 50 Prozent seines Anlagekapitals in diese ausgesuchten Werte. Eine weitere wichtige Voraussetzung für den Königsweg ist nämlich, stets ein hohes Reservekapital zu halten. Dieses Reservekapital ist deshalb von so großer Bedeutung, weil es die Möglichkeit bietet, Aktien, die nach dem Kauf zunächst weiter gesunken sind, auf niedrigem Kursniveau nachzukaufen.

4. Durchhalten, zukaufen und gewinnen

Kommt es nach dem ersten Aktienkauf statt zu dem erhofften Kursgewinn erst einmal zu einem Kursrückgang, dann zeigt sich, wie wichtig es ist, auf die Auswahl der Titel zu achten. Denn nur bei erstklassigen Unternehmen kann eine Nachkauf-Strategie einsetzen. Bei Aktien zweiter oder dritter Klasse ist ein Nachkauf viel zu riskant, schließlich ist nicht absolut sichergestellt, daß das Unternehmen in jedem Fall jede Krise überlebt. Aktuelles Beispiel ist die Übernahme von Nixdorf durch Siemens. Wer auf die Nummer eins, Siemens, gesetzt hatte, konnte ohne Sorgen Aktien zu tiefen Kursen nachkaufen und war über kurz oder lang wieder im Gewinn. Wer auf die schwächere Nixdorf gesetzt hatte, hatte letztendlich das Nachsehen, weil Nixdorf von Siemens geschluckt wurde.

5. *Geld und Geduld*

Die Nachkauf-Strategie funktioniert jedoch nur dann perfekt, wenn auch hier gewisse Regeln strikt eingehalten werden. Ein erster Nachkauf darf frühestens erfolgen, wenn die Aktie, vom ursprünglichen Einkaufskurs aus gerechnet, um mindestens 30 Prozent oder mehr im Kurs gefallen ist. Außerdem muß zwischen dem Erstkauf und einem Verbilligungskauf ein Zeitraum von rund sechs Monaten verstrichen sein. Diese Regel wird leider von vielen Anlegern mißachtet. Dies führt dazu, daß oftmals viel zu schnell nachgekauft wird und daß bei den wirklichen Tiefstkursen dann oftmals kein Kapital mehr zur Verfügung steht.

Genauso ist es bei einem zweiten Nachkauf. Sollte der erste Nachkauf nochmals zu hoch erfolgt sein, dann darf frühestens ein weiterer Nachkauf erfolgen, wenn die Aktie um weitere 30 Prozent gesunken und mindestens ein weiteres halbes Jahr verstrichen ist.

Praktisches Beispiel: Ein Anleger hat sich erstmals im Jahr 1986 zum Kauf von VW-Aktien entschlossen, als diese von 600 DM auf 500 DM gesunken waren, in der Annahme, eine solche Korrektur wäre eine günstige Gelegenheit zum Einstieg. Die VW-Aktien entwickelten in der Folgezeit auch eine erhebliche Dynamik, leider in die falsche Richtung. Der Kurs sank bis zum Jahresende 1986 um weitere 30 Prozent auf 350 DM. Nach der Strategie des Königswegs war jetzt die erste Stufe für einen Nachkauf eingetreten. Es war mindestens ein halbes Jahr verstrichen, und die Aktie hatte sich um mehr als 30 Prozent im Kurs ermäßigt. Also erwarb unser Anleger zum Kurs von 350 DM weitere VW-Aktien.

Die Fortsetzung der Geschichte ist Ihnen bekannt. Mit VW ging es weiter bergab. Ende 1987 notierte die VW-Aktie nochmals um weitere 30 Prozent tiefer, nämlich bei rund 200 DM. Kursverlust bis dahin somit rund 60 Prozent. Der konservative Anleger läßt sich davon nicht im geringsten beeindrucken, sondern tätigt in aller Seelenruhe den zweiten Nachkauf zum Kurs von rund 200 DM, da beide Kriterien erfüllt waren: Kursrückgang mindestens um weitere 30 Prozent, und es sind nochmals sechs Monate verstrichen.

Die Rechnung sah zu diesem Zeitpunkt für den Anleger folgendermaßen aus. Erster Kauf für 500 DM, zweiter Kauf für 350 DM, dritter Kauf für 200 DM. Durchschnittskurs somit 350 DM. Ein Blick auf die weitere Entwicklung der VW-Aktie zeigt uns, daß es lediglich rund zehn Monate dauerte, bis der gesamte Verlust aufgeholt war und der Anleger selbst in diesem extremen Beispiel wieder in die Gewinnzone kam.

Diese Beispiele ließen sich genauso auf die Kursentwicklung der Deutschen Bank, von Allianz oder auch von Siemens übertragen. Derartige Kursschwankungen sind nicht die große Ausnahme, sondern Börsenalltag. Auch die Aktien der weltbesten Unternehmen können vorübergehend erheblich im Kurs sinken. Sicher ist bei solchen Papieren aber, daß sie eben auch wieder steigen werden.

Wer seine Anlagestrategie strikt nach den Regeln des Königswegs ausrichtet, verkauft letztlich jede Aktie nur mit Gewinn.

Voraussetzungen

Bevor Sie feststellen, ob Sie selber Aktien kaufen sollten, habe ich eine Frage an Sie: Glauben Sie nun, daß Aktien eine unglaublich gewinnbringende Anlage sind, wenn man weiß, was man tut?

Der Königsweg hört sich doch ganz leicht an. Aber vergessen Sie nicht den feinen Unterschied zwischen leicht und einfach. Etwas, was leicht verständlich ist, muß deshalb noch lange nicht einfach umsetzbar sein. Für den Königsweg brauchen Sie vor allem Geduld, Disziplin und Nervenstärke. Fragen Sie sich also kritisch, ob Sie die nötigen Voraussetzungen mitbringen. Hier die Checkliste:

- *Sie brauchen genügend Bargeld.* Nur ein Teil dieses Geldes sollte in Aktien investiert werden. Und dann muß der Anteil Ihres Geldes für Aktien so groß sein, daß Sie mindestens fünf verschiedene Aktien davon kaufen können. Und Sie sollten mindestens 50 Prozent von dieser Summe zum Nachkaufen zurückhalten.
- *Sie brauchen Disziplin.* Sie müssen in der Lage sein, Ihren Emotio-

nen zu mißtrauen und bei Ihrem System zu bleiben. Fragen Sie sich, ob Sie über einen längeren Zeitraum hinweg bereit sind, die Kurse regelmäßig zu beobachten. Und ob Sie die Nervenstärke haben, nicht nur nicht zu verkaufen, wenn die Kurse dramatisch fallen, sondern sogar noch nachzukaufen.

- *Es muß Ihnen genug Spaß machen,* so daß Sie bereit sind, die dafür notwendige Zeit aufzubringen. Sehr oft ist der Spaß abhängig von einer gesunden Aufwand-Nutzen-Relation.
- Das allerwichtigste aber ist: *Sie sollten niemals Ihr Kapital für Ihren finanziellen Schutz an der Börse einsetzen.* Das setzt natürlich voraus, daß Sie finanziellen Schutz erreicht haben müssen, bevor Sie in Aktien investieren (siehe Kapitel 12).

Wenn Sie auch nur einen der Punkte nicht mit einem lauten und begeisterten *Ja* beantworten können, dann sollten Sie überlegen, es den Profis zu überlassen, für Sie an der Börse tätig zu werden. Dafür haben Sie zwei Möglichkeiten. Sie können sich irgendwelchen Aktienclubs anschließen, die das Geld für Sie investieren. Sie brauchen sich um nichts zu kümmern. Oder Sie bedienen sich der Aktienfonds. Dazu lesen Sie mehr im nächsten Kapitel. Aber lassen Sie uns vorab noch einige Aktienkurse anschauen, die im wahrsten Sinne des Wortes explodiert sind.

Erfolgsaktien

Peter Lynch ist einer der erfolgreichsten Fondsmanager der Welt. Wenn Sie ihm 1975 einmalig 10 000 DM anvertraut hätten, so hätten Sie 1990 über 350 000 DM zurückbekommen. Wie Mr. Lynch das geschafft hat? Er hat auf junge Firmen gesetzt. Firmen, die damals noch keiner kannte, und die sich dann zu Giganten entwickelt haben.

- Boeing:
  Der Kurs ist von 1,64 Dollar in 1975 auf 67 Dollar am 31.12.1995 gestiegen. Das ist das Vierzigfache. Hätten Sie 10 000 DM investiert, wären daraus in 20 Jahren 400 000 DM geworden.

- Coca-Cola:
  Von 1985 bis 1995 von 5,92 auf 65,63 Dollar gestiegen. Sie hätten aus 10000 DM in zehn Jahren 110000 DM gemacht.
- Amgen:
  Von 1985 bis 1995 von 1,36 auf 85,13 Dollar gestiegen. 10000 DM wären in nur zehn Jahren auf 625000 DM angewachsen.
- Compaq Computer:
  Von 1985 bis 1995 von 1,69 auf 50,63 Dollar gestiegen. Aus 10000 DM wären 299000 DM geworden.
- Microsoft:
  Von 1985 bis 1995 von 1,93 auf 90,50 Dollar. Aus Ihren 10000 DM wären 468000 DM geworden.

Das waren nur die guten Beispiele. Zum Abschluß möchte ich Ihnen aber auch wenigstens zwei sehr gute Kursentwicklungen zeigen.

- Wal-Mart Stores:
  Von 1975 bis 1995 von 0,09 auf 26,63 Dollar. Aus Ihren 10000 DM wären phantastische 2958000 DM geworden.
- Circuit City Stores:
  Von 1975 bis 1995 mauserte sich der Kurs von 0,02 auf 37 Dollar. Hier wären Ihre 10000 DM sehr weise angelegt gewesen. Aus ihnen wären 18,5 Millionen geworden.

Sie sehen also: Man hätte uns nur vor 20 Jahren sagen müssen, daß sich der Computermarkt und das Supermarktgeschäft so gut entwickeln würden. Nur hat das damals keiner gewußt. Im Gegenteil, man sah den Computer als total überbewertet an und glaubte nicht, daß sich die »kalten und unpersönlichen« Supermärkte durchsetzen würden.

Aber einige haben entgegen der herrschenden Meinung auf diese beiden Branchen gesetzt und sind reich geworden. Darum ist der Grundsatz der Streuung so wichtig. Sie vermeiden Totalverluste und erhöhen Ihre Chance, einen Volltreffer zu landen.

Wenn Sie nicht die Zeit oder das Geld zur Verfügung haben, um breit zu streuen, so bedienen Sie sich der Fonds. Auch hier sind sehr hohe Gewinne möglich, aber Sie brauchen kaum Zeit aufzuwenden und können sogar Sparverträge abschließen.

Ein Loblied auf Aktien

Erlauben Sie mir noch eine Schlußbemerkung über Aktien. Aktien sind die Grundlage unseres gesamten Wirtschaftssystems. Ohne Investoren, die Geld zur Verfügung stellen, damit junge Firmen neue Arbeitskräfte einstellen können, oder es alten Firmen ermöglichen zu wachsen, effizienter zu werden und höhere Löhne zu bezahlen, würde die gesamte Welt, wie wir sie kennen, zusammenbrechen. Es gäbe keine Arbeitsstellen mehr und nichts würde mehr funktionieren. *Aktien sind die Grundlage unseres Systems.* Wir können sie nicht ignorieren, denn alles baut auf ihnen auf. Es liegt an Ihnen, auch Ihren privaten Wohlstand auf Aktien aufzubauen.

Die Power-Ideen auf den Punkt

- Sie brauchen kein Börsenprofi zu werden, um Millionen zu verdienen.
- Die zehn goldenen Regeln für Aktienanleger:
  1. An der Börse wechseln sich gute und schlechte Zeiten ab.
  2. Den großen Gewinn erzielt man nur, wenn man bereit ist, der Börse sein Geld mindestens zwei bis fünf Jahre zu borgen.
  3. Kaufen Sie immer wenigstens fünf verschiedene Aktien, aber nicht mehr als zehn.
  4. Von Gewinn und Verlust kann man erst dann sprechen, wenn man die Aktien mit Gewinn oder Verlust verkauft.
  5. Gewinne ergeben sich aus Kursanstiegen und Dividenden.
  6. Ein Crash hat seine guten Seiten. Er bietet die Gelegenheit, Aktien weit unter Wert zu kaufen.

7. Hören Sie nicht auf die Masse.
8. Richtiges Timing und rationale Entscheidungsgründe sind entscheidend. Der emotionale Spieler hat keine Chance.
9. Angelegtes Geld muß zuvor erarbeitet werden.
10. Aktien schlagen Geld immer.

- Wenn Sie nach dem Königsweg vorgehen, können Sie jede Aktie mit Gewinn verkaufen.
- Die Voraussetzungen, die Sie mitbringen müssen, um an der Börse zu investieren:
  1. Sie brauchen genügend Bargeld.
  2. Sie brauchen Disziplin.
  3. Es muß Ihnen genug Spaß machen, so daß Sie bereit sind, die notwendige Zeit aufzubringen.
  4. Sie müssen zuvor Ihren finanziellen Schutz erreicht haben und nur das überflüssige Geld in Aktien investieren.
- Die großen Gewinne machen Sie dann, wenn Sie auf junge Firmen setzen, die sich in der Zukunft zu Giganten entwickeln.
- Aktien sind die Grundlage unseres gesamten Wirtschaftssystems. Ohne Sie würde die gesamte Welt, wie wir sie kennen, zusammenbrechen.

11

Fonds – Lassen Sie andere für Sie Geld züchten

Besorgen Sie sich Reichtum, wenn möglich mit Anmut;
und wenn nicht mit Anmut, so sehen Sie zu,
daß Sie auf jeden Fall trotzdem reich werden.

Alexander Pope

Sicherlich mag es spannend sein und dem Ego schmeicheln, wenn Sie Ihr Geld an der Börse verdienen. Der Börsenprofi scheint so etwas wie der moderne Held zu sein.

Im Vergleich dazu erscheint es fast langweilig, sich der Fonds zu bedienen. Fast wie von alleine werden Sie immer reicher und können trotzdem keine spektakulären Gründe dafür anführen. Sie haben einfach nur eine fast optimale Anlageform gewählt.

Wenn wir im vorigen Kapitel festgestellt haben, daß Aktien das Flugzeug sind, das Sie zum Reichtum fliegt, so sind die Fonds der Autopilot. Sie brauchen nichts zu tun und werden reich.

Die fünf Kriterien einer guten Anlage

Sie sollten jede Anlage unter fünf Gesichtspunkten betrachten:

- Sicherheit,
- Bequemlichkeit,
- Verfügbarkeit,
- Rendite,
- Steuern.

Es gibt im wesentlichen fünf verschiedene Fondsarten:

- Cash-Geld-Fonds,
- Rentenfonds,
- Aktienfonds,
- offene und geschlossene Immobilienfonds,
- gemischte Fonds.

In diesem Kapitel will ich von diesen nur die Aktienfonds beziehungsweise die gemischten Fonds behandeln, weil nur diese Form allen fünf obengenannten Anlagekriterien gerecht wird. Bei den anderen scheitert es an der Verfügbarkeit und/oder an der Rendite.

Ein Aktienfonds erfüllt alle fünf Anlagekriterien

Sicherheit: Überlegen Sie einmal, welche Vorteile es für Sie hat, 100 DM in einen Aktienfonds zu investieren. Ein Fond hält viele verschiedene Aktien (Firmenanteile). Mit diesen 100 DM sind Sie also gleichzeitig an mindestens 20, oft jedoch an über 100 verschiedenen Firmen beteiligt. Maximal zehn Prozent Ihres Kapitals gehen in eine einzelne Firma. Ihr Risiko und Ihre Chance sind demnach klug gestreut.

Bequemlichkeit: Darüber hinaus arbeitet ein Team von Profis für Sie, die die Firmen ständig untersuchen und analysieren. Sie sammeln Berge von Information, die sie auswerten, und treffen danach emotionslos ihre Investmententscheidungen. Sie haben dazu die modernsten Hilfsmittel zur Verfügung. Das ganze kostet Sie einmalig zwischen null und fünf Prozent und eine geringe Verwaltungsgebühr von weniger als einem Prozent pro Jahr.

Es ist also für Sie leicht und bequem. Das einzige, was Sie tun müssen, ist ein Formular ausfüllen. (Wobei vielen Menschen bereits diese Mühe zu groß zu sein scheint.)

Verfügbarkeit: Sie können an jedem Börsentag sofort Ihr Geld zurückverlangen. Sie unterliegen keinen »Vertragslaufzeiten«, die einzig und allein darauf ausgerichtet sind, der anbietenden Gesellschaft Vorteile zu verschaffen. Und Sie erhalten tatsächlich den ganzen Gegenwert Ihrer Anteile zurück.

Rendite: Die Renditen der letzten 50 Jahre liegen bei vielen Fonds über zwölf Prozent. Damit meine ich nicht in erster Linie die spekulativen Fonds, sondern große, traditionsreiche und recht konservativ geführte Aktienfonds. Selbst die fünf erfolgreichsten deutschen Aktienfonds liegen in den letzten 20 Jahren im Schnitt über zwölf Prozent. Mehrere Fonds haben in den letzten sechs Jahren im Schnitt über 30 Prozent erwirtschaftet, das heißt, Sie hätten Ihr Geld innerhalb von 7,5 Jahren verachtfacht.

Steuern: Wir haben bereits in Kapitel 10 gesehen, daß Kursgewinne der Aktien steuerfrei sind, wenn sie einige Zeit gehalten werden. Folglich sind die meisten Gewinne aus Fonds steuerfrei. Lediglich ein relativ geringer Anteil der Gewinne, der sich aus Dividendenausschüttungen ergibt, ist zu versteuern. Hierüber wird Ihnen alljährlich eine Übersicht des Fondsmanagements zugesandt, so daß Sie genau wissen, was Sie pro Jahr zu versteuern haben.

Sind Aktienfonds eine begehrte Anlage?

Man müßte annehmen, daß eine solche Anlage ziemlich unumstritten ist und daß fast jeder in unserem Land darin investiert. Weit gefehlt! In Deutschland besaßen 1996 nur fünf Prozent aller Anleger Fondsanteile (98 Prozent ein Girokonto, 85 Prozent ein Sparbuch, 56 Prozent eine Lebensversicherung und 32 Prozent einen Bausparvertrag).

Woran liegt das? Schließlich hat sich in anderen Ländern diese Investitionsform viel stärker durchgesetzt.

Ein Grund ist sicherlich, daß es auf die Vermittlung von Fondsanlagen vergleichsweise sehr geringe Provisionen gibt. Darum werden beispielsweise viel lieber Versicherungen verkauft, denn nach jedem Vertragsabschluß zahlen die Versicherungsgesellschaften sofort eine hohe Provision auf die gesamte Versicherungssumme aus. Der Vermittler eines Fonds erhält seine Provision nur auf das tatsächlich eingezahlte Geld. Wenn Sie einen Fonds mit 200 DM monatlich besparen, so erhält der Vermittler etwa 6 DM pro Monat. Bei einer Versicherung bekommt ein Vermittler schon bei einer zwanzigjährigen Laufzeit 1 800 DM. (Eine Ausnahme bilden die geschlossenen Immobilienfonds, für die Vermittler eine sündhaft hohe Provision bekommen.)

Der andere Grund ist bei unseren Banken zu suchen. Wir sind es gewohnt, uns in Geldsachen sehr stark von unseren Bankern beeinflussen zu lassen. Und wann hat Ihnen zum letzten Mal Ihr Banker unaufgefordert einen Fonds angeboten? Es ist nicht nur unwahrscheinlich, daß ein Banker Ihnen Fonds anbieten wird, er wird Ihnen sogar händeringend davon abraten. Es sei unsicher und geradezu gefährlich, wird behauptet. Wenn Sie beharrlich sind, bietet man Ihnen schließlich den hauseigenen Fonds an. Warum verhalten sich die Banken so? Weil aufgrund unseres Banksystems ein Interessenkonflikt zwischen Kunde und Bank existiert.

Der Interessenkonflikt: Banken gegen Kunden

Unsere Banken sind im internationalen Vergleich ziemlich einzigartig. Erstens haben wir Universalbanken, die alles machen. Der Kunde kann fast alles bei seiner Bank bekommen, was mit Geld zu tun hat. In vielen Ländern gibt es zum Beispiel reine Investment-Bankhäuser. Bei uns legen die meisten Menschen ihr Geld aber auch bei ihrer Hausbank an. Dadurch ist ein Interessenkonflikt vorprogrammiert. Wenn der Kunde viel verdient, verdient die Bank wenig.

Zweitens ist das Personal in unseren Banken fest angestellt. Dadurch besteht die Gefahr, daß die Angestellten vornehmlich das Interesse ihres Arbeitgebers vertreten.

Banken sind Firmen, und Firmen wollen Gewinn machen. Wenn Sie 1 000 DM auf Ihrem Sparbuch liegen haben, dann bekommen Sie

1,5 bis 2,5 Prozent pro Jahr dafür. Die Bank verleiht diese 1 000 DM weiter für 7 bis 8 Prozent. Damit hat sie nicht 5,5 bis 6,5 Prozent Gewinn, sondern 250 bis 400 Prozent Gewinn. Für die Bank kommt es folglich auf jeden Prozentpunkt an.

Und genau da beginnt der Interessenkonflikt. Alles, was Sie verdienen, kann die Bank nicht verdienen. Alles, was die Bank verdient, können Sie nicht verdienen. Ihre Gewinne schmälern die Gewinne der Bank.

Darum sind Banken auch immer bemüht, Ihre Zinsen Ihrem Girokonto gutzubringen und Ihre Sparverträge nicht automatisch zu verlängern. Das schädigt zwar den Kunden extrem, aber verschafft der Bank ungeheure Gewinne.

So zahlte ich vor Jahren einmal Geld auf ein Sparbuch ein, nachdem ich einen Zinssatz von 6 Prozent für ein Jahr fest ausgehandelt hatte. Drei Jahre ließ ich das Geld unberührt liegen. Doch in der Zwischenzeit hatte mir die Bank nur 2 Prozent Zinsen jährlich gutgeschrieben.

Ich reklamierte und bestand auf meinen 6 Prozent. Leider war mein Kundenberater versetzt worden, so daß niemand etwas davon wußte. Schließlich fand ich den schriftlichen Beweis und bekam meine 6 Prozent nachträglich für ein Jahr. Für die anderen beiden Jahre jedoch blieb es bei den 2 Prozent, denn ich hatte nicht einen Zinssatz von 6 Prozent pro Jahr, sondern einen Zinssatz von 6 Prozent für ein Jahr ausgehandelt.

Hinzu kam, daß ich den gesamten Betrag nicht auf einmal abheben durfte, da die Bank sonst einen Teil meiner Zinsen einbehalten hätte. Sie können sich gar nicht vorstellen, wie schnell ich die Bank gewechselt habe.

Nicht daß Sie denken, ich wolle über Banken schimpfen. Ganz im Gegenteil, ich bin heilfroh, daß es Banken gibt. Banken bieten ihren Kunden viele Vorteile. Sie bieten oft einen ausgezeichneten Service, den ich sehr zu schätzen weiß und für den ich gerne bezahle.

Aber wenn es um die Anlage Ihres Geldes geht, dürfen Sie nicht denken, die Bank habe Ihr Wohlergehen im Auge. Die Bank verdient nicht, wenn Sie verdienen, sondern sie »verliert«, wenn Sie verdienen.

Darum sollten Sie sich für Ihre Anlagen Firmen suchen, die ihr meistes Geld dann verdienen, wenn Sie verdienen. Nur mit solchen Partnern ist eine Gewinner-Gewinner-Situation möglich. Eine Fondsgesellschaft erfüllt diese Bedingung.

Was ist ein Aktienfonds?

Viele Anleger formen einen großen Anlagetopf. Und der wird von Profis für sie angelegt. So einfach ist das. Wenn Sie es etwas genauer wissen wollen, so lesen Sie die nächsten Absätze. Das ist vielleicht nicht die spannendste Passage in diesem Buch, aber Sie werden ein für allemal Fonds gegenüber ein gutes und sicheres Gefühl haben. Und es ist gut zu wissen, daß Ihr Autopilot Ihr »Anlageflugzeug« nicht am nächsten Berg zerschellen läßt.

Angenommen, Sie wollen 500 DM monatlich sparen, viele andere sparen dagegen nur zwischen 100 DM und 200 DM und irgend jemand hat eine Summe von 75 000 DM investiert. All dieses Geld fließt in eine Depotbank, die es treuhänderisch verwaltet. Ein solches Depot ist von der Mutterbank streng getrennt in einem Sondervermögen zu verwalten und ist darum absolut sicher. Das Depot bleibt sogar bestehen, wenn eine Bank pleite gehen sollte. Als zum Beispiel die Herstadt Bank Konkurs anmeldete, blieb der von ihr verwaltete Gerling-Fonds völlig unberührt. Auch als die britische Bearingsbank pleite ging, blieben 30 Milliarden SMH-Fondsgelder unangetastet.

Diese Treuhand-Bank muß sich an feste Grundregeln halten. Sie unterliegt den Richtlinien des Kapitalanlagegesellschaftsgesetzes und des Ausländischen Investmentgesellschaftsgesetzes. Hier ist zum Beispiel geregelt, daß ein Fondsvermögen nicht weniger als 20 verschiedene Papiere halten darf und daß nicht mehr als 10 Prozent des Vermögens in einen einzigen Wert investiert werden darf. Für eine genügend breite Streuung ist also immer gesorgt. Sagen Sie mir, wie Sie selber Ihren relativ kleinen monatlichen Betrag auf solch eine Weise streuen könnten. Darüber hinaus erfolgen regelmäßige Prüfungen durch das Bundesaufsichtsamt für das Kreditwesen.

Wie das Geld innerhalb der gesetzlichen Richtlinien an der Börse investiert wird, entscheidet das Fondsmanagement. Hier arbeiten Anlageprofis nach eigenen festen Anlagestrategien, die Sie einsehen können. Manche Fonds investieren ausschließlich in exotische Märkte, andere nur in gewisse Branchen, wieder andere nur in ein bestimmtes Land, während andere breit streuen. Es liegt an Ihnen, den Fonds herauszusuchen, der Ihrer Mentalität und vor allem Ihrer Anlagestrategie am besten entspricht.

Niemals kann das Fondsmanagement jedoch selber über das Geld verfügen. Alle Geldbewegungen werden ausschließlich durch die Treuhandbank ausgeführt.

Das Geld, das Sie in die Depotbank einzahlen, wird in sogenannte Fondsanteile eingetauscht. Die Depotbank errechnet börsentäglich den Preis, der dem Anteilwert entspricht. Der Preis eines Fondsanteils richtet sich also nicht nach Angebot und Nachfrage, sondern ausschließlich nach dem Wert der im Fondsvermögen enthaltenen Papiere. Der Ausgabepreis enthält den beim Kauf fälligen Ausgabeaufschlag und ist darum etwas höher als der Rücknahmepreis.

Sie können den Rücknahmepreis Ihres Fonds jeden Tag in den großen Finanzzeitungen einsehen. Und Sie können jederzeit verkaufen und bekommen Ihr Geld innerhalb von wenigen Tagen auf Ihr Konto überwiesen.

Können Sie Geld mit Fonds verlieren?

1992 und 1993 gab es zahlreiche Fonds, die zwischen 80 und 100 Prozent zugelegt hatten. Einige haben sogar 100 bis 250 Prozent zugelegt. 1994 haben die meisten dieser Fonds Kurseinbrüche von 10 bis 20 Prozent zu verzeichnen gehabt. 1995 und 1996 sind die meisten Fonds wieder kräftig gestiegen. Wenn Sie also Ende 1993 einen Geldbetrag investiert und Ihr Geld 1994 zurückverlangt hätten, so hätten Sie richtig verloren. Hätten Sie das Geld aber im Fonds belassen, so hätte der Aufschwung der beiden darauffolgenden Jahre für einen sehr guten Jahresschnitt gesorgt.

Mit anderen Worten: Ja, Sie können mit Aktienfonds Geld verlieren, wenn Sie das Geld zu einem falschen Zeitpunkt zu schnell wieder entnehmen. Demnach gelten dieselben Regeln wie für den direkten Umgang mit der Börse. Sie werden zwar keine übergroßen Verluste machen. Denn ein Fonds ist wie ein Tausendfüßler. Wenn ein Fuß abbricht, fällt es im Gesamtverhältnis nur unwesentlich ins Gewicht. Aber wenn die gesamte Wirtschaft rückläufig ist, dann sind eben viele Füße krank.

Also gelten die gleichen Grundsätze wie für Aktien: Lassen Sie Ihr Geld ruhig einige Zeit im Fonds, dann kann nichts passieren.

Die historischen Kurseinbrüche

Damit Sie selbst sehen, daß sich die Abläufe an der Börse immer wiederholen, habe ich Ihnen einige Beispiele aus der jüngsten Vergangenheit zusammengestellt. In jedem dieser Fälle sind die Aktien um 30 bis 50 Prozent abgestürzt, bevor sie sich zu neuen Höchstkursen aufgeschwungen haben.

- Berlin-Krise 1961: Berliner Mauerbau, Kuba-Krise
  Kurssturz: − 45 Prozent
  Kurserholung: + 60 Prozent
- Israels 6-Tage-Krieg 1965: Ermordung von John F. Kennedy
  Kurssturz: − 40 Prozent
  Kurserholung: + 80 Prozent
- Öl-Krise 1972: Lieferboykott der OPEC, Sonntagsfahrverbot
  Kurssturz: − 35 Prozent
  Kurserholung: + 60 Prozent
- Tschernobyl-Krise 1986: Radioaktive Wolken, Panikverkäufe
  Kurssturz: − 30 Prozent
  Kurserholung: + 40 Prozent

- Börsenkrach 1987: Panik an den Weltbörsen, Erinnerung an 1929
  Kurssturz: − 40 Prozent
  Kurserholung: + 100 Prozent
- Mini-Crash 1989: der »Schwarze Freitag«, der 13. Oktober
  Kurssturz: − 30 Prozent
  Kurserholung: + 50 Prozent
- Irak-Krise 1990: Golfkonflikt
  Kurssturz: − 30 Prozent
  Kurserholung: hält immer noch an (Februar 1998)

Aktienfonds durchlaufen in etwa dieselben Höhen und Tiefen wie die Börse, allerdings meist in abgeschwächter Form. Denn aufgrund der breiten Streuung und der Möglichkeit der Profis, klug zu reagieren, bleiben die Kursrückgänge im Rahmen.

Aber wenn Sie die Krisenstatistik anschauen, dann erkennen Sie, daß es einfach zuwenig ist, Ihre Papiere in Krisenzeiten nur zu halten. Wenn Sie nicht verkaufen, haben Sie lediglich keine Torheit begangen. Aber Sie müssen aus solchen Situationen einfach mehr machen: Sie müssen die tiefen Kurse zum Aufstocken nutzen.

Ich weiß, daß es gerade in solchen Zeiten schwerfällt, gegen den Strom zu schwimmen. Schließlich müssen wir uns nicht nur gegen die Schlagzeilen der Wirtschaftspresse und gegen die täglichen Nachrichtensendungen durchsetzen, sondern oftmals auch noch gegen den Rat der »Profis«.

Selbst wenn es an den Wertpapiermärkten nicht immer aufwärts geht, können Sie dabei gut verdienen. Aber wenden wir uns noch einmal dem Autopiloten zu. Es gibt eine Möglichkeit, wie Sie die niedrigen Kurse »automatisch« nutzen. Und die geht so.

Der Cost-Average-Effekt

Hinter diesem Begriff verbirgt sich eine geniale Idee: Sie sparen monatlich einen bestimmten Betrag. Zwar sind monatliche Sparraten nicht von mir erfunden worden, aber genial ist die Auswirkung, die das auf den Erwerb von Fondsanteilen hat. Sie kaufen nämlich durch den Cost-Average-Effekt automatisch mehr, wenn der Kurs im Keller ist. Ihr Autopilot ist auf optimales Reagieren programmiert. Angenommen, Sie sparen 300 DM monatlich in einen Aktienfonds. Sie fangen im März an und bekommen den Fondsanteil für 6 DM. Demnach erwerben Sie also mit Ihren 300 DM ganze 50 Anteile (300 DM geteilt durch 6 DM gleich 50 Anteile). Im April sinken die Fondsanteile auf 3 DM. Das heißt, mit den gleichen 300 DM kaufen Sie jetzt automatisch 100 Anteile (300 geteilt durch 3 gleich 100). Im Mai sinken die Fondsanteile auf miserable 1 DM. Mit Ihren 300 DM erwerben Sie nun ganze 300 Anteile (300 geteilt durch 1 gleich 300). Viele Anleger würden jetzt panikartig verkaufen. Sie würden dann für Ihre gesamten 450 Anteile (März 50, April 100, Mai 300, insgesamt 450) lediglich je 1 DM bekommen. Da Sie aber bis jetzt 900 DM investiert haben, würden Sie die Hälfte Ihres Geldes verlieren.

Im Juni wird es langsam »Börsensommer«, und die Anteile steigen auf 5 DM. Sie kaufen also automatisch 60 Anteile mit Ihren 300 DM. Insgesamt besitzen Sie nun 510 Anteile, die Sie für 5 DM pro Stück verkaufen könnten. Sie würden also aus Ihren 1 200 DM, die Sie bisher investiert haben, 2 550 DM machen. Dank des Cost-Average-Effekts kaufen Sie automatisch immer so viele Anteile, wie Ihre monatliche Sparrate es erlaubt.

Mit Kursschwankungen ist immer zu rechnen, man nennt sie Volatilität. Aufgrund dieser Volatilität machen Sie die höchsten Gewinne. Wenn Sie also die Börse nicht ständig beobachten wollen, sollten Sie monatlich einen festen Betrag investieren.

Welche Fonds sollten Sie auswählen?

Einige Fonds erzielen eine deutlich höhere Rendite als andere, genauso wie einige Aktienkurse deutlich höher steigen als andere. Aber alle versprechen sie Großes. Wie also soll man auswählen? In der Tat ist es schwer, die »richtige« Wahl zu treffen. Aber es gibt einige Denkhilfen, die ich Ihnen geben möchte.

Einige Daten zum internationalen Vergleich sprechen für sich: Es gibt international etwa 20 000 Aktiengesellschaften, die an den Börsen gehandelt werden. Davon befinden sich etwa 10 000 in den USA und nur knapp über 670 in Deutschland. *International ist also ganz klar eine bessere Streuung möglich.*

Um den Kursanstieg von Aktien zu prognostizieren, können Sie eine Faustregel anwenden:

$$\textit{Wirtschaftswachstum x 3 bis 5 = Kurssteigerung}$$

Und das Wirtschaftswachstum ist nicht in allen Ländern gleich. In Europa erfahren wir beispielsweise ein sehr moderates Wachstum von etwa 2 Prozent, während es in Asien 8 bis 9 Prozent beträgt. In Europa können wir nach der Faustformel demnach 6 bis 10 Prozent Steigerung erwarten (2 x 3 bis 5 = 6 bis 10) und in Asien 24 bis 45 Prozent (8 bis 9 x 3 bis 5 = 24 bis 45).

Schauen Sie sich einmal die Einkommenssituation im Vergleich an, und Sie verstehen das unterschiedliche Wirtschaftswachstum sofort besser. In Deutschland kostet ein durchschnittlicher Angestellter beziehungsweise Arbeiter eine Firma 5 600 DM monatlich. In den USA kostet der gleiche Angestellte nur 3 400 DM, in Taiwan nur 1 870 DM in Malaysia nur noch 560 DM und in China 56 DM.

Das heißt, daß Sie für einen deutschen Arbeiter in China 100 Arbeiter einstellen können. Wundert es da, daß der Standort China sehr attraktiv ist? Es sprechen also gute Gründe dafür, einen Teil Ihres Geldes in Asien anzulegen. Hier werden gute Gewinne gemacht. So habe ich in den letzten Jahren mit meinen verschiedenen asiatischen Fonds eine durchschnittliche Rendite von 20 bis 30 Prozent erzielt. Diese Rendite ergibt sich sogar nach der derzeitigen Asienkrise. Gemäß der folgenden Empfehlung hatte ich vorher verkauft, da ich mein Anlageziel erreicht hatte.

Asien steht hier als ein Beispiel. Es gibt in Südamerika und Osteuropa ähnlich interessante Märkte. Allerdings sollten Sie nicht vergessen, daß höhere Gewinne auch höhere Risiken mit sich bringen. Denken Sie also daran zu streuen.

Zehn Empfehlungen
für Investments in Aktienfonds

1. *Ignorieren Sie Zeitungsberichte.* Denn je reißerischer der Titel ist, um so größer ist der Absatz. Solche Berichte machen Sie nur nervös. Stellen Sie Ihre eigenen Nachforschungen an, und tun Sie nicht, was alle tun, wenn Sie nicht bekommen wollen, was alle bekommen (und das ist nicht viel).

2. *Es wird immer Täler geben.* Diese Täler nutzen Sie durch den Cost-Average-Effekt. Vor Tälern brauchen Sie also nicht zu erschrecken. Auf keinen Fall sollten Sie in einem solchen Tal verkaufen. Investieren Sie darum nur Geld, das Sie nicht kurzfristig brauchen.

3. *Vermeiden Sie unnötige Switchgebühren,* die entstehen, wenn Sie permanent von einem Fonds zum anderen »switchen«. Halten Sie einen Fonds, solange Sie Ihr Anlageziel nicht erreicht haben oder bis mindestens fünf Jahre verstrichen sind.

4. *Machen Sie nicht permanent Bilanz,* um festzustellen, in welchem Gewinn oder Verlust Sie sich gerade befinden. Ihre Fondsanlage braucht Zeit. Durch Ihren Autopiloten haben Sie ein Höchstmaß an Bequemlichkeit. Machen Sie sich nicht selber nervös, und gestatten Sie es auch sonst niemandem, Sie zu verunsichern.

5. *Denken Sie daran, daß auf jeden Winter ein Sommer folgt, daß aber auch auf jeden Sommer ein Winter folgt.* Seien Sie im Winter darum nicht entmutigt, und werden Sie im Sommer nicht übermütig. Wenn Sie Bargeld übrig haben, so nutzen Sie den Winter, um kräftig nachzukaufen.

6. *Vertrauen Sie dem Fondsmanagement.* Es wird bei Seitwärts- und Ab-

wärtsbewegungen der Märkte durch Barreserven, über die der Fonds verfügt, entsprechend günstige Papiere nachkaufen.

7. *Kaufen Sie regelmäßig, und vergessen Sie optimales Timing.* Denn kein Mensch ist in der Lage, ein derartiges Timing auf Dauer wirklich durchzuführen. Haben Sie allerdings hohe Beträge zu investieren, so steigen Sie nicht gerade in einer satten Hausse (Kurse stehen sehr hoch) ein.

8. *Investieren Sie in Märkte, wo ein hohes Wirtschaftswachstum realistisch ist.* Sie haben gesehen, welche Märkte das sind. Wenn ein Land ein dreimal höheres Wirtschaftswachstum als Ihr Heimatland hat, so können Sie auch einen drei- bis fünfmal höheren Anstieg der Wertpapiere erwarten.

9. *Notieren Sie schriftlich, warum Sie sich für diesen speziellen Fonds entschieden haben.* Legen Sie auch Ihre Kursziele fest. Solange Sie diese nicht erreicht haben, bleiben Sie mindestens fünf Jahre in diesem Fonds. Wenn Sie Ihr Kapital erreicht haben, verkaufen Sie.

10. *Denken Sie daran, das Risiko zu streuen.* Folgen Sie der Anlagestrategie, die in Kapitel 12 beschrieben ist. Halten Sie immer mindestens drei bis fünf verschiedene Fonds.

Sie müssen hohe Renditen erzielen, wenn Sie vermögend werden wollen

Wer sein Geld auf dem Sparbuch liegen läßt, »spart sich arm«. Und das geht so: Angenommen, Sie haben 1 000 DM auf Ihrem Sparbuch. Bei einer Inflation von 3 Prozent bedeutet das, daß Ihr Geld nach einem Jahr nur noch 965 DM wert ist. Auf der anderen Seite haben Sie 2 Prozent Zinsen bekommen, also 25 DM. Sie haben also durch die Inflation mehr Geldwert verloren, als Sie durch die Verzinsung gewonnen haben. Aus diesem Grund sollten Investitionsmöglichkeiten, die nicht deutlich über der Inflation liegen, sofort für Sie ausscheiden.

Wir hören immer wieder, daß die wahre Inflation (Geldentwertung) im Moment etwa 3 Prozent pro Jahr beträgt. Wenn das stimmt und wir einmal davon ausgehen, daß dies in Zukunft so bleiben wird, dann bedeutet das, daß Ihre 1 000 DM in Zukunft nur noch soviel wert sind:

- nach 5 Jahren: 858,70 DM,
- nach 10 Jahren: 737,40 DM,
- nach 15 Jahren: 633,20 DM,
- nach 20 Jahren: 543,80 DM und
- nach 24 Jahren: ca. 500,00 DM.

Das ist allerdings nicht sehr ermutigend. In Wahrheit aber sieht es noch wesentlich dramatischer aus. Die Inflationsrate von 3 Prozent entspricht nämlich nicht der Wahrheit.

Wie hoch ist unsere Inflation wirklich?

Die Inflation wird uns vorgerechnet, indem man einen »Warenkorb« zusammenstellt und dann beobachtet, wie sich die Waren in diesem Korb verteuern. In diesem Korb sollten eigentlich nur die Dinge sein, die wir jeden Tag benötigen. Und genau diese Dinge haben sich viel mehr verteuert als um 3 Prozent. Das wissen wir alle aus Erfahrung.

Eine Briefmarke kostete 1965 beispielsweise 20 Pfennig und heute 1,10 DM. Für ein Kännchen Kaffee haben wir 1965 nur 1 DM bezahlt, und heute müssen wir 5 DM dafür bezahlen. Ich kann mich noch gut an die Zeit erinnern, als ein Brötchen 10 Pfennige kostete. Heute zahlen wir 50 Pfennige.

Aber diese Auswahl von »typischen Waren« beinhaltet auch Videokameras und Computer. Wir wissen, daß diese viel billiger geworden sind. Dadurch wird das gesamte Bild verfälscht. Die Statistik wird »verschönt«. Wichtig für uns ist doch in erster Linie, wie sich die Preise für die Dinge entwickeln, die wir tagtäglich wirklich benötigen. Und die haben sich in Wahrheit um vier bis fünf Prozent pro Jahr verteuert.

Experten rechnen damit, daß die Inflation mit der Einführung des Euros sogar noch steigen könnte. Sie geben dafür verschiedene Gründe an. Einer davon ist der, daß sich in dem europäischen Verbund auch Länder befinden werden, deren derzeitige Inflation noch wesentlich höher ist als unsere. Es gibt Länder in Europa, die bis vor kurzem eine Inflationsrate von zehn Prozent hatten.

Schauen Sie sich einmal in der folgenden Übersicht an, wie sich die Preise in den 25 Jahren zwischen 1965 und 1990 entwickelt haben. Und beachten Sie auch, wie sie sich weiterentwickeln würden, wenn wir den gleichen Faktor zugrunde legten. Demnach müßten sich die Preise in rund 18 Jahren verdoppeln!

Kostenexplosion von 1965 bis 2015* in DM

	1965	1990	Faktor	2015
Briefporto	0,20 DM	1,00 DM	5	5,00 DM
Kännchen Kaffee	1,00 DM	5,00 DM	5	25,00 DM
Luxushotel	54,00 DM	300,00 DM	6	1 800,00 DM
Mercedes 200D	8 600,00 DM	43 000,00 DM	5	215 000,00 DM
Bild-Zeitung	0,10 DM	0,60 DM	6	3,60 DM
Friseur	3,80 DM	35,00 DM	9	315,00 DM

* Statistische Geldentwertung ca. 4-5 %

Sie sehen also, Sie *müssen* gute Gewinne machen, um sich nicht arm zu sparen. Die gute Nachricht ist aber, daß die Gewinne, die Sie brauchen, nicht nur ohne weiteres möglich sind, sondern daß die Inflation diese Gewinne sogar unterstützt.

Lassen Sie mich Ihnen aber zunächst eine Faustformel geben, wie Sie die Inflation leicht im Kopf ausrechnen können:

72 : Inflationsrate = Anzahl der Jahre, in denen sich ihr Geldwert halbiert

Wenn die jährliche Inflation zum Beispiel 4 Prozent beträgt, dann teilen Sie 72 durch 4. Das Ergebnis ist 18. Das heißt, daß Ihr Geld schon nach 18 Jahren nur noch die Hälfte wert ist. Bei einer Inflation von 9 Prozent würde es dagegen nur acht Jahre dauern, bis Ihr Geld nur noch die Hälfte wert ist. Die genaue Tabelle finden Sie auf Seite 203.

Denken Sie daran: Die Inflation hilft Ihnen

Wir haben bereits festgestellt: Wenn das Geld durch Inflation weniger wert wird, so steigt mindestens im gleichen Verhältnis der Wert von Sachwerten. Vereinfacht können wir sagen: Was wir bei Geld Inflation nennen, nennen wir bei Sachwerten Wertsteigerung. Wenn Sie also in Sachwerte investieren (Aktien), so wird Sie eine Inflation niemals erschrecken müssen. Denn dieselbe Inflation, die den Wert des Geldes zerstört, steigert den Wert Ihrer Sachwerte.

Ihnen bleibt also gar nicht viel anderes übrig, als erstens in Sachwerte zu investieren und zweitens Anlagen auszuwählen, die hohe Renditen bringen.

In Kapitel 9 haben wir uns verschiedene Beispiele angesehen, wie sich Ihr Geld vermehren wird, wenn Sie hohe Zinsen bekommen. Nachdem wir auch noch die Inflation berücksichtigt haben, können Sie für sich ein Ziel formulieren. Sie können festlegen, wieviel Zinsen Sie mindestens pro Jahr erzielen wollen.

Sie haben deutlich gesehen, daß aufgrund der Inflation von vorneherein jede Anlage unter 12 Prozent ausscheidet, wenn es darum geht, ein wirklich nennenswertes Vermögen aufzubauen. Nichtsdestotrotz halte ich auch Lebensversicherungen in meinem Portfolio. Hier geht es darum, mein Risiko zu streuen und auch auf absolut sichere Anlagen zu setzen. Die genaue Beschreibung einer empfohlenen Risikostreuung finden Sie im nächsten Kapitel.

Lassen Sie uns aber bereits einen Grundsatz festhalten: Sicherheit ist das höchste Gebot. Suchen Sie nach den Anlagen, die sicher sind und die dennoch über 12 Prozent erwirtschaften.

Einige Beispiele großer Fonds

Abschließend möchte ich Ihnen noch einige Fonds namentlich nennen und ihre Performance aufzeigen. Zuvor möchte ich Ihnen jedoch eine wichtige Empfehlung aussprechen: Investieren Sie in den ersten

Jahren ausschließlich mit großen und sehr bekannten Fondsgesellschaften, die mindestens schon 20 Jahre auf dem Markt sind. Beginnen Sie mit Experimenten erst, nachdem Sie die finanzielle Sicherheit erreicht haben, auf die wir im nächsten Kapitel zu sprechen kommen. Denken Sie immer daran, daß Sicherheit das wichtigste Kriterium bleiben muß. Große Fondsgesellschaften haben über Jahrzehnte hinweg bewiesen, daß sie gut und solide anlegen.

Kleine Fondsgesellschaften haben oft unter anderem gerade deshalb eine gute Performance erreicht, weil sie so klein sind. Durch die guten Gewinne laufen ihnen dann viele neue Kunden zu. Ob die kleine Gesellschaft eine ähnliche Performance auch mit einem größeren Geldtopf erreicht, muß sie erst noch beweisen. Große Fondsgesellschaften haben diesen Beweis bereits angetreten.

Darüber hinaus hängen die Ergebnisse von kleinen Fondsgesellschaften oft sehr stark von einem bestimmten Fondsmanager ab. Verläßt dieser das Unternehmen, so hat der Fonds oft seine Attraktivität verloren. Auch hier haben große Fondsgesellschaften bereits bewiesen, daß sie schon mehrere Manager erlebt und dennoch ihren Kurs beibehalten haben.

- Der Templeton Growth Fund:
  Wenn Sie 10 000 Dollar bei Auflegung dieses Fonds am 29.11.1954 investiert hätten, so hätten Sie am 31.12.1994 stattliche 2 199 813 Dollar gehabt. Das entspricht in den letzten 35 Jahren einer durchschnittlichen Rendite von über 15 Prozent (1996 waren es 29,3 Prozent).
- Der Pioneer II Fonds:
  Dieser Fonds hat einen Entnahmeplan vorgestellt. Angenommen, Sie hätten 100 000 Dollar für 15 Jahre investiert und dabei pro Jahr 10 000 Dollar entnommen, so hätten Sie dennoch im Durchschnitt nach allen gerechneten 15-Jahres-Perioden 535 746 Dollar erzielt. Das entspricht einer durchschnittlichen Verzinsung von 17,32 Prozent.
- Der Fidelity Magellan Fonds:
  Dieser Fonds zählt zu den größten der Welt. Seine Gewinne können sich ebenfalls sehen lassen. Für einen Zeitraum von 10 Jahren lag seine Performance im Durchschnitt pro Jahr bei 18,9 Prozent

(zum 31.3.1994). Sie können diesen Fonds jedoch nur über ein Konto in den USA erwerben, was sich aber sehr schön mit einem netten Kurzurlaub verbinden läßt. Inzwischen wurde dieser Fonds aufgrund seiner Größe geschlossen.

Sie können eine Liste mit den von Bodo Schäfer empfohlenen und geprüften Fonds unter der Faxnummer 02 21/68 31 11 bestellen.

Eine Schlußbemerkung

Sie hören nie auf, Neues über Fonds zu lernen. Dieses Kapitel kann Ihnen nur einige wichtige Grundkenntnisse vermitteln. Wenn Sie die beschriebenen Tips beherzigen, werden Sie gute Gewinne einfahren. Vor allen Dingen werden Sie aber Fehler vermeiden.

Trotzdem sind Sie jetzt noch kein Fondsspezialist. Darum empfehle ich Ihnen, regelmäßig gute Finanzmagazine zu lesen. Das kostet Sie nicht viel Zeit, und Sie eignen sich gute Fachkenntnisse an.

Der Sinn der letzten beiden Kapitel war es, Ihnen Vertrauen in Aktien zu vermitteln, als ein ausgezeichneter Weg, um Geld zu züchten. Und ich wollte Ihnen die Fonds näherbringen – als die Möglichkeit, um andere für Sie Geld züchten zu lassen.

Auf jeden Fall haben Sie gesehen, daß gute Gewinne nicht risikoreich sein müssen. Wir können jetzt Gewinne von über 12 Prozent voraussetzen. Mit dieser Grundlage können wir uns nun Ihren zwei fehlenden Finanzplänen zuwenden.

Planen wir also jetzt Ihre Sicherheit und dann Ihren Reichtum. Es wird Ihnen Spaß machen ...

Die Power-Ideen auf den Punkt

- Aktien sind das Flugzeug zum Reichtum, Aktienfonds sind der Autopilot.

- Jede Anlage sollte unter fünf Gesichtspunkten betrachtet werden:
  1. Sicherheit,
  2. Bequemlichkeit,
  3. Verfügbarkeit,
  4. Rendite,
  5. Steuern.
- Aktienfonds durchlaufen in etwa die gleichen Höhen und Täler wie die Börse. Allerdings meist in abgeschwächter Form.
- Durch den Cost-Average-Effekt kaufen Sie automatisch mehr, wenn der Kurs im Keller ist. Ihr Autopilot ist auf optimales Reagieren programmiert.
- Kursschwankungen (Volatilität) sorgen für die höchsten Gewinne.
- Auch mit Fonds sollten Sie den Grundsatz der Streuung beachten.
- Einige Empfehlungen für Investments in Aktienfonds:
  1. Ignorieren Sie Zeitungsberichte.
  2. Talpfade sind nicht schlimm, denn durch den Cost-Average-Effekt können Sie diese Täler nutzen.
  3. Vermeiden Sie unnötige Switchgebühren.
  4. Denken Sie daran, daß auf jeden Winter ein Sommer folgt, aber auch auf jeden Sommer ein Winter.
  5. Vertrauen Sie dem Fondsmanagement.
  6. Kaufen Sie regelmäßig, und vergessen Sie optimales Timing.
  7. Investieren Sie in Märkte, in denen ein hohes Wirtschaftswachstum realistisch ist.
  8. Notieren Sie schriftlich, warum Sie sich für diesen speziellen Fonds entschieden haben, und legen Sie Ihre Kursziele schriftlich fest. Verkaufen Sie, wenn Sie Ihre Ziele erreicht haben.
  9. Denken Sie daran, das Risiko zu streuen.
- Wenn Sie vermögend werden wollen, müssen Sie hohe Renditen erzielen.
- Die Inflation hilft Ihnen bei Aktienfonds: Was wir bei Geld Inflation nennen, nennen wir bei Sachwerten Wertsteigerung.
- Zunächst gilt der Grundsatz der Sicherheit: Schauen Sie nach den Anlagen, die sicher sind und die dennoch über 12 Prozent erwirtschaften.

- Investieren Sie anfangs nur mit großen und sehr bekannten Fondsgesellschaften. Beginnen Sie mit Experimenten erst, nachdem Sie Ihre finanzielle Sicherheit erreicht haben.

Sie können eine Liste mit den von Bodo Schäfer empfohlenen und geprüften Fonds unter der Faxnummer 02 21/68 31 11 bestellen.

12

Finanzieller Schutz, finanzielle Sicherheit und finanzielle Freiheit

Es gibt zwei Wege, um glücklich zu sein:
Wir verringern unsere Wünsche oder vergrößern unsere Mittel ...
Wenn du weise bist, wirst du beides gleichzeitig tun.

Benjamin Franklin

Jeder hat das Recht, seinen eigenen finanziellen Träumen nachzugehen. Auch Sie! Um aber diese Träume Wirklichkeit werden zu lassen, müssen Sie sie zunächst genau identifizieren.

Wann haben Sie finanziellen Schutz, finanzielle Sicherheit oder finanzielle Freiheit? Was ist das, und worin liegt der Unterschied? Wieviel Geld brauchen Sie dazu, und wie lange dauert es, diese Ziele zu erreichen?

Der erste Plan: finanzieller Schutz

Wahrscheinlich haben Sie schon viel über richtige Zielsetzung gehört. Haben Sie schon einmal darüber nachgedacht, diese Macht auch in bezug auf Ihre Finanzen anzuwenden?

Bitte beantworten Sie eine Frage: Angenommen, Ihre Einkommensquellen versiegen schlagartig und niemand, der Ihnen Geld schuldet, zahlt mehr; Ihre Firma geht pleite, Sie werden entlassen oder Sie werden krank. Wie lange könnten Sie nun Ihre Rechnungen bezahlen und leben?

Genau darum geht es beim finanziellen Schutz. Daß Sie beim Eintreten unerwarteter Umstände in der Lage sind, trotzdem gut weiterzuleben, weil Sie Rücklagen haben. Dr. Murphy behauptete: »Vieles von dem, was schiefgehen kann, geht auch schief.«

232

Lassen Sie uns zunächst feststellen, wieviel Sie im Notfall pro Monat benötigen. Bitte schreiben Sie alle Ihre festen Kosten auf, die auch in einem Krankheitsfall beglichen werden müßten. Wenn Sie Arbeitnehmer sind, füllen Sie nur »privat« aus. Als Selbständiger füllen Sie zusätzlich auch »geschäftlich« aus.

Privat:	Hypothek/Miete:	_____ DM
	Essen/Haushaltsgeld:	_____ DM
	Auto:	_____ DM
	Versicherungen:	_____ DM
	Steuervorauszahlungen:	_____ DM
	Unterhaltszahlungen:	_____ DM
	Telefon:	_____ DM
	Kredite:	_____ DM
	Sonstiges:	_____ DM
		_____ DM
	Summe pro Monat:	_____ DM
Geschäftlich:	Hypothek/Miete:	_____ DM
	Bürokosten:	_____ DM
	Gehälter:	_____ DM
	Telefon:	_____ DM
	Vertretung für Sie:	_____ DM
	Kredite:	_____ DM
	Sonstiges:	_____ DM
		_____ DM
	Summe pro Monat:	_____ DM

Wie hoch ist demnach Ihr monatliches benötigtes Einkommen für Ihren finanziellen Schutz?

| Privat: | _____ DM |
| Geschäftlich: | _____ DM |

Wie lange benötigen Sie finanziellen Schutz?

Für wie viele Monate Sie diesen finanziellen Schutz benötigen, hängt von Ihrem Sicherheitsbedürfnis und Ihrem Optimismus ab. Angenommen, Sie werden krank und verlieren Ihren Arbeitsplatz. Wie viele Monate wird es wohl dauern, bis Sie wieder gesund sind und eine neue Arbeitsstelle gefunden haben, die Ihnen auch Spaß macht? Um sich beschützt zu fühlen, brauchen die meisten Menschen Rücklagen für sechs bis zwölf Monate.

Wie lange, glauben Sie, benötigen Sie, bis Sie wieder ein Einkommen haben?

_____ Monate.

Nehmen Sie nun bitte Ihr benötigtes Einkommen für finanziellen Schutz, und multiplizieren Sie es mit den Monaten, für die Sie diesen Schutz haben wollen.

_____ DM x _____ Monate = _____ DM.

Die Zahl, die Sie nun aufgeschrieben haben, ist das absolute Minimum, das Sie an Schutz brauchen. *Sie sind es sich selbst, Ihrer Gesundheit und Ihrem emotionalen Wohlbefinden schuldig, diesen Betrag zu besitzen. Sie sind es ebenso Ihrer Familie schuldig.*

Nur wenn Sie über den obengenannten Betrag verfügen, können Sie sich Zeit und Ruhe nehmen, um nach einer neuen Tätigkeit zu suchen, die Sie erfüllt. Nur dann können Sie in Ruhe wegfahren und sich erholen. Selbst wenn lange nichts passiert: Nur mit dieser Reserve fühlen Sie sich beschützt. Und jeder Mensch hat ein Bedürfnis, beschützt zu sein. Ganz gleich, wie nervenstark Sie sind, auch Sie können aus einer Position der Stärke heraus besser verhandeln. Finanzieller Schutz ist diese Position der Stärke.

Niemand ist sicher vor Eventualitäten, Unfällen oder Schicksalsschlägen. Aber jeder kann Vorsorge treffen, um ihnen mit Stil zu begegnen. Wie unwürdig ist es, wenn zu eventuellen Schicksalsschlägen auch noch die finanzielle Not kommt. Wenn Sie aufgrund finanzieller Probleme Kompromisse eingehen müssen.

Finanzieller Schutz für Ihre Firma

1996 wurden in Deutschland 508 000 neue Firmen gegründet und 443 000 stillgelegt. Die Hauptursache dafür, daß 80 Prozent aller Firmengründungen in Deutschland innerhalb der ersten beiden Jahren scheitern, ist der Mangel an Kapital.

Ein weiterer, ebenso wichtiger Grund ist die schlechte Zahlungsmoral der Kunden, wie zwei Drittel der befragten Firmeninhaber angaben. Demnach sind Forderungsausfälle und verspätetes Zahlen die größten Probleme.

Darum brauchen Sie finanziellen Schutz nicht nur privat, sondern auch für Ihre Firma. Überlegen Sie also, wenn Ihre Firma plötzlich kein Geld mehr einnimmt – für wie lange bräuchten Sie finanziellen Schutz? Manche Ihrer Kunden zahlen spät, manche erst nach unwiderstehlichen Bitten Ihres Anwalts. Manche zahlen erst nach einem Rechtsstreit, den Sie zunächst vorfinanzieren müssen. Manchmal verlieren Sie einen Rechtsstreit durch unerwartete Umstände, manchmal gewinnen Sie und bleiben unerwartet auf allen Kosten sitzen, weil bei Ihrem Gegner mangels Zahlungsfähigkeit nichts zu holen ist.

Schaffen Sie sich also finanziellen Schutz für Ihre Firma, den Sie nie anrühren.

Aber ich möchte doch investieren ...

Wahrscheinlich wird es Ihrer Unternehmerseele weh tun, wenn Sie besonders in einer Start- und Wachstumsphase nicht alles Geld zum Ausbau Ihrer Firma verwenden können. Aber denken Sie an die unerwarteten Umstände. Machen Sie niemals Ihre Rechnung ohne Dr. Murphy. *Investieren ist gut. Aber zum richtigen Zeitpunkt zu investieren ist besser.*

Unsere Wirtschaft bewegt sich in Zyklen. Das nächste Tal kommt bestimmt. Möglicherweise wird Ihr Unternehmen in diesem Tal begraben werden. Möglicherweise haben Sie aber gerade in diesem Tal genug Bargeld, um Chancen zu ergreifen. *Niemals sind die Chancen zu investieren so groß wie in Zeiten schwerer Rezessionen. Aber nur, wenn Sie Bargeld haben.* Wir bräuchten Tausende von Büchern, um all die Firmen aufzulisten, die schließen mußten, weil sie keinen finanziellen Schutz hatten. Und um die Firmen zu beschreiben, die sich in Krisenzeiten dank Bargeld zu Firmenriesen entwickelten.

Demnach sollten Sie sich – gerade wenn ein wahres Unternehmerherz in Ihrer Brust schlägt – Ihren finanziellen Schutz schaffen. Richtig angelegt, vermehrt er sich rasch. Und in Krisenzeiten schützt er Sie vor dem Bankrott *und* bedeutet eine finanzielle Chance.

Wie lange brauchen Sie, bis Sie Ihren finanziellen Schutz haben?

Es gilt eine einfache Regel: *Je kleiner das Ziel ist, desto schneller haben Sie es erreicht.* Das steht nicht im Widerspruch zu dem in Kapitel 4 Gesagten. Dort sind Fernziele gemeint. Je größer die Fernziele, desto »realistischer« ist es, sie zu erreichen.

Finanzieller Schutz ist ein Nahziel: Es sollte Ihr nächstes Ziel sein. Ein Ziel, das Sie so schnell wie möglich erreichen müssen (falls Sie es nicht bereits erreicht haben).

Es gibt drei Gründe, warum ein kleines erstes Ziel vorteilhaft ist. Nehmen wir ein Beispiel:

Paul Prasser verdient 5 000 DM netto und benötigt davon 4 750 DM. Er kann also nur 250 DM monatlich sparen. Um sich beschützt zu fühlen, hätte er gerne finanziellen Schutz für zehn Monate. Er benötigt dafür also die Summe von 47 500 DM. Um diese Summe mit monatlichen Sparraten von 250 DM zu erreichen, würde er 16 Jahre und 10 Monate benötigen (ohne Zinsen). Da es sich bei finanziellem Schutz um einen ersten Mindestplan handelt, verliert Paul Prasser rasch die Lust und gibt auf. Und Dr. Murphy lauert schon an der nächsten Ecke.

Heidi Hamster verdient ebenfalls 5 000 DM netto, und auch sie will finanziellen Schutz für zehn Monate. Aber sie kommt mit 3 500 DM monatlich aus. Dadurch ist ihr Ziel kleiner. Sie braucht nur 35 000 DM. Zweitens spart sie mehr und erreicht das kleine Ziel schneller: Sie hat es nach nur zwei Jahren erreicht!

Die drei Gründe, warum ein kleines Ziel für finanziellen Schutz vorteilhaft ist, lauten also:

1. *Wenn Ihr erstes Ziel kleiner ist, erreichen Sie es schneller.*
2. *Wenn Sie mit weniger zurechtkommen, können Sie mehr sparen und erreichen Ihren finanziellen Schutz schnell.*
3. *Sie halten durch, weil Sie Ihr erstes Ziel fast »berühren« können.*

Der Budgetplan

Ich bin kein übergroßer Freund von strengen Budgetplänen. Aber jeder Mensch sollte sich von Zeit zu Zeit einmal damit befassen. Einmal, um sich bewußt zu machen, wieviel Sie eigentlich wirklich im Monat ausgeben, und zum anderen, um zu sehen, wofür Sie Ihr Geld ausgeben. *Solange Sie allerdings noch nicht Ihren finanziellen Schutz erreicht haben, müssen Sie über Budgeting nachdenken.*

Wenn Sie es gewissenhaft machen, werden Sie überrascht sein. Sie finden nachfolgend eine Vorlage für einen Budgetplan. Listen Sie zunächst alle Ihre Einnahmen und Ausgaben auf.

Das Auflisten alleine stellt natürlich noch keinen Plan dar. Dennoch werden Sie dadurch wertvolle Erkenntnisse gewinnen. Sie werden auch sehen, daß zuviel Geld in den folgenden Rubriken landet: Steuern, Auto und Telefon.

Ein Budgetplan geht natürlich über das bloße Auflisten hinaus. Das Planen beginnt erst, nachdem Sie alle Kosten aufgelistet haben. Sie haben zwei Möglichkeiten:

1. Schreiben Sie hinter jede Position, wieviel Sie tatsächlich für diesen

Posten ausgeben wollen. Überlegen Sie nicht, ob es realistisch ist oder wie sehr Sie sich einengen müßten. Der Plan findet oft seine Wege alleine, auch wenn es anfangs unmöglich erschien.

2. Notieren Sie zuerst, wieviel Sie insgesamt maximal pro Monat ausgeben wollen. Und schauen Sie dann, welche Posten Sie kürzen wollen, um diese Summe nicht zu überschreiten.

	Ist		Soll	
	Brutto	*Netto*	*Brutto*	*Netto*
1. Nichtselbständige Arbeit				
2. Selbständige Arbeit				
3. Land- und Forstwirtschaft				
4. Mieteinnahmen (kalt)				
5. Nebenberufliche Tätigkeit				
6. Renten, Pensionen				
Hinterbliebenenrente				
BfA / LVA				
BU/EU (GKV/BG)				
7. BVE Direktversicherung				
Unterstützungskasse				
Pensionskasse				
8. Kapitalanlagen				
9. Versicherungsleistungen				
10. Erziehungsgeld				
11. Kindergeld				
12. Sonstiges: _____				
13. Sonstiges: _____				
14. Urlaubsgeld				
15. Sonderzahlung (13. Gehalt)				
Summe aller Einkommen				
Zu versteuerndes Jahreseinkommen				
Steuerklasse/Kinderfreibeträge				
Kirchensteuersatz (%)				
Spitzensteuersatz (%)				

	Ist	Soll
Transport		
1. Steuern KFZ		
2. Kraftstoff		
3. Reparaturen		
4. KFZ-Versicherungen insgesamt		
5. Flugzeug		
6. Bus, Bahn, Taxi		
7. Leasingraten, Finanzierung		
Kommunikation		
8. Telefon		
9. Funktelefon		
10. Fax		
11. PC: E-Mail		
Freizeit		
12. Rundfunkgebühren		
13. Vereins-, Clubbeiträge		
14. Hobbys		
15. Sport		
Lebenshaltungskosten		
16. Kindergarten		
17. Tierhaltung		
18. Rauchwaren		
19. Lebensmittel		
20. Haushalt allgemein		
21. Kleidung		
22. Freizeit		
23. Urlaub, Reisen		
24. Anschaffungen		
26. Restaurant		
27. Friseur, Kosmetik		
28. Taschengeld		
29. Weiterbildung, Seminare		
30. Zeitschriften, Bücher		

	Ist	Soll
Wohnen		
31. Miete incl. Nebenkosten		
32. Zinsen, Tilgung		
33. Reparaturen		
34. Aufw. Vermietung, Verpachtung		
35. Steuern für Immobilien		
Büro		
36. Miete		
37. Nebenkosten		
38. Büromaterial		
39. Porto		
40. Büroeinrichtung		
41. Personalkosten		
Sparen, Kredit, Versicherung		
42. Spenden		
43. Sparvertrag 1		
44. Sparvertrag 2		
45. Sparvertrag 3		
46. Steuern		
47. Kredit 1		
48. Kredit 2		
49. Kredit 3		
50. Private Krankenversicherung insgesamt		
51. Private Unfallversicherung		
52. Private Altersversorgung 1		
53. Private Altersversorgung 2		
54. Private Altersversorgung 3		
55. Private Altersversorgung 4		
56. Private Altersversorgung 5		
57. Private Altersversorgung 6		
58. Haftpflicht		
59. Rechtsschutz		

	Ist	Soll
60. Hausrat		
Sonstiges		
61. Regelmäßige Ausgaben 1		
62. Regelmäßige Ausgaben 2		
63. Regelmäßige Ausgaben 3		
64. Regelmäßige Ausgaben 4		
65. Regelmäßige Ausgaben 5		

Was tun, wenn Budgeting nicht zu Ihren Stärken zählt?

Besonders beim Budgetplan gilt die Aussage: *Finde einen Coach für deine Stärken und eine Lösung für deine Schwächen.* Für viele Menschen stellt Budgeting eine Schwäche dar. Sollte das bei Ihnen auch der Fall sein, so brauchen Sie eine Lösung.

Wenn Sie es in Ihrem bisherigen Leben nicht bereits gut gemacht haben, wird es wahrscheinlich nie eine Ihrer großen Stärken werden. Sie könnten nun monatlich statt zehn Eis nur drei kaufen und statt Milcheis nun Wassereis schlecken. All das macht Sinn, wenn es sowieso Ihre Stärke ist. Falls es aber nicht Ihre Stärke ist, brauchen Sie, wie gesagt, eine Lösung.

Hier gilt der Satz: *Werden Sie nicht Spezialist in unwesentlichen Dingen.* Oder: *Machen Sie Nebensächlichkeiten nicht zu Ihrer Hauptaufgabe.* Suchen Sie Lösungen für die Posten Ihres Budgets, auf die es meiner Meinung nach wirklich ankommt: Steuern, Auto und Telefon. Wenn Budgeting Ihre Stärke ist, so können Sie in diesen drei Bereichen zur Höchstform auflaufen und wahre Wunder vollbringen ...

1. Steuern

Der deutsche Durchschnittsverdiener arbeitet bis zum 20. Juli eines jeden Jahres für sich. Ab dem 21. Juli geht sein ganzes Geld an den Staat (der einen Großteil dieser Einnahmen dazu benutzt, um die Zinsen seiner Schulden zu bezahlen). Unsere Abgaben sind immer höher geworden. Uns bleibt immer weniger.

Der größte Ausgabeposten in Ihrem Leben ist die Steuer. Wenn Sie in Ihrem Arbeitsleben 2,5 Millionen verdienen, geht über eine Million an den Staat.

Es gibt immer wieder genug Menschen in unserem Land, die viel verdienen und wenig Steuer zahlen. Teils durch Verlustzuweisungen, teils durch legale ausländische Firmenkonstruktionen.

Wenn Sie den Standort Deutschland nutzen, um ein hohes Einkommen zu erwirtschaften, sollten Sie meiner Meinung nach auch in Deutschland Steuern zahlen. Aber innerhalb vernünftiger Grenzen, die der Kundige kennt und die das Steuergesetz anbietet. Es gibt auch andere Standorte, wo Sie Geld verdienen können.

Mein Vorschlag ist es darum, daß Sie sich gute Berater suchen. Mit Berater meine ich nicht den Steuer-»Berater«, der seine Tätigkeit eher auf buchhalterische Arbeiten beschränkt, sondern jemanden, der Ihnen wirklich Steuern spart. Solche Berater lohnen sich in der Regel ab einem Jahreseinkommen von 250 000 DM. Ab 300 000 DM werden sie zu einem Muß. Oder, wie Aristoteles Onassis sagte: »Ich würde alles noch einmal so machen, wie ich es getan habe. Bis auf eine Ausnahme: Ich würde früher bessere Berater suchen.«

2. Auto

Die meisten Deutschen geben viel zuviel Geld für ihr Auto aus. Ein Auto ist keine Investition. Es ist ein Gebrauchsgegenstand.

Wenn Sie in die Zinseszinstabellen schauen, werden Sie Ihr Auto anders betrachten. Wenn Sie in den nächsten zehn Jahren immer ein Auto fahren würden, das nur die Hälfte kostet von dem, was Ihr Auto jetzt kostet, würden Sie in 25 Jahren wahrscheinlich um mindestens eine bis zwei Millionen reicher sein. Denn jede 10 000 DM, die Sie pro Jahr an Anschaffungskosten, Benzin, Versicherung, Steuer, Reparatur, Inspektionen usw. sparen, sind in 20 Jahren 100 000 DM. Ich möchte Ihnen darum die »Regel« weitergeben, die mir mein Coach damals mitgab: Geben Sie nie mehr für einen Autokauf aus als zwei durchschnittliche Monatsgehälter.

Unter Umständen fällt Ihnen dazu sofort ein: »Was denken dann die anderen?« Ganz gleich, was sie denken, eines ist sicher: Es wird Ihr Geschäft nicht so sehr beeinflussen, wie Sie vielleicht denken. Aber Ihren privaten Wohlstand wird es stark beeinflussen.

Und letztendlich ist der Unterschied zwischen einem Wagen der Mittelklasse und einem Wagen der Spitzenklasse nicht so groß, daß er 1 bis 2 Millionen rechtfertigt. Auf keinen Fall jedenfalls, solange Sie die ersten 1 bis 2 Millionen nicht tatsächlich besitzen.

3. Telefon

Wir verbringen zuviel Zeit am Telefon und geben deshalb zuviel Geld aus. Ich habe vor einigen Jahren eine nützliche Angewohnheit angenommen, die meine Telefonkosten schlagartig fast halbiert hat: Bevor ich jemanden anrufe, notiere ich mir kurz den Grund für das Gespräch. Ich plappere nicht lange und gehe zielgerichtet vor. Habe ich mein Ziel erreicht, beende ich das Telefonat rasch.

Ermitteln Sie, welches die großen drei Ausgabeposten in Ihrem Leben sind. Neben den bisher genannten können Sie zuerst hier ansetzen: Reisen, Kleidung, Sport, Hobby, …

Planen Sie jetzt

Sie wissen nun, wieviel Kapital Sie für Ihren finanziellen Schutz benötigen. Sie wissen auch, wo Sie es hernehmen. Sie sind hoffentlich sogar bereit, einen Budgetplan zu machen, bis Sie Ihr erstes Finanzziel erreicht haben.

Nun brauchen Sie einen Plan. Beschließen Sie jetzt, wieviel Geld Sie sparen wollen, um sich einen ausreichenden finanziellen Schutz zu schaffen:

Ich will monatlich _____ DM sparen.

Damit erreiche ich finanziellen Schutz am _____.

Power-Tip

Schaffen Sie sich finanziellen Schutz so schnell wie irgend möglich.

- Sie sind es sich selbst, Ihrer Gesundheit, Ihrer Familie und Ihrem Selbstwertgefühl schuldig.
- Es darf nicht sein, daß ein Mensch noch nicht einmal dieses Mindestziel erreicht.
- Ganz gleich, was geschieht: Sie sind finanziell beschützt.
- Lagern Sie dieses Geld sicher und leicht verfügbar.
- Sie haben damit außerdem den Grundstock für Ihren Wohlstand gelegt.
- Sie haben damit endlich ein Mindestmaß an wahrer Freiheit.

Entweder mehr verdienen oder weniger ausgeben

Sollten Sie lieber viel verdienen oder weniger ausgeben? Im Grunde genommen haben Sie diese zwei plus eine Möglichkeit. Benjamin Franklin hat es sehr treffend ausgedrückt:

»Es gibt zwei Wege, um glücklich zu sein. Wir verringern unsere Wünsche oder vergrößern unsere Mittel. Beides führt zum Ziel – das

Ergebnis ist dasselbe. Und es liegt an jedem Menschen, für sich selbst zu entscheiden und die Gewohnheit zu prägen, die sich ihm als am einfachsten darstellt.

Wenn du krank oder arm bist – ganz gleich wie hart es sein mag, deine Wünsche zu verringern, es wird härter sein, die Mittel zu vergrößern.

Wenn du aktiv und wohlhabend oder jung, gesund und stark bist, kann es leichter sein, deine Mittel zu vergrößern, als deine Wünsche zu verringern. Aber wenn du weise bist, wirst du beides gleichzeitig tun, jung oder alt, reich oder arm, krank oder gesund; und wenn du sehr weise bist, dann wirst du beides auf eine Art tun, die zum Glück der Gesellschaft beiträgt.«

Also tun Sie das, was Ihnen leichter fällt, und am besten beides. Zumindest so lange, bis Sie finanziellen Schutz haben. Sie haben dann über 50 Prozent Ihres Weges geschafft. Was danach kommt, ist verhältnismäßig einfach. Aller Anfang ist schwer. Sie müssen Ihre Überzeugungen und Ihre Gewohnheiten ändern.

Das Leichte am Anfang fällt schwer und das Schwere später fällt leicht. Zu sparen ist nicht schwer. Aber weil es unter Umständen für Sie ein völliger Neuanfang ist, ist es zumindest anfangs ziemlich fremd.

Die kluge Investition Ihrer Ersparnisse ist da schon etwas komplizierter. Aber es wird Ihnen leichtfallen, weil es Anlageformen gibt, die es Ihnen vereinfachen, und weil Sie gute Berater haben werden, kundigere Bekannte und andere Gewohnheiten.

Was machen Sie mit dem Kapital für Ihren finanziellen Schutz?

Sie benötigen einen Plan, eine Philosophie für den Umgang mit Ihrem Kapital. Ihre endgültige Investitionsphilosophie werden Sie erst am Ende dieses Kapitels festlegen, nachdem Sie Ihre beiden fehlenden Finanzpläne erstellt haben.

Lassen Sie uns dennoch bereits einige Grundbetrachtungen anstellen. Erinnern Sie sich an das, was wir in Kapitel 6 über Schulden gesagt haben. Sie brauchen eine Summe von etwa 50 000 DM, von der niemand etwas weiß. Außerdem muß diese Summe zumindest teilweise schnell verfügbar sein. Sie könnten möglicherweise einen Teil des Kapitals für Ihren finanziellen Schutz in ein Bankschließfach einlegen. Einen anderen Teil könnten Sie so anlegen, daß es gegebenenfalls schnell verfügbar ist.

Auf jeden Fall sollten Sie dieses Geld sehr sicher anlegen. Wenn Sie wenig Risiko eingehen, so werden Sie auch nur moderate Gewinne erzielen. Aber hier geht es in erster Linie darum, daß Sie beschützt sind. Darum sollten Sie dieses Geld nie anfassen – außer in einem absoluten Notfall. Für Spekulationen ist kein Platz.

Investitionen sind darauf ausgerichtet, eine jährliche Rendite zu erzielen. Spekulationen sind dagegen anderer Natur. Hier kaufen Sie etwas, um es später mit Gewinn zu verkaufen. Zwischenzeitlich haben Sie aus der Spekulationsanlage keine Gewinne. Ein Privathaus oder eine teure Uhr ist demnach keine Investition, sondern eine Spekulation.

Die Geschichte von Coca-Cola

Früher war es noch ein Verbrechen, wenn man einen Kredit nicht zurückzahlen konnte. Im alten Babylon konnte man gar als Sklave verkauft werden, später landete man im sogenannten Schuldturm.

Aber auch heute erleben wir immer wieder, daß das Leben diejenigen bestraft, die keinen finanziellen Schutz haben. An der Entstehungsgeschichte von Coca-Cola wird das deutlich.

Dr. John Styth Pemberton kreierte eine exotische Mixtur aus Zucker, Wasser, Kokablättern, einer Nußart und Koffein. Er behauptete, der Trunk könne alle nervösen Krankheiten sowie Kopfschmerzen, Hysterie und Melancholie heilen. Insbesondere würden die Kunden aber in einen wunderschönen Zustand versetzt.

Im ersten Jahr seiner Verkaufsbemühungen gab Dr. Pemberton

73,96 Dollar für die Werbung aus. Allerdings verkaufte er nur für 50 Dollar Waren. Dieses Verhältnis verbesserte sich in den nächsten fünf Jahren nicht sonderlich. Mangels Kapital gab Dr. Pemberton auf und verkaufte das Rezept für 2 300 Dollar an einen Drogisten aus Atlanta.

Candler hatte genug Geld, um die Vermarktung vernünftig anzuschieben. Bereits elf Jahre später verkaufte er seine Coca-Cola-Firma und das Rezept für 25 Millionen Dollar an Ernest Woodruff. Woodruff war Banker und wandelte die Firma in eine Aktiengesellschaft um. Bereits im ersten Jahr verkaufte er für 40 Millionen Aktien. Er hatte also den Kaufpreis wieder raus und zusätzlich einen netten Gewinn von 15 Millionen Dollar gemacht.

Von 1929 bis 1937 dauerte die große Weltwirtschaftskrise. Trotzdem gab es einige Menschen, die Kapital investierten. Wer 1932 für einen Stückpreis von 20 Dollar Coca-Cola-Aktien kaufte, konnte sie 1937 für 160 Dollar verkaufen. In einer Zeit, als jeder vom Weltuntergang sprach, gab es Menschen, die ihr Geld innerhalb von fünf Jahren verachtfachten!

Und was machte den Unterschied aus? Der Besitz von Geld! Lassen Sie also Ihr Geld nicht mehr zwischen Ihren Fingern zerrinnen. Halten Sie zumindest einen Teil davon fest. Es wird Sie in jeder Hinsicht reich belohnen – nicht nur finanziell.

Vielleicht mag es Ihnen schwer erscheinen, sofort damit zu beginnen, Ihren finanziellen Schutz zu schaffen. Glauben Sie mir, es wird auf jeden Fall schwerer für Sie, wenn Sie keinen finanziellen Schutz haben.

Mit Ihrem finanziellen Schutz haben Sie bereits die Voraussetzung für Ihre großen finanziellen Ziele geschaffen. Wenn Sie zum Beispiel 150 000 DM für Ihren finanziellen Schutz benötigen und diese Summe nun zwanzig Jahre lang mit 15 Prozent anlegen, so erhalten Sie ungefähr 2,4 Millionen DM. Im letzten Kapitel haben Sie gesehen, daß solche Prozentsätze tatsächlich zu erzielen sind.

Wenn Sie nun zusätzlich während dieser zwanzig Jahre 1 500 DM monatlich sparen und nur für 12 Prozent jährlich anlegen, so erhalten Sie noch einmal 1,3 Millionen DM. Sie hätten insgesamt also 3,7 Millionen DM – ein nettes Sümmchen.

Die Frage ist nur, ob Ihnen das reicht. Können Sie sich damit wirklich Ihre Träume erfüllen? Was bedeutet finanzielle Freiheit für Sie, und wieviel Geld brauchen Sie dafür? Bevor wir diese Fragen klären, wollen wir zunächst Ihre finanzielle Sicherheit schaffen.

Der zweite Plan: finanzielle Sicherheit

Ihr erstes Ziel, finanzieller Schutz, hat viele Vorteile: Sie können eine Krise gut durchstehen, Sie haben ein Gefühl, geschützt zu sein, Sie sind auf alles Unvorhersehbare vorbereitet. Aber der finanzielle Schutz hat einen entscheidenden Nachteil: Wenn ein Notfall eintritt, müssen Sie Ihr Geld aufbrauchen. Sie haben dann zwar eine Krisensituation finanziell gut überbrückt, aber Ihr Kapital ist weg. Wirklich sicher sind Sie dagegen erst, wenn Sie genug Kapital angehäuft haben, daß Sie von den Zinsen leben können.

Bitte listen Sie zunächst noch einmal die Posten auf, die Sie auf jeden Fall bezahlen müssen. Hier geht es nicht darum, daß Sie große Sprünge machen können. Für Ihre Träume erstellen wir später einen Plan für die finanzielle Freiheit. An dieser Stelle jedoch schaffen wir nur eine Situation der Sicherheit. Ganz gleich, was auch immer geschieht, Sie können gut leben, ohne daß Sie sich Gedanken machen müssen, woher das Geld kommt. Sie haben also bereits Ihre Geldmaschine. Sie haben eine Gans gezüchtet, die für Sie goldene Eier legt.

Listen Sie also alle Ihre notwendigen Ausgaben und Kosten pro Monat auf:

1. Hypothek/Miete: _____ DM
2. Essen/Haushaltsgeld: _____ DM
3. Auto: _____ DM
4. Versicherungen: _____ DM
5. Steuern: _____ DM
6. Unterhaltszahlungen: _____ DM
7. Telefon: _____ DM
8. Kredite: _____ DM

9. Sonstiges: _____ DM
10. Sparen (Urlaub, größere Anschaffungen): _____ DM
11. Weiterbildung: _____ DM
12. Spenden und Hilfe für Bedürftige: _____ DM
_____ DM
Summe pro Monat: _____ DM

Wieviel Kapital benötigen Sie?

Sie haben jetzt die Mindestsumme ermittelt, die Sie jeden Monat benötigen, um einigermaßen vernünftig leben zu können. Sie wissen also, wie groß die goldenen Eier sein müssen, die Sie jeden Monat benötigen. Damit läßt sich auch sehr einfach die Größe der Gans ermitteln.

Mit anderen Worten: Sie brauchen also genug Kapital, das, vernünftig angelegt, Ihnen monatlich genug Zinsen bringt, um die obengenannten Posten bezahlen zu können. Die Frage ist, zu welchem Zinssatz Sie diesen Betrag anlegen können. Gehen wir ganz vorsichtig daran, und unterstellen wir »nur« 8 Prozent netto. Schließlich geht es hier um Sicherheit. Die Faustformel ist einfach:

> *Betrag, der monatlich benötigt wird x 150 = Menge an Kapital*

Ein Beispiel: Nehmen wir an, Heidi Hamster benötigt 5 000 DM monatlich, um alle Kosten zu bezahlen. Sie rechnet also nach der Formel:

$$5\ 000\ \text{DM} \times 150 = 750\ 000\ \text{DM}.$$

Demnach benötigt Heidi Hamster lediglich 750 000 DM, um jeden Monat die 5 000 DM zur Verfügung zu haben, die sie haben will. Sie muß ihre Gans nie mehr angreifen. Die 750 000 DM produzieren die goldenen Eier, ohne daß sie jemals auch nur eine Mark von dieser Summe nehmen müßte. Sie kann damit gut alle ihre Rechnungen bezahlen und außerdem noch Geld weglegen für Anschaffungen und Urlaub. Sie hat demnach mit 750 000 DM ihre finanzielle Sicherheit erreicht, kann von Ihrem Kapital leben und bräuchte theoretisch nie mehr zu arbeiten.

Rechnen Sie nun bitte die Summe aus, die Sie für Ihre finanzielle Sicherheit benötigen.

Monatlicher Betrag _____ x 150 = _____ DM.

Überlegen Sie sich einen Moment, was Sie alles tun könnten, wenn Sie bereits jetzt diese Summe an Kapital hätten. Ich möchte Ihnen eine Hilfestellung geben, damit Sie diese Frage leichter beantworten können:

Stellen Sie sich vor, Sie hätten nur noch sechs Monate zu leben. Was würden Sie dann alles noch tun wollen? Welche Orte würden Sie besuchen, mit welchen Menschen würden Sie zusammensein wollen, und welche Dinge würden Sie noch schaffen wollen, die Sie überdauern?

Wahrscheinlich werden Sie viel länger leben als sechs Monate, aber Sie werden nicht ewig leben. *Was hält Sie also davon ab, die Dinge zu tun, die Ihnen wirklich wichtig sind, wenn nicht das Geld?* Sehen Sie, wie gefährlich es ist, dem Geld nicht die Aufmerksamkeit zu schenken, die es verdient? Sie sind es sich einfach schuldig, ein Leben an der Sonne zu führen.

Die Summe, die Sie soeben aufgeschrieben haben, würde einen entscheidenden Unterschied in Ihrem Leben ausmachen. Stellen Sie sich also die Frage: Inwieweit würde dieses Geld Ihren Tagesablauf verändern? Würden Sie dann noch die Arbeit tun, die Sie im Moment ausführen?

Als Franz von Assisi eines Tages Gras mähte, wurde er von einem anderen Mönch gefragt: »Wenn du in einer Stunde sterben würdest, was würdest du dann tun?« Franz von Assisi antwortete: »Weitermähen.« Das war alles, was er sagte. Er würde weitermähen, weil ihm genau das, was er tat, den größten Spaß bereitete. Wohlgemerkt, er sagte nicht »schneller mähen« oder »fertigmähen«, sondern einfach nur »weitermähen«.

Wenn Sie nicht gerade die Sicherheit der Klostermauern ausgesucht haben, um eine finanzielle Sicherheit zu finden, dann sollten Sie ernsthaft in Erwägung ziehen, die dafür notwendige Summe Kapital so schnell wie möglich zu schaffen.

Sie sind sich Wohlstand schuldig

In sieben Jahren werden Sie entweder Ihre finanzielle Situation nicht verändert haben oder sich Ihre Sicherheit zumindest teilweise geschaffen haben. In sieben Jahren beginnt die Zukunft, die Sie heute vorbereiten.

Der Hauptgrund, warum Menschen nicht die Tätigkeit ausüben, an der sie richtig Spaß hätten, ist der Mangel an Geld. Das ist schade und eine Verschwendung von Energie. Es ist besonders deshalb tragisch, *weil wir nur dann richtig gut sind, wenn wir etwas tun, was wir lieben.* Wer nie über eine längere Zeit an einem Projekt gearbeitet hat, das ihn mit Freude erfüllt und ihm sinnvoll erscheint, der weiß nicht, wieviel Potential wirklich in ihm steckt.

Und immer wieder liegt es am Geld, daß Menschen den entscheidenden Schritt nicht machen und sich nicht den Aufgaben widmen, die ihnen Spaß machen würden.

Power-Tip

Schaffen Sie sich finanzielle Sicherheit so schnell wie irgend möglich.

- Sobald Sie Ihren finanziellen Schutz erreicht haben, legen Sie alles verfügbare Geld an, um finanzielle Sicherheit zu erreichen.
- Erst wenn Sie finanzielle Sicherheit haben, werden Sie nie mehr Ihr Kapital angreifen müssen.

- Sie können leben, wo Sie wollen, tun, was Sie wollen, und dennoch alle Rechnungen bezahlen.
- Sie können sich ausschließlich den Dingen widmen, die Ihnen Freude bereiten und die Ihren Talenten entsprechen.
- Nehmen Sie den Glaubenssatz von W. Clement Stone an: »Ein Mensch, der nicht sparen kann, hat es nicht verdient, vernünftig und intelligent genannt zu werden.«
- Sie haben zwei Möglichkeiten:
  1. Sie lassen die Zeit für Sie arbeiten und erreichen Ihr Ziel in 20 Jahren bequem.
  2. Sie arbeiten immer wieder mit Kapitel 7 und verdoppeln Ihr Einkommen mehrmals. Dann erreichen Sie Ihr Ziel in sieben Jahren.

In der nachfolgenden Tabelle sehen Sie auf einen Blick, wieviel Kapital Sie bei einem Zinssatz von 8 Prozent jährlich (das sind monatlich 0,67 Prozent) benötigen, um Ihre monatlichen Kosten zu decken. Alle diese Zahlen setzen jedoch voraus, daß Sie rechtzeitig zu sparen beginnen.

Aus Kapitel 5 wissen Sie bereits, daß es Profi- und Amateurstrategien gibt. Die Amateurstrategien sind nur auf kurzfristiges Glück ausgelegt. Die Profistrategien richten hingegen ihr Augenmerk auch auf das langfristige Glück. Denn, wie Sie bereits wissen, wirken sich die Finanzen immer auch auf die anderen Lebensbereiche aus.

Amateure konzentrieren sich nur auf das Jetzt und übersehen, daß sie einmal in der Zukunft leben werden. Und so müssen sie sich ihr ganzes Leben immer wieder mit den gleichen Problemen herumschlagen. Denn sie haben es versäumt, durch kluges Sparen eine Situation zu schaffen, in der es keine finanziellen Sorgen mehr gibt.

Die Profis handeln ganz anders. *Sie leben jetzt und bereiten ihre Zukunft vor.* Sie bezahlen sich darum selbst zuerst. Werden auch Sie ein Geld-Profi.

Und da Sie bis hierher gelesen haben, wissen Sie, daß es keine Ent-

Kapital	monatliches Einkommen
125 000 DM	833 DM
250 000 DM	1 667 DM
375 000 DM	2 500 DM
500 000 DM	3 333 DM
625 000 DM	4 167 DM
750 000 DM	5 000 DM
875 000 DM	5 833 DM
1 000 000 DM	6 667 DM
1 250 000 DM	8 333 DM
1 500 000 DM	10 000 DM
1 750 000 DM	11 667 DM
2 000 000 DM	13 333 DM
2 500 000 DM	16 667 DM
3 000 000 DM	20 000 DM
3 500 000 DM	23 333 DM
4 000 000 DM	26 667 DM
4 500 000 DM	30 000 DM
5 000 000 DM	33 333 DM
6 000 000 DM	40 000 DM
7 000 000 DM	46 667 DM
8 000 000 DM	53 333 DM
10 000 000 DM	66 667 DM
15 000 000 DM	100 000 DM
20 000 000 DM	133 333 DM
25 000 000 DM	166 667 DM
50 000 000 DM	333 333 DM
100 000 000 DM	666 667 DM

schuldigung gibt. Sie sind verantwortlich. Sie haben die Macht über Ihr Leben. Und Sie können jederzeit Ihre Glaubenssätze ändern. Sie können neue Einstellungen annehmen. Und nun zu Ihren Träumen.

Der dritte Plan: finanzielle Freiheit

Möglicherweise wollen Sie nur finanzielle Sicherheit als Ihr höchstes Ziel erreichen. Möglicherweise wollen Sie aber mehr, nämlich richtig frei sein. Für diesen Fall wollen wir nun auch dieselbe Vorgehensweise anwenden, um den Plan für Ihre finanzielle Freiheit anzufertigen. Hier geht es um Ihre Träume.

Wußten Sie, daß die meisten Menschen ihre Träume vor allem deshalb nie erreichen, weil sie nie überlegt haben, was sie dafür tun müßten? *Sie wissen nicht, was ihre Träume kosten würden.* Und genau damit wollen wir uns jetzt beschäftigen.

Greifen Sie Ihr Kapital nie mehr an

Vorab müssen wir aber einen wichtigen Grundsatz klären: Sie wollen Ihre Gans nie mehr schlachten. Sie wollen ihr auch nicht kleine Stückchen abschneiden. Sie greifen Ihr Kapital nie mehr an. Sie erfüllen sich alle Träume mit Hilfe der goldenen Eier. Das bedeutet auch, daß Ihre goldenen Eier groß genug sein müssen, um Ihre Träume zu bezahlen.

Wenn Sie sich beispielsweise ein Haus kaufen wollten, könnten Sie dieses sicherlich gut aus Ihrem Vermögen bezahlen, wenn Sie Ihre finanzielle Freiheit erreicht haben. Dann würden Sie aber Ihr Vermögen schmälern, und das wollen Sie nicht. Sie kaufen darum alle größeren Anschaffungen per Ratenzahlung, die Sie aus Ihren monatlichen Zinserträgen gut leisten können.

Wie Sie ausrechnen, was Ihre Träume kosten

1. *Sie listen also zunächst alle Ihre Wünsche auf.* Überlegen Sie nicht, inwieweit diese Wünsche realistisch sind. Wir wollen zunächst einmal nur Ihre Wünsche kennenlernen und herausfinden, was sie kosten würden.
2. Nachdem Sie die einzelnen Posten aufgelistet haben, *schreiben Sie dahinter, wie hoch der Anschaffungspreis ungefähr ist.*

3. Denken Sie aber daran, daß Sie niemals Ihr Gans-Geld angreifen wollen. Darum kaufen Sie alle größeren Anschaffungen nur per Ratenzahlung. *Rechnen Sie nun also aus, wie hoch die monatlichen Raten per Anschaffung sind.* Zur Vereinfachung schlage ich vor, daß Sie für Immobilien einen Teiler von 120 ansetzen. Für alle übrigen Anschaffungen einen Teiler von 50.

Sie wollen ein Haus für 2,6 Millionen kaufen. Sie teilen dann diese Summe durch 120 und erhalten die monatliche Rate von 21 666 DM für Zinsen und 4 bis 6 Prozent Tilgung. Außerdem wollen Sie ein Boot im Wert von 480 000 DM erwerben. Diese Summe teilen Sie durch 50 und erhalten Ihre monatliche Rate von 9 600 DM für Zinsen und Tilgung innerhalb von fünf Jahren.

Angenommen, Sie reisen gerne und wollen jedes Jahr mehrere Reisen durchführen, die zusammen 70 000 DM kosten würden. Sie teilen dann diese 70 000 DM durch 12 und rechnen die 5 833 DM auf den Betrag, den Sie monatlich weglegen müssen, um diese Reisen durchführen zu können.

4. Schritt: *Sie listen alle Ihre laufenden Kosten auf,* die Sie auch dann noch haben, wenn Sie finanziell frei sind. Und auch diese wollen Sie ja aus den laufenden Zinseinnahmen bezahlen. Orientieren Sie sich an den Kosten, die Sie bei der Planung für Ihren finanziellen Schutz aufgelistet haben. Berücksichtigen Sie aber, daß Ihre Kosten bei einem höheren Lebensstil erheblich ansteigen können.

Listen Sie nun also alles auf. Und rechnen Sie anschließend zusammen, wieviel Zinseinnahmen Sie pro Monat bräuchten, um all das bezahlen zu können.

Traumkosten	Anschaffungswert	monatliche Raten
1. Haus		
2. Zweithaus		
3.		
4. Auto		
5.		
6.		
7.		
8.		

Monatliche Raten für Ihre Träume: _____ DM

Ermitteln Sie nun Ihre monatlichen laufenden Kosten:
1. Essen/Haushaltsgeld: _____ DM
2. Angestellte: _____ DM
3. Auto: _____ DM
4. Versicherungen: _____ DM
5. Steuern: _____ DM
6. Telefon: _____ DM
7. Urlaub: _____ DM
8. Kleinere Anschaffungen: _____ DM
9. Vergnügen: _____ DM
10. Geschenke: _____ DM
11. Weiterbildung: _____ DM
12. Spenden und Hilfe für Bedürftige: _____ DM
13. Sonstiges: _____ DM
_____ DM

Laufende Kosten insgesamt: _____ DM
Monatliche Traumkosten insgesamt: _____ DM
Monatliche Kosten für Ihre finanzielle Freiheit: _____ DM

Jetzt kennen Sie den Betrag, den Sie für ein gutes Leben benötigen. Sie wissen also, wie groß die goldenen Eier sein müssen, um Ihren Traumlebensstil zu finanzieren. Nun müssen wir noch die Größe der Gans ermitteln. Sie brauchen ja genug Kapital, das, gut angelegt, Ihnen monatlich soviel Zinsen bringt, wie Sie benötigen, um alle gelisteten Posten bezahlen zu können. Gehen wir wieder von 8 Prozent netto pro Jahr aus (also 0,67 Prozent monatlich). Sie müssen also die Summe, die Sie monatlich zur Verfügung haben wollen, mit 150 multiplizieren:

_____ DM x 150 = _____ DM.

Nun kennen Sie den Betrag, den Sie benötigen, um sich alle Ihre Wünsche erfüllen zu können. Nun müssen Sie überlegen, wie Sie Ihr Geld am besten anlegen, um Ihre Ziele zu erreichen.

Ihre Investmentstrategie

Sie besitzen nun drei verschiedene, aufeinander aufbauende Finanzpläne. Für jeden Plan brauchen Sie eine andere Investitionsstrategie.

Kein Risiko für Ihren finanziellen Schutz

Bis Sie Ihren finanziellen Schutz erreicht haben, sollten Sie kein Risiko eingehen. Sie wählen darum risikoarme Anlagen. *Dennoch sollten Sie bereits hier darauf achten, Ihr Risiko zu streuen.* Stecken Sie niemals Ihr ganzes Geld in eine einzige Anlage, selbst wenn »Ihr ganzes Geld« nur 1 000 DM sind. *Denken Sie daran, daß eine Risikostreuung immer auch eine Vermehrung der Gewinnchancen bedeutet.*

Sichere Anlagen sind unter anderem Lebensversicherungen, in die Sie aber aufgrund ihrer niedrigen Renditen nicht mehr als 10 bis 20 Prozent investieren sollten. Nehmen Sie Policen mit möglichst niedrigem oder ohne Versicherungsschutz. Empfehlenswert sind auch die großen, über viele Jahre bewährten Fonds. Für Ihren ersten Plan sollten Sie sich auf konservative Aktienfonds beziehungsweise gemischte Fonds beschränken.

Halten wir fest, daß bei Ihrem finanziellen Schutz die Sicherheit im

Vordergrund steht. Sie sollten also niedrige Renditen in Kauf nehmen und einen Teil ihres Geldes bar in einen Banksafe deponieren.

40-40-20 für Ihre finanzielle Sicherheit

Um finanzielle Sicherheit zu erreichen, müssen Sie Ihr Geld schon etwas anders verteilen. Ein Großteil Ihres Geldes bleibt zwar in risikoarmen Anlagen, aber Sie können nun 40 Prozent Ihres Geldes in Anlagen mit moderatem Risiko investieren. Dadurch, daß Sie das Geld über einen langen Zeitraum hinweg nicht anfassen, sowie durch den Cost-Average-Effekt wird das Risiko erheblich reduziert. Die restlichen 20 Prozent können Sie in risikoreichere Anlagen stecken. Dazu gibt es beispielsweise Emerging-Market-Fonds oder Länder-Fonds, also alle speziellen Fonds. Auch hier wird das Risiko durch die Zeit und den Cost-Average-Effekt verringert. Auf der anderen Seite aber haben Sie enorme Gewinnchancen.

Wichtig ist, daß Sie das Geld für Ihre finanzielle Sicherheit niemals für hoch risikoreiche oder gar spekulative Dinge einsetzen. Dieses Geld rühren Sie einfach nie an. Sie legen es so an, daß Ihre Sicherheit niemals gefährdet wird.

50 Prozent mittleres, 50 Prozent hohes Risiko für Ihre finanzielle Freiheit

Nachdem Sie Ihre finanzielle Sicherheit erreicht haben, nehmen Sie einen Teil Ihres Geldes und investieren es in den Aufbau Ihrer finanziellen Freiheit. Hier gehen Sie auch größere Risiken ein. Sie suchen nach Anlagen mit mindestens 20 und 30 Prozent, und selbst wenn Sie mit der einen oder anderen Anlage verlieren sollten, so wird das von einer Anlage, die hohe Gewinne erzielt, leicht wieder aufgefangen. Auch hier gibt es traditionsreiche und bekannte Fonds, die über die letzten Jahre durchschnittlich über 30 Prozent Gewinn pro Jahr gemacht haben.

Und selbst wenn sich alles gegen Sie verschwören sollte, so haben Sie ja immer nur den Teil Ihres Kapitals riskiert, den Sie nicht für Ihre finanzielle Sicherheit brauchen.

Zusammenfassend können wir es anhand von drei Eimern darstellen:

Anmerkung: Füllen Sie immer zuerst den ersten Eimer und danach den zweiten. Nur den überfließenden Teil aus dem zweiten Eimer (Geld, das Sie nicht für Ihre finanzielle Sicherheit benötigen) verwenden Sie, um den dritten Eimer zu füllen. So riskieren Sie nie Ihre finanzielle Sicherheit.

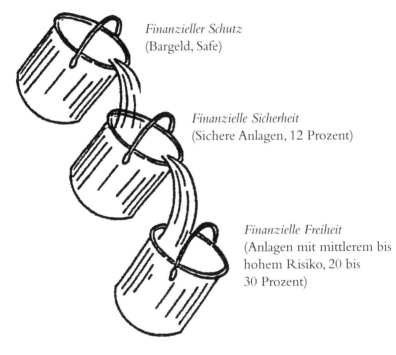

Finanzieller Schutz
(Bargeld, Safe)

Finanzielle Sicherheit
(Sichere Anlagen, 12 Prozent)

Finanzielle Freiheit
(Anlagen mit mittlerem bis hohem Risiko, 20 bis 30 Prozent)

Wenn Sie dieser Investitionsphilosophie folgen, kann nichts schiefgehen. Sie sind immer auf der sicheren Seite und haben trotzdem die Möglichkeiten, alle Ihre Träume zu erreichen.

Die Entscheidung für ein Ziel ist der halbe Weg

Jetzt geht es darum, den entscheidenden Schritt zu tun: Sie müssen eine bewußte Entscheidung treffen. Wollen Sie sich wirklich finanzielle Freiheit schaffen? Wollen Sie sich vor allem dazu verpflichten?

Sind Sie bereit, das Szenario, das Sie eben aufgelistet haben, immer und immer wieder zu visualisieren, bis es zu einem absoluten Muß für Sie geworden ist?

Bitte lesen Sie nicht weiter, bis Sie eine bewußte Entscheidung getroffen haben. Diese Entscheidung beinhaltet, daß Sie tatsächlich alles tun, von dem Sie nun wissen, daß es notwendig ist. Sie wissen, daß Sie mit Ihren Glaubenssätzen anfangen müssen. Sie müssen großen Schmerz mit der Vorstellung verbinden, diese Ziele nicht zu erreichen, und große Freude mit der Vorstellung verknüpfen, daß Sie sie erreichen.

Sie sollten sich die Gründe unbedingt bewußt machen, warum Sie ein solches Leben unbedingt führen müssen. Denken Sie daran: Sie müssen sich jeden Tag strecken und Ihr Bestes geben. Sie müssen konstant lernen und wachsen. Sie müssen 110 Prozent geben. Sie müssen alles geben, um der Beste zu sein, der Sie sein können.

Wollen Sie das wirklich? Sind Sie tatsächlich bereit, den Preis zu zahlen, den jeder zahlen muß, der reich und glücklich werden will? Wenn Sie sich dazu entschließen – und dazu möchte ich Sie ermutigen –, dann verpflichten Sie sich dazu: *Versprechen Sie sich, daß Sie sich nie mehr mit weniger zufrieden geben wollen als mit dem Besten.*

Als ich dieses Konzept vor Jahren das erste Mal hörte, konnte ich es kaum glauben. Aber es stimmt tatsächlich. Wenn Sie sich für ein Ziel entschieden haben und sich einen schriftlichen Plan machen, haben Sie es schon zu 50 Prozent erreicht. Es gibt dafür vier wichtige Gründe:

1. Ziele erweitern Ihre Wahrnehmung für Chancen

Dadurch, daß Sie sich verpflichtet haben, betrachten Sie jeden Menschen, der durch Ihr Leben geht, mit anderen Augen. Jede Situation hat für Sie eine Bedeutung. Sie fragen sich ständig: Wie kann mir das für mein Ziel helfen? Und wie kann ich das sofort in Handlungen umsetzen?

Je deutlicher Sie Ihr Ziel formuliert haben und je stärker Sie sich verpflichtet haben, desto mehr können Sie Gebrauch von den beiden entscheidenden Fragen machen: Wie trifft das auf mich zu? Wie kann ich sofort handeln?

2. Ziele geben Ihnen Lösungsorientierung

Die meisten Menschen verschwenden ihre Zeit damit, zu lange über Probleme nachzudenken. Menschen mit einem Ziel haben dafür einfach keine Zeit. Sie wollen Ihrem Ziel näherkommen und suchen daher ständig nach Lösungen und Wegen. Sie konzentrieren sich auf das Ziel. *Und solange ein Mensch seine Augen auf ein Ziel gerichtet hält, kann keine Angst aufkommen.*

3. Ziele lassen Sie spielen, um zu gewinnen

Es ist ein großer Unterschied, ob wir spielen, um nicht zu verlieren, oder ob wir spielen, um zu gewinnen. Wenn Sie einen Menschen kennenlernen, fühlen Sie sofort, ob er nur nicht verlieren will oder ob er gewinnen will. Sie sehen es in seinen Augen, erkennen es an seinem Gang, und Sie hören es zwischen seinen Worten.

Große Ziele lassen nicht zu, daß wir eine unwürdige Minimalexistenz führen. Sie müssen Ihr Maximum geben. Sie müssen leben, um zu gewinnen.

4. Alles wird wichtig, wenn Sie ein Ziel haben

Menschen ohne Ziel leben nach dem Motto: Ein bißchen von etwas Schlechtem schadet mir nicht. Wer ein Ziel hat, für den ist alles und jedes Detail wichtig.

Nehmen Sie einen Radrennfahrer. Glauben Sie, er sagt:»Ein Kilo Übergewicht schadet doch nicht«? Radprofis werden niemals so denken, denn sie wissen, daß sie durch jedes Kilo Übergewicht am Berg eine entscheidende Minute langsamer werden.

In dem Moment, in dem Sie ein Ziel haben, wird alles wichtig. Alles, was Sie tun, wird Sie entweder Ihrem Ziel näherbringen oder Sie von Ihrem Ziel weiter entfernen. Es gibt kein Neutral.

Wie gesagt: Eine bewußte Entscheidung ist die Voraussetzung. Und wer sagt,»ich kann mich ja später entscheiden«, der belügt sich selbst. *Denn wenn Sie (jetzt) keine Entscheidung treffen, dann haben Sie sich entschieden.* Sie haben sich entschieden, alles beim alten zu lassen und nichts zu verändern. Sie haben sich entschieden, sich von Ihrem Ziel weiter zu entfernen. Also entscheiden Sie sich jetzt!

Ist es hart, finanzielle Freiheit zu erreichen?

Ich glaube, Sie kennen die Anwort. Ja, es ist hart. Aber es ist viel härter, sie nicht zu erreichen. Es ist hart, sich zu strecken. Aber es ist viel härter, langsam zu sterben. Es ist nicht gut, auf dieser Welt zu sein, ohne zu wissen, wozu wir in der Lage sind. Denn erst wenn wir alles geben, fühlen wir, was Leben wirklich bedeutet. Erst dann erfüllen wir unsere Mission, erst dann hat unser Leben einen Sinn.

Wie gesagt, ich will nicht behaupten, daß es einfach werden wird. Aber ich behaupte, daß wir keine Alternative haben, wenn wir ein erfülltes Leben leben wollen.

Heinz Körner schreibt in seinem Buch *Johannes*:»Tief im Inneren spürt jeder die Möglichkeit, den Sumpf zu verlassen und an der Sonne zu leben. Doch die Angst vor der Sonne, vor der Freiheit, ja, die Angst vor den eigenen Möglichkeiten läßt uns in unserer gewohnten Umgebung verharren. Sie läßt uns den Gestank und die Unbeweglichkeit, die Dunkelheit und den Morast als annehmbar erscheinen. Und dabei versinkt jeder Tag für Tag ein Stück mehr in diesem Sumpf. Mit jedem Tag, den einer darin verbringt, wird es noch schwerer, ihn zu verlassen.

Ja, und so beschäftigt sich jeder damit, wie man am besten den Gestank vertreibt, wie man den schleimigen und dreckigen Morast am besten ertragen kann und wie man die Zeit des allmählichen Versinkens noch am angenehmsten verbringt. Doch jeder, der es besser weiß, hat die Verantwortung für sich zu übernehmen und den besten Weg an die Sonne zu suchen.«

Was Menschen unterscheidet und letztlich trennt, ist die Zufriedenheit und Bequemlichkeit. Wir dürfen nie der Zufriedenheit erliegen.

Eine bessere Welt wird es niemals geben, solange jeder nur davon träumt. Nur wenn jeder damit beginnt, im Rahmen seiner Möglichkeiten zu handeln, dann wird das eintreten, wovon wir alle träumen. Ich spreche nicht davon, es zu versuchen oder zu hoffen, daß irgend etwas geschieht. Ich spreche davon, daß Sie Verantwortung für Ihre Talente und Möglichkeiten übernehmen und Ihre Träume tatsächlich umsetzen.

Nicht von einer Welt ohne Sumpf reden und träumen, sondern sie zu verwirklichen ist unsere Aufgabe. Wir brauchen integre Menschen. Menschen, die tun, was sie sagen. Menschen, die ihre Träume verwirklichen.

Angst ist ein schlechter Ratgeber

Wissen Sie, was die meisten Menschen davon zurückhält, das Leben zu leben, von dem sie träumen? Angst. Die Angst vor Fehlern. Die Angst zu versagen, sich zu blamieren, andere und sich selbst zu enttäuschen, die Angst, eine falsche Entscheidung zu treffen.

Die Angst darf niemals zu Ihrem Ratgeber werden. Denn es gibt kein Versagen. Ja, Sie haben richtig gelesen: Es gibt kein Versagen. Die amerikanische Showmasterin Oprah Winfrey bringt es auf den Punkt: »Ich glaube nicht an Versagen. Denn es ist niemals Versagen, wenn Sie Spaß an der Durchführung haben.«

Es gibt kein Versagen, es gibt lediglich Ergebnisse. Bei mindestens 70 Prozent aller Beratungen, die ich durchführe, stoße ich auf Versagensangst als größten Hemmschuh. Dabei können wir bedenkenlos behaupten, daß fast alle großen Erfolge auf dieser Welt erst nach anfänglichen Fehlschlägen entstanden sind.

Es wird Zeit, daß wir unsere Einstellung zu Versagen und Fehlern verändern. Denn dadurch werden unzählige Menschen davon abgehalten, als Sieger durch die Welt zu gehen.

Fehler sind gut

Wir müssen handeln, ohne Angst vor Fehlern zu haben. Wir sollen nicht zu Menschen werden, die keine Fehler machen, sondern zu Menschen, die nicht aufgeben.

Watson Senior, der Gründer von IBM, wurde einmal gefragt, was man tun müsse, um in seinem Unternehmen wie auch in jedem anderen Unternehmen voranzukommen. Er antwortete: »Verdoppeln Sie die Anzahl Ihrer Fehler.«

Wenn Sie die Geschichte erfolgreicher Menschen studieren, werden Sie immer eine Geschichte mit vielen Fehlern finden.

Thomas Edison erfand bekanntlich die Glühbirne. Nachdem er ungefähr 9 000 Fehlversuche durchgeführt hatte, fragten ihn Freunde: »Willst du tatsächlich 10 000 Mal versagen?« Edison antwortete: »Ich habe nicht versagt. Ich habe nur eine neue Art kennengelernt, wie man die Glühbirne nicht erfinden kann. Jedes Experiment bringt mich der Entdeckung näher.«

Gerd Müller ging in die Geschichte ein als der Mann, der mehr Tore in einer Nationalmannschaft geschossen hat als irgend jemand sonst. Er führte aber auch in einer anderen Statistik: Es gab niemanden in einer Nationalmannschaft, der öfter danebengeschossen hatte.

An den, der aufgibt, erinnert man sich als Versager, und denjenigen, der beharrlich ist, behält man als bedeutende Persönlichkeit im Gedächtnis. Es geht also nicht darum, Fehler zu vermeiden, sondern darum, daß nichts und niemand Sie davon abbringt, Ihren Weg zu gehen. *Andere können Sie vorübergehend aufhalten, aber nur Sie selbst können sich für immer stoppen.*

Wollen Sie wirklich finanzielle Freiheit?

Um diese Frage zu beantworten, sollten wir uns die Chancen anschauen, Millionär zu werden. In Deutschland teilen sich die Millionäre wie folgt auf:

- 74 Prozent Unternehmer,
- 10 Prozent Topmanager (insbesondere Vorstandsebene),
- 10 Prozent Freiberufler (hauptsächlich Ärzte, Architekten und Anwälte),
- 5 Prozent Verkäufer,
- 1 Prozent andere.

Sie sehen zweierlei: Erstens haben Sie kaum eine Chance, Millionär zu werden, wenn Sie sich nicht selbständig machen oder als Angestellter in den Vorstand berufen werden.

Und zweitens haben Sie einfach die größte Chance, reich zu werden, wenn Sie Unternehmer sind. Es mag viele Nachteile und Risiken geben, die für Sie dagegen sprechen, sich selbständig zu machen, aber drei von vier Millionären sind Unternehmer.

Darum sagte Paul Getty, der zu seiner Zeit der reichste Mann der Welt war: »Es gibt nur einen einzigen Weg, abgesehen von ein paar Ausnahmefällen, sich ein echtes Vermögen aufzubauen: Man muß sein eigenes Unternehmen gründen.«

Hier scheiden sich die Geister. Es ist nämlich mehr notwendig, als ein bißchen zu sparen oder zu investieren. Es reicht nicht, in die richtige Richtung zu gehen, Sie müssen einen großen Sprung in die richtige Richtung machen.

Dabei sollte Sie die Angst vor Fehlern und Risiken niemals dazu bewegen, ein Leben nach dem Minimalkonzept zu leben. Denn wirklich zufrieden sind wir nur, wenn wir alles geben.

Nur wer nichts tut, macht keine Fehler

Mein letzter Mentor meinte: »Wenn du nicht regelmäßig Fehler machst, dann ist das nur ein Zeichen dafür, daß du nicht genug riskierst und nicht dein Äußerstes gibst.«

Mentoren holen das Äußerste aus uns heraus. Sie fordern uns auf, Risiken einzugehen. Sie sagen uns Dinge wie: Wer nichts riskiert, tut nichts, hat nichts und ist nichts. Mentoren treffen uns mit Ihren Worten. Und wir sollten uns freuen, daß wir noch getroffen werden können. Denn das ist ein Zeichen von Lebendigkeit.

Der Weg zum Erfolg führt über Fehler. Erst wenn wir vorwärtsgehen, ohne uns vor Fehlern zu fürchten, breitet sich das Leben vor uns in seiner ganzen Fülle aus. Dann erkennen wir, daß es so etwas wie eine Fügung in unserem Leben gibt. Alles, was wir erlebt haben, hat einen Sinn. Alle unsere Erfahrungen und Erlebnisse münden in die Aufgabe, die wir jetzt zu erfüllen haben. Alles hat eine Bedeutung. Wir müssen sie nur erkennen. Jeder Fehler, den wir begangen haben, hilft uns. Jeder Mensch, den wir in der Vergangenheit kennengelernt haben, führt uns zu neuen Menschen und neuen Möglichkeiten. Aber es liegt an uns, die Zusammenhänge zu erkennen. Und das setzt voraus, daß wir trotz aller möglichen Ängste konstant lernen und wachsen.

Die Belohnungen für eine solche Einstellung werden alle Ihre Erwartungen übertreffen.

Power-Tip

Treffen Sie jetzt Ihre Entscheidung, ob Sie in Ihrem Leben finanziell frei sein wollen.

- Sie geben sich nie mehr mit weniger zufrieden als mit dem Besten.
- Sie erweitern Ihre Wahrnehmung für Chancen.
- Sie spielen, um zu gewinnen.

- Jede Kleinigkeit gewinnt für Sie an Bedeutung. Alles wird wichtig.
- Sie leben nach dem Prinzip, der oder die Beste zu werden, der Sie sein können.
- Sie haben keine Angst, Fehler zu machen.
- Um sehr reich zu werden, müssen Sie sich selbständig machen.

Nachdem Sie nun Ihre Entscheidung getroffen haben, möchte ich Ihnen im nächsten Kapitel zeigen, wie Sie sicherstellen können, nicht mehr »umzufallen«. Sie werden sehen, daß Sie sich ein Umfeld schaffen können, das Ihnen hilft und Sie optimal unterstützt.

Die Power-Ideen auf den Punkt

- Sie können immer eines erwarten: unerwartete Umstände.
- Sie sind es sich selbst, Ihrer Gesundheit, Ihrem emotionalen Wohlbefinden und Ihrer Familie schuldig, finanziellen Schutz so schnell wie möglich zu erlangen.
- Finanzieller Schutz gibt Ihnen die Position der Stärke.
- Niemand ist sicher vor Unfällen und Schicksalsschlägen, aber Sie können sich auf sie vorbereiten und ihnen mit Stil begegnen.
- Solange Sie Ihren finanziellen Schutz noch nicht erreicht haben, müssen Sie über Budgetpläne nachdenken.
- Onassis sagte: »Ich würde alles noch einmal so machen, bis auf eines: Ich würde früher bessere Berater suchen.«
- Es gibt zwei Wege, um glücklich zu sein. Sie verringern Ihre Wünsche, oder Sie vergrößern Ihre Mittel. Wenn Sie weise sind, tun Sie beides gleichzeitig.
- Finanziell sicher sind Sie dann, wenn Sie genug Kapital haben, um von dessen Zinsen monatlich alle Ihre Ausgaben begleichen zu können.

- Wir sind nur dann richtig gut, wenn wir etwas tun, was wir lieben.
- Sie müssen über eine längere Zeit hinweg an einem Projekt gearbeitet haben, das Sie mit Freude erfüllt und Ihnen sinnvoll erscheint, um feststellen zu können, wieviel Potential wirklich in Ihnen steckt.
- Seien Sie ein Geldprofi: Leben Sie jetzt *und* bereiten Sie Ihre Zukunft vor.
- Um Ihren finanziellen Schutz zu erreichen, sollten Sie Ihr Geld möglichst risikolos anlegen. Für die finanzielle Sicherheit suchen Sie sich sichere Anlagen, die Ihnen 12 Prozent Rendite bringen. Um finanzielle Freiheit zu erreichen, nehmen Sie das Geld, das Sie nicht für Ihre finanzielle Sicherheit benötigen, und investieren es jeweils zu 50 Prozent in mittlere und risikoreiche Anlagen.
- Der erste wichtige Schritt, um finanzielle Freiheit zu erreichen, ist, eine bewußte Entscheidung zu treffen. Wenn Sie jetzt keine Entscheidung treffen, dann haben Sie sich entschieden, alles beim alten zu lassen.
- Wer sein Ziel aufschreibt und sich entscheidet, es auf jeden Fall zu erreichen, hat bereits 50 Prozent des Weges zurückgelegt, denn
  1. Ziele erweitern die Wahrnehmung für Gelegenheiten,
  2. Ziele geben uns Lösungsorientierung,
  3. Ziele lassen uns spielen, um zu gewinnen, und
  4. alles wird wichtig, wenn Sie ein Ziel haben.
- Wir dürfen nie der Zufriedenheit erliegen.
- Wir müssen nicht zu Menschen werden, die keine Fehler machen, sondern zu Menschen, die nicht aufgeben.
- Andere können Sie vorübergehend aufhalten, aber nur Sie selbst können sich für immer stoppen.
- Wenn Sie nicht regelmäßig Fehler machen, dann ist das ein Zeichen dafür, daß Sie nicht genug riskieren und nicht Ihr Äußerstes geben.

13

Der Coach und das Experten-Netzwerk

Millionen von Menschen bleiben stehen – das ist ihre eigene Entscheidung.
Wenn Sie sich mit armen Menschen umgeben, werden Sie ebenfalls arm sein.
Und dann verbringen Sie den Rest Ihres Lebens,
indem Sie sich darüber beklagen.

Richard de Vos

Dieses Buch nur zu lesen wird Sie nicht reich machen. Sie müssen handeln, und zwar so schnell wie irgend möglich. Das allerwichtigste aber ist: *Sie müssen sich eine Situation schaffen, die Sie zum Erfolg zwingt.*
Der Alltag holt die meisten Menschen nur allzuschnell wieder ein. Zu wissen, daß Probleme eine Chance zum Wachstum bedeuten, ist eines. Wenn die Probleme dann wirklich auftauchen, ist es schon etwas anderes. Meistens kommen sie nämlich in den unpassendsten Momenten und aus einer Richtung, die richtig weh tut. Und wenn Probleme sich häufen, dann werden oft die edelsten Vorsätze vergessen.

Das persönliche Umfeld prägt

Sie brauchen eine Umgebung, die Sie immer wieder an Ihre guten Vorsätze erinnert. Sie ahnen bereits, daß diese wünschenswerte Umgebung nicht unbedingt aus den Menschen besteht, die Sie momentan umgeben.
Sie kennen den alten Spruch: *Sag mir, mit wem du umgehst, und ich sage dir, wer du bist.* Wir neigen dazu, uns zu überschätzen. Wir meinen, wir sind stark genug, um uns nicht von unserem Bekanntenkreis beeinflussen zu lassen. Aber wir lernen von klein auf durch Imitation. Meist ist das ein unbewußter Prozeß. Unsere Bekannten und Freunde

beeinflussen uns viel stärker, als wir denken, und ohne daß wir uns dessen bewußt sind.

Stellen Sie sich einmal auf einen Tisch. Bitten Sie nun eine schwächere Person, die vor dem Tisch steht, mit Ihnen ein Kräftemessen zu veranstalten. Sie versuchen, die andere Person auf den Tisch zu ziehen, während die andere Person versucht, Sie herunterzuziehen. Wer wird gewinnen?

Es ist ein physikalisches Gesetz, daß es leichter fällt, jemanden herunter- als hochzuziehen. Sie können auf Dauer nicht gewinnen. Denn der andere muß sich nur »hängen lassen« und warten, bis Ihre Kräfte erlahmen.

Sie können es auf einen einfachen Nenner bringen: Wenn Sie sich mit Menschen umgeben, die ärmer sind als Sie, bleiben Sie stehen. Umgeben Sie sich mit reicheren Menschen, werden auch Sie reicher.

Unser Leben nützt anderen Menschen immer. Wir dienen ihnen entweder als Vorbild oder als Warnung. Was ziehen Sie vor?

Drei Gruppen, die Ihnen besonders helfen

Sie brauchen *Vorbilder*, Menschen, deren Erfolg Sie beobachten, analysieren und nachahmen können. Bei erfolgreichen Menschen werden Sie immer feststellen, daß sie solche Vorbilder hatten. Die Technik, die sie anwandten, um den Erfolg zu »kopieren«, nennen wir *Modeling of Excellence* – ein Begriff, der aus dem Sport stammt. Vorbilder können Sie leicht finden. Schauen Sie, wer auf Ihrem Gebiet der Beste ist. Besorgen Sie sich alle Informationen über diese Person wie Bücher oder Zeitungsartikel. Finden Sie die Telefonnummer heraus, und vereinbaren Sie einen Termin. Es ist leichter, als Sie vielleicht denken.

Sie brauchen mindestens einen *Coach* oder *Mentor*. 99 Prozent aller außerordentlich Erfolgreichen hatten einen Coach. Ich möchte Ihnen in diesem Kapitel beschreiben, wie ein Coach Ihr Leben verändern kann. Mein letzter Coach war Milliardär. Sie lernen von solchen Menschen in sechs Monaten mehr, als Sie normalerweise in einem Jahrzehnt lernen. Die Bedeutung des Coaches habe ich bereits in Kapitel 4 ausführlich beschrieben. In diesem Kapitel erfahren Sie, wie Sie mit ihm beziehungsweise er mit Ihnen arbeitet.

Sie brauchen eine Umgebung von *Experten*. Menschen, die Sie mitziehen. Menschen, die das Verantwortungskonzept verstehen und die es auf ihrem Gebiet zur Meisterschaft gebracht haben. Sie brauchen ein Netzwerk von Experten. Auch darum geht es in diesem Kapitel. Sie werden erfahren, wie Sie ein solches Netzwerk von Experten aufbauen können.

Hören Sie nur auf Menschen, die erfolgreicher sind als Sie selbst

Ihre Umgebung sollte also aus einem Coach und später aus Vorbildern sowie einem Netzwerk von Experten bestehen. Was aber ist mit den anderen Menschen, die Sie umgeben?

Ich meine, daß Sie sich nie von Leuten beeinflussen lassen sollten, die nicht erfolgreicher als Sie selbst sind. Die Gefahr, daß Sie von Ihren Zielen abgehalten würden, wäre sonst zu groß. Was auch immer diese Personen gegen Ihre Pläne und Ideen vorbringen, sollten Sie besser ignorieren.

Erfolgreiche Menschen beherzigen folgende Merksätze:

- Menschen, die es nicht selber geschafft haben, haben kein Recht, Ratschläge zu geben. Und Sie haben kein Recht, ihnen zuzuhören.
- Es ist leicht, erfolgreich zu sein, wenn Sie sich mit erfolgreichen Menschen umgeben.
- Um reich zu werden, müssen Sie sich zuerst mit Reichtum wohl fühlen. Am leichtesten geht das, wenn Sie sich mit erfolgreichen Menschen umgeben.
- »Die beste Methode, um die Intelligenz eines Regenten zu ermessen, ist, sich die Männer anzuschauen, mit denen er sich umgibt.« (Niccoló Machiavelli)
- Suche dir gute Ratgeber, lange bevor du sie brauchst.
- Wenn es Ihnen völlig egal ist, was andere Menschen sagen, dann hält Sie nichts mehr.
- Fragen Sie nur Menschen, die so sind, wie Sie sein wollen.

Vielleicht fragen Sie sich, ob diese Aussagen zu radikal sind. Wie steht es um Ihre Familie und um Ihre Verantwortung den Menschen gegenüber, die Hilfe brauchen?

Natürlich gibt es auch Menschen, die Ihre Hilfe benötigen und die auf Sie angewiesen sind. Selbstverständlich haben Sie die Verantwortung, sich um diese Menschen zu kümmern und ihnen zu helfen.

Sollten Sie einen Gegensatz zwischen dem Konzept des Helfens und dem Konzept des Umgangs mit erfolgreicheren Menschen erkennen, so haben Sie recht: Es gibt diesen Gegensatz. Auch in der Natur gibt es solche Gegensätze: Tag und Nacht, Sommer und Winter, Regen und Sonne. Aber alles zusammen bildet das Ganze. Gegensätze müssen einander nicht ausschließen, sondern ergänzen sich.

Bedenken Sie: Je erfolgreicher Sie Ihr Leben lenken, um so mehr können Sie helfen. Und letztendlich gibt nichts mehr Befriedigung, als den erworbenen Erfolg und Reichtum mit denen zu teilen, die weniger haben. Aber verwechseln Sie nicht die Rollen. Wenn Sie helfen, müssen Sie sich nicht die Ratschläge von denen anhören, denen Sie Hilfe leisten.

Mein Coach, der Milliardär

Ich hatte für den Zeitraum von mehr als einem Jahr eine Schaffenspause eingelegt. Diese Zeit nutzte ich, um mich den Themen zu widmen, die im normalen Tagesgeschäft zu kurz gekommen waren. Je mehr ich zur Ruhe kam, desto stärker wurde das Verlangen, eine Aufgabe zu finden, die mich mit Leidenschaft und Begeisterung erfüllen würde.

Diese Aufgabe fand ich schließlich darin, anderen Menschen das Thema Geld nahezubringen. Ich mußte nun die beste Möglichkeit finden, meine Botschaft so effektiv wie möglich zu verbreiten. Mit anderen Worten, ich mußte wachsen, um selber eine höhere Stufe zu erreichen. Also begann ich, mich nach einem Coach umzusehen.

Eine gute Möglichkeit, eindrucksvolle Persönlichkeiten kennenzulernen, war für mich immer die Teilnahme an Seminaren. So besuchte ich eines Tages eine Veranstaltung in London, auf der ein amerikanischer Milliardär eine Rede hielt. Er hatte eine Ölfirma mit weniger als 1 000 Dollar Eigenkapital gegründet und innerhalb von nur acht Jahren zu einem Kapitalisierungswert von 800 Millionen Dollar gebracht.

Er sprach vor einem Kreis von englischen Unternehmern darüber, wie man mit Hilfe von anderen Leuten und anderer Leute Geld jede Idee groß machen kann. Er selbst hatte in einer Zeit, in der das Barrel Öl von 40 Dollar auf unter 8 Dollar gefallen war, über eine Milliarde Dollar an Kredit für seine Ölfirma bekommen. Seither konnte er sein System dutzendfach in den unterschiedlichsten Branchen erfolgreich umsetzen.

Während ich ihm zuhörte, beschloß ich, ihn als Coach zu gewinnen. Ich ging in der Mittagspause mit ihm essen und bekam schließlich einen Telefontermin. Als ich zu dem verabredeten Termin anrief, wurde ich nicht durchgestellt. Ich versuchte es einige Male erneut, erreichte aber immer nur seine Sekretärin oder seinen Butler. Erst beim siebten Anruf gelang es mir, ihn persönlich zu sprechen. Er lud mich für zwei Tage auf sein Schloß nach Schottland ein: Sonntag abends um 18 Uhr sollte ich ankommen.

Im Schloß wurde ich zunächst von seiner Privatsekretärin empfangen und in mein Zimmer geführt. Zwei Stunden später wurde ich endlich von ihm selbst begrüßt. Er hatte schlechte Laune und versuchte sie auch in keiner Weise zu verbergen. Anstelle einer herzlichen Begrüßung bekam ich zu hören:»Warum soll ich meinen Sonntagabend mit Ihnen verschwenden?«

Mein erster Impuls war, sofort wieder zu gehen. Aber ich war aus einem ganz bestimmten Grund gekommen. Ich wollte lernen. Und so versuchte ich zu ergründen, warum der Mann sich so verhielt. Unter Umständen wollte er mich ja nur testen. Vielleicht wollte er herausfinden, wieviel Durchhaltevermögen ich hatte.

Und ich brauchte tatsächlich eine Menge Durchhaltevermögen und eine sehr dicke Haut. Er stellte mir verletzende Fragen und beleidigte mich einige Stunden lang. So wollte er wissen, warum ich mein Leben während des letzten Jahres verschwendet hatte.

Schließlich erzählte er einiges aus seinem Leben. Gegen halb drei Uhr morgens zeigte er plötzlich mit dem Finger auf mich und forderte:»Okay, Bodo, jetzt verkaufe mir mit wenigen Worten, was du für mich tun kannst und was du genau von mir erwartest. Du hast genau zehn Minuten Zeit. Wenn du mich überzeugst, gut. Wenn nicht, dann kannst du hier schlafen und verläßt bitte im Morgengrauen ganz leise mein Schloß.«

Ich konnte ihn überzeugen, und wir gründeten zusammen eine Firma. Aber wenn ich mir vorher nicht ganz klar darüber gewesen wäre, was ich erreichen wollte, wäre mir das niemals gelungen. Ich hatte mein Ziel aufgeschrieben und visualisiert. In den folgenden sechs Monaten habe ich mehr über die Hochfinanz gelernt als in meinem gesamten Leben zuvor. Anschließend haben sich unsere Wege getrennt, weil ich mich nur noch meiner Aufgabe widmen wollte.

Das meiste, was ich über Geld gelernt habe, habe ich einer Handvoll erfolgreicher Menschen zu verdanken, die mich gecoacht haben. Die Grundsteine hat mein erster Coach gelegt, der mich anleitete zu sparen und der mir die Prinzipien des Erfolgs beibrachte. Bevor ich ihn kennenlernte, lag mein Jahreseinkommen knapp unter 100 000 DM. Es dauerte knapp zweieinhalb Jahre, bis ich unter seiner Anleitung zum ersten Mal über 100 000 DM in einem einzigen Monat verdiente. Ich bin ihnen allen sehr dankbar.

Wie Sie einen Mentor finden und mit ihm umgehen

99 Prozent aller erfolgreichen Menschen hatten einen Coach. Nehmen Sie meinen letzten Coach. Wie glauben Sie, ist es möglich, daß er innerhalb von acht Jahren eine Ölfirma mit einem Wert von 800 Millionen Dollar aufbaut und verkauft, ohne vorher auch nur die geringste Ahnung von Öl gehabt zu haben? Sie werden es erraten haben. Er hatte hervorragende Mentoren. Er lernte von Constantin Gratsos, dem langjährigen Freund von Aristoteles Onassis und dem Vorstandsvorsitzenden der Onassis Shipping Lines.

Wann immer Sie den Erfolg und die Erfahrung von einem oder sogar mehreren Menschenleben in wenige Jahre packen wollen, brauchen Sie jemanden, der Sie coacht.

Nachfolgend möchte ich Ihnen darum siebzehn praktische Tips geben, die es Ihnen ungeheuer erleichtern werden, einen Mentor zu finden und mit ihm oder ihr zu arbeiten.

1. Schreiben Sie die Gründe auf, warum Sie einen Mentor wollen

Suchen Sie ihn sehr sorgfältig aus. Sie brauchen jemanden, der erheblich erfolgreicher ist, als Sie es selber sind, beziehungsweise eine Person, die die Fähigkeiten perfektioniert hat, die Sie suchen. Suchen Sie diese Person sorgfältig aus. Fragen Sie sich, ob Sie dieser Person trauen und mit ihr intensiv zusammenarbeiten können.

Gecoacht zu werden bedeutet, volles Vertrauen zu haben, und das kann hart sein. Aber denken Sie daran: Wenn Sie nichts riskieren, können Sie nichts gewinnen. Nur wenn Sie kreativ und beharrlich sind, wird es Ihnen auch gelingen, mit dieser Person in Kontakt zu treten.

Denken Sie daran, daß die besten Coaches die talentiertesten Schüler haben. Das heißt auch, daß die besten Schüler die besten Coaches bekommen. Geben Sie also nicht auf, wenn Sie nicht gleich den weltbesten Mentor auf Ihrem Gebiet bekommen. Für einen Mentor der absoluten Spitzenklasse müssen Sie sich qualifizieren. Sie brauchen bereits einige vorzeigbare Anfangserfolge oder ein sehr überzeugendes Auftreten. Am besten sogar beides. *Wenn Sie selbst besser werden, bekommen Sie auch immer bessere Mentoren.*

2. Überlegen Sie, was Sie für Ihren Coach tun können

Finden Sie eine Antwort auf die alles entscheidende Frage: *Wie können Sie Ihrem Mentor einen Wert bringen? Was können Sie für Ihren Mentor tun?* Auch hier ist Ihre Kreativität gefragt. Jeder von uns hat Stärken und die Möglichkeit, diese für andere einzusetzen. Allerdings müssen Sie sich diese Stärken bewußt machen. Der beste Weg dazu ist, täglich Ihr Erfolgsjournal zu führen.

3. Sie brauchen gute Gründe und Begeisterung

Stellen Sie darüber hinaus Ihre Idee mit großer Begeisterung und Leidenschaft vor. Was Sie sagen, ist nicht so wichtig. Daran, wie Sie Ihr Ziel erreichen wollen und werden, wird sich unter dem Einfluß Ihres Mentors sowieso noch viel ändern. Gerade darum brauchen Sie ihn ja. Der Mentor weiß, daß Sie von ihm erfahren wollen, wie Sie Ihre Idee am besten umsetzen.

Aber Ihr Mentor will Ihre Entschlossenheit sehen. Er will erfahren, warum Sie es tun wollen. Er will sich davon überzeugen, daß die Idee gut ist und daß Sie nicht aufgeben. Er will Ihre Bereitschaft erkennen, zu tun, was auch immer nötig ist. Er will etwas von dem Geist in Ihnen wiedererkennen, der ihn selbst so erfolgreich gemacht hat. Sie überzeugen ihn damit, *wie* Sie es sagen.

4. Zeigen Sie Ausdauer

Es kann unter Umständen Monate dauern, bis Sie wirklich das Herz Ihres Mentors gewinnen. Manchmal brauchen Sie sogar einige Monate, um überhaupt den ersten Termin zu bekommen. Aber wenn Sie nicht aufgeben und auf eine kreative und sympathische Art weiter anrufen und schreiben (und auch das eine oder andere Geschenk schicken), können Sie Ihren Mentor für sich gewinnen.

5. Hochqualifizierte Mentoren testen Sie zuerst

Denken Sie an meine »Begrüßung« auf dem Schloß in Schottland. Das Ganze war ein einziger Test. Sie werden vielleicht denken, Ihr Mentor sei unhöflich und herzlos. Aber warum soll er seine teure Zeit aufwenden, solange er nicht weiß, ob Sie diese Investition wert sind? Er kann nicht warten, bis die erste Krise auftaucht.

Ihr Mentor will sich von Ihren Qualitäten überzeugen, bevor er mit dem Coachen beginnt. Also wird Ihr Mentor Sie künstlich unter Druck setzen. Denn niemals lernt man einen Menschen besser kennen, als wenn er unter Druck steht.

Wenn Sie hohe Ziele haben – und nur dann sind Sie für einen Spitzencoach interessant –, brauchen Sie Durchhaltevermögen, Begeisterung und Selbstbewußtsein. Sie müssen bereit sein, alles zu tun, was nötig ist. Und davon will sich der Coach überzeugen. Darum testet er Sie.

6. Der Coach soll Ihre Stärken fördern, nicht Ihre Probleme lösen

Belasten Sie die Beziehung zu Ihrem Mentor nicht mit Ihren Problemen. Sorgen Sie dafür, daß Ihre Beziehung ihm Spaß macht. Sie können die Zeit mit ihm viel besser nutzen, indem Sie gemeinsam daran gehen, Ihre Stärken auszubauen und zu verbessern.

Er weiß, daß Sie Probleme haben, und zwar deshalb, weil Probleme ein fester Bestandteil im Leben jedes Menschen sind, der etwas Besonderes erreichen will. *Überzeugen Sie ihn darum von Ihrer Stärke, Ihre privaten Probleme alleine lösen zu können.*

Zeigen Sie vor allem niemals Zweifel an Ihrem Projekt. Wenn Sie unsicher auftreten, denkt Ihr Mentor, daß Sie die falsche Person für dieses Projekt sind. Wenn Sie Probleme bezüglich Ihres Projektes besprechen wollen, so bieten Sie immer mehrere Lösungen an. Fragen Sie ihn nach der besten Lösungsmöglichkeit.

7. Pflegen Sie regelmäßigen Kontakt zu Ihrem Mentor

Bieten Sie Ihrem Mentor eine Teilhaberschaft an Ihrer Firma an. Das bedeutet, daß Sie Teile Ihrer Firma abgeben müssen, was Ihnen sicher nicht leichtfällt. Vielleicht hilft Ihnen die Einsicht, daß es besser ist, 50 Prozent von 10 Millionen zu besitzen als 100 Prozent von 50 000 DM.

Ganz gleich, wie gut Ihre menschliche Basis zu Ihrem Mentor ist, durch eine geschäftliche Partnerschaft gewinnt die Beziehung auf jeden Fall eine zusätzliche Bindung.

Noch aus einem anderen Grund ist die Partnerschaft mit einer namhaften Persönlichkeit von großem Vorteil. Ihr Lebenslauf wird durch die Partnerschaft mit Ihrem Mentor sofort stark aufgewertet. Ein wohlklingender Name auf dem Briefkopf Ihrer Firma öffnet auf wundersame Weise Türen, zum Beispiel zu Banken. Diese halten Sie automatisch für vertrauenswürdig, weil Sie jene bekannte Persönlichkeit für sich gewinnen konnten.

8. Respektieren Sie die Zeit Ihres Mentors

Die Zeit Ihres Mentors ist kostbarer und teurer als Ihre. Folglich sollten Sie immer zu Beginn eines Gesprächs abchecken, ob es ein guter Moment ist, um mit Ihrem Mentor zu reden. Teilen Sie ihm auch mit, wieviel Zeit Sie brauchen. Stellen Sie klar, wie lange das Meeting Ihrer Meinung nach dauern sollte, und halten Sie sich an den Zeitplan.

Danken Sie ihm so oft wie möglich für seine Zeit. Wahrscheinlich ist er wesentlich zeitbewußter als Sie. Denken Sie daran, daß seine Zeit wesentlich teurer als Ihre ist.

9. Überlegen Sie genau, was Sie fragen wollen

Fragen Sie sich zuerst immer, ob Sie selber eine Antwort auf Ihre Frage finden können. Danach fragen Sie sich, was Ihr Mentor wohl antworten würde. Meistens hat es sich dann erledigt, und Sie brauchen Ihren Mentor gar nicht in Anspruch zu nehmen. Sie werden in diesem Prozeß Ihr eigener Mentor. Und das ist das Ergebnis, das Sie letztendlich anstreben. Gewöhnen Sie sich an, grundsätzlich jedes Problem zusammen mit drei Lösungsvorschlägen zu präsentieren.

10. Zeigen Sie Offenheit für alles

Hören Sie mit einem offenen Geist und ohne Skepsis zu. Vertrauen Sie Ihrem Mentor und seinen Ideen. Coaching kann ohne Vertrauen nicht funktionieren. Die Gedanken und Wege Ihres Coaches mögen Ihnen völlig fremdartig und unlogisch vorkommen. Aber vergessen Sie nicht, daß es gerade seine Art zu denken ist, die ihn so viel erfolgreicher sein läßt, als Sie es sind.

Darum nutzen Sie jede Chance, das Wirkungsvollste zu tun, das es gibt: Lernen Sie, wie Ihr Mentor zu denken. Je schneller Ihnen das gelingt, um so schneller können Sie von einer Mentorbeziehung zu einer echten Partnerschaft überwechseln.

11. Gewinnen Sie das Herz Ihres Mentors

Machen Sie Ihrem Mentor so oft wie möglich Geschenke. Schreiben Sie Dankeschön-Karten und Faxe, in denen Sie ihm mitteilen, wie wertvoll Ihnen das Gespräch war. Ob Sie die Zuneigung Ihres Mentors gewinnen oder nicht, liegt an Ihnen. Sie sind dafür verantwortlich, dies zu bewerkstelligen.

Sorgen Sie dafür, daß sich Ihre Beziehung so entwickelt, wie Sie es wollen. Bezahlen Sie zum Beispiel immer die Rechnung, wenn Sie mit Ihrem Mentor essen gehen. Viele tun das nicht, mit dem sinnigen Argument, daß der Mentor schließlich mehr Geld habe. Hier setzen Sie aber die Zeichen, die Ihrem Mentor zeigen, wie sehr Sie seine Zeit schätzen.

Seien Sie kreativ, was Ihre Geschenke angeht. Beobachten Sie die Neigungen Ihres Coaches, und erforschen Sie unauffällig, was er gerne mag. Finden Sie seltene Dinge. Ihr Coach hat zwar viel Geld, aber er hat oft nicht die Zeit, um nach solchen seltenen Dingen zu schauen.

12. Reagieren Sie auf Nachrichten Ihres Coaches immer sofort

Wie oft schon haben Sie jemandem auf dem Anrufbeantworter eine wichtige Nachricht hinterlassen und wußten nicht genau, ob diese überhaupt angekommen ist. Wenn Sie ein Fax versenden, wissen Sie nicht, ob der Adressat die Nachricht auch wirklich gelesen hat. Antworten Sie darum immer so schnell wie irgend möglich. *Überraschen Sie Ihren Mentor mit der Geschwindigkeit, in der Sie antworten.*

Antworten Sie auch, wenn es eigentlich nichts mitzuteilen gibt. Sie schlagen zum Beispiel Ihrem Mentor vor, am Montag um 10 Uhr in sein Büro zu kommen. Er faxt Ihnen als Antwort zu, daß 10 Uhr klar geht und daß er sich auf den Termin freut. Reagieren Sie nun auch noch auf seine Antwort. Danken Sie ihm für die Terminbestätigung.

13. Geben Sie Ihrem Mentor ein Feedback

Ihr Mentor möchte natürlich wissen, was seine Ratschläge bewirkt haben. Teilen Sie ihm darum regelmäßig den aktuellen Stand der Dinge mit. Geben Sie ihm soviel Feedback wie möglich. Damit ermuntern Sie ihn, Ihnen noch mehr zu helfen. Teilen Sie ihm auch mit, wenn etwas nicht funktioniert. Er möchte sich davon überzeugen, daß Sie tatsächlich alles umsetzen.

Informieren Sie Ihren Coach auch von Zeit zu Zeit darüber, daß Sie noch an Ihr Ziel glauben. Zeigen Sie ihm immer wieder Ihre Begeisterung. Zeigen Sie ihm, daß er auf einen Gewinner setzt.

14. Bedanken Sie sich, indem Sie erfolgreich sind

Der beste Weg, um Ihre Dankbarkeit auszudrücken, ist immer noch, alle Erwartungen Ihres Coaches zu übertreffen und unglaublich erfolgreich zu werden. Sorgen Sie dafür, daß Sie Ihrem Coach und sich selber die Taschen mit Geld vollstopfen.

Überraschen Sie Ihren Mentor damit, daß Sie noch schneller und erfolgreicher sind, als er für möglich hält.

15. Imitieren Sie Ihren Coach, und bleiben Sie sich selbst dabei treu

Lernen heißt auch, Ihrem Coach nachzueifern. Seien Sie also aufmerksam, aber gleichzeitig entspannt. Saugen Sie alles auf wie ein Schwamm, aber unterhalten Sie gleichzeitig Ihren Mentor. Sorgen Sie dafür, daß er an der Zusammenarbeit mit Ihnen Spaß hat. Denken Sie daran: Er wurde reich, weil er liebt, was er tut.

Geben Sie Ihrem Mentor soviel Lob wie möglich, aber schmeicheln Sie nicht. Das Lob sollte von Herzen kommen. Aber halten Sie damit nicht zurück, nur weil Sie denken, Ihr Mentor weiß sowieso, daß er gut ist. Glauben Sie mir, er hört ein ehrlich gemeintes Lob immer gerne.

Imitieren Sie Ihren Coach. Wenn Sie feststellen, daß Sie wie Ihr Coach laufen, sprechen und sich so kleiden wie er, so ist das gut. Denn es hilft Ihnen, zu denken und zu fühlen wie er. Wer Redewendungen und die Körpersprache eines anderen Menschen übernimmt, nimmt auch dessen Gefühle an.

Nur durch Imitation werden Sie lernen, später selbst auf eigenen Füßen zu stehen. Aber vergessen Sie bei alldem nicht, sich selbst treu zu bleiben.

16. Suchen Sie nicht den wunden Punkt

Niemand hat gesagt, daß Ihr Coach perfekt sein muß. Viele Coachingbeziehungen scheitern daran, daß der Schüler zu hohe Erwartungen an seinen Meister hat. Erwarten Sie keine Perfektion. Sie werden sie nicht finden. Erwarten Sie einen Menschen mit Fehlern und Stärken.

Konzentrieren Sie sich auf die Stärken Ihres Coaches und nicht auf seine Schwächen. Schließlich wollen Sie von ihm lernen und nicht sein Denkmal stürzen. Entscheidend ist alleine, daß er Ihre Stärken ausbauen kann.

Viele erfolgreiche Menschen haben die Tendenz, die Wahrheit zu ihren Gunsten zu verdrehen. Aber denken Sie daran, daß Sie von ihm lernen und ihm nicht beweisen wollen, daß Sie recht haben.

Auch die Geschwindigkeit der meisten erfolgreichen Menschen, ihre Meinung zu ändern, wird Sie überraschen. Gestern noch sagten sie, A sei die beste Methode, und heute behaupten sie, es sei B. Ein guter Mentor klammert sich viel weniger an eine Methode, die nicht zum Erfolg führt, als die meisten anderen Menschen. Was nicht funktioniert, wird sofort geändert. So etwas nennt man nicht Wortbruch, sondern Erfolgsdenken und Flexibilität. Andererseits halten erfolgreiche Menschen an Systemen, die erwiesenermaßen Erfolg produzieren, länger fest als andere Menschen. Zwischen all dem müssen Sie Ihren eigenen Weg finden. Denn letztendlich sind Sie für Ihr Leben allein verantwortlich.

17. Geben Sie zurück, was Sie bekommen haben

Sie brauchen nicht zu warten, bis Sie überaus erfolgreich und nahezu perfekt sind, bevor Sie anderen helfen, so, wie Ihr Mentor Ihnen geholfen hat. Die besten Schüler werden oft die besten Mentoren. Wenn das Mentorprinzip Sie erfolgreich gemacht hat, so vergessen Sie nicht, wem Sie Ihren Erfolg zu verdanken haben. Zahlen Sie zurück, indem Sie andere coachen.

Wie lange sollte ein Coaching dauern?

Im Laufe der Zeit werden Sie sich so nahe kommen, daß das Coach-Schüler-Verhältnis in Freundschaft übergeht. Irgendwann haben Sie vielleicht auch ganz einfach den Wunsch, gleichberechtigter Partner zu sein. Lernen Sie jedenfalls, soviel Sie können, solange das Verhältnis zu Ihrem Mentor besteht. Es ist die beste Methode, zu lernen.

Irgendwann wird Ihr Coach Sie auffordern, nun selbständig zu werden. Sie sollten dann Ihren Coach durch ein Netzwerk von Experten ersetzen.

Wie bauen Sie ein Experten-Netzwerk auf?

Seit einigen Jahren habe ich es mir zur Angewohnheit gemacht, pro Monat einen erfolgreichen Menschen kennenzulernen. Mit den meisten dieser Menschen ist es mir gelungen, in Kontakt zu bleiben. Alle sind Experten auf ihrem Gebiet. Manchmal gibt es sofort Überschneidungspunkte für eine mögliche Kooperation. Manchmal sind es nur aufbauende, motivierende Gespräche.

Es gibt einen ganz einfachen Tip, wie Sie solche Beziehungen am Leben halten können: *Überlegen Sie vor jedem Treffen, wie Sie dem anderen von Vorteil sein können.* Schlüpfen Sie gedanklich in seine Schuhe. Was würden Sie an seiner Stelle tun? Welche Ihrer Möglichkeiten oder Kontakte könnten ihm helfen? Wenn der andere das gleiche macht, werden es immer sehr produktive Termine.

Denken Sie immer *zuerst* an den Vorteil des anderen. Natürlich halten Sie nur solche Kontakte aufrecht, in denen dies wechselseitig geschieht. Alle erfolgreichen Menschen haben die Kunst des Netzwerkbildens von gleichgesinnten Experten außergewöhnlich meisterhaft betrieben.

Power-Tip

Bilden Sie ein Netzwerk von Experten, indem Sie pro Monat eine neue, erfolgreiche Persönlichkeit kennenlernen.

- Starten Sie, indem Sie die erfolgreichsten Menschen, die Sie kennen, nach ihren erfolgreichsten Bekannten fragen.
- Lassen Sie sich Empfehlungen geben, und machen Sie einfach einen Termin aus.
- Denken Sie immer zuerst an den Vorteil, den Sie dem anderen bieten können.
- Fast nichts wird Sie so sehr motivieren, täglich besser zu werden, wie der Kontakt zu diesen Experten. Vor ihnen gibt es keine Entschuldigungen. Hier zählt nur der Erfolg.
- Durch diese Menschen lernen Sie wieder andere erfolgreiche Menschen kennen.
- Fragen Sie sich: Was hätten Sie für ein Experten-Netzwerk anzubieten? Tun Sie alles, um sich selbst dafür zu qualifizieren.
- In den Experten-Netzwerken spielt die Musik.

Umgeben Sie sich mit Menschen, die Erfolg erwarten

Vor einiger Zeit war ich auf der Party eines erfolgreichen Bauunternehmers. Soweit ich es überblicken konnte, war jeder der geladenen Gäste selbständig und auf seinem Gebiet äußerst erfolgreich. Einige von uns kannten sich bereits seit Jahren.

Wir standen in einer Gruppe zusammen, als sich ein weiterer alter Bekannter zu uns gesellte. Es war nicht zu übersehen, daß dieser ganz schön dick geworden war. Das kam uns insbesondere deshalb merkwürdig vor, weil dieser Mensch vor Jahren ein Gesundheitsapostel gewesen war und jeden in seinem Umkreis ebenfalls dazu bekehren wollte. Jemand aus unserer Gruppe stellte ihn wegen seines Gewichts zur Rede.

Er antwortete, daß er nichts dafür könne, da seine Partnerin ständig die leckersten Gerichte koche. Am Anfang habe er sich noch gewehrt und sie gebeten, vegetarisch zu kochen. Aber irgendwann habe er den Widerstand aufgegeben. Wir sollten froh sein, daß unsere Partnerinnen vernünftiger seien.

In vielen Runden wäre er wohl damit durchgekommen. Bei uns aber bekam er eine gehörige Abreibung. Jemand aus unserer Gruppe sagte:»So einen Schwachsinn kann ich mir nicht anhören. Du willst doch nicht im Ernst behaupten, daß deine Partnerin die Macht über dein Leben hat? Sag uns, du hast für dich die Lust am Essen wiederentdeckt. Aber schiebe es nicht einfach auf jemand anderen. Da erwarte ich mehr von dir.«

Wir brauchen in unserer Umgebung Menschen, die einfach mehr von uns erwarten. Menschen, die uns zwingen, ehrlich zu uns selbst zu sein, und das Beste in uns fördern.

Modeling of Excellence

Bevor Sie jemanden imitieren können, müssen Sie ihn differenziert untersuchen und analysieren. Sie müssen Ihr Vorbild in einzelne Teilbereiche aufgliedern. Natürlich wäre es dazu hilfreich, die persönliche Nähe Ihres Vorbilds zu suchen. Aber es ist nicht unbedingt nötig. Sie können Fernsehinterviews aufnehmen und analysieren. Sie können die Körpersprache, die Sprechweise, die Sprachmuster, die gesamte Rhetorik, die Denkmuster, den Umgang mit Gefühlen, die steuernden Überzeugungen und Werte analysieren, um sie später zu übernehmen.

Meist war unser Lernen durch Nachahmung ein unbewußter Prozeß. Wir haben angefangen, so zu sprechen und uns so zu bewegen wie die Menschen, die uns umgaben. Wir haben ihre Werte und ihre Glaubenssätze übernommen. Wir haben ihre Sprechweise, ihre Eßgewohnheiten, ihre Art zu atmen und vieles andere angenommen.

Wirklich Ihr Leben zu verändern bedeutet, daß Sie sich all dies bewußt machen, um dann für die zukünftigen Veränderungen volle Verantwortung zu übernehmen.

Erwachsen zu sein bedeutet darum nichts anderes, als diesen Prozeß nun selber zu steuern. *Sie suchen sich selber aus, von wem Sie sich beeinflussen lassen wollen.* Sie ahmen die Menschen nach, die so sind, wie Sie gerne sein wollen. *Sie tun das, was alle Menschen tun – imitieren. Nur daß Sie es bewußt und selektiv tun.*

Sie finden heraus, welche Überzeugungen und welche Werte Ihr Vorbild in bezug auf Geld hat. Welche Gefühle hat diese Person, wenn sie an Geld und Vermögen denkt? Wie gestaltet sie ihren Tag? Was tut sie, um gut zu verdienen, welche Freunde hat sie, welche Arbeitsgewohnheiten?

Denken Sie niemals, daß Sie nicht so erfolgreich sein können wie andere Menschen. Die meisten Menschen denken nur deshalb, daß sie niemals ein Spitzeneinkommen verdienen können, weil sie nie nahe genug bei einem Spitzenverdiener gestanden haben und beobachtet haben, wie er es macht.

Nicht umsonst gilt der Satz von Ella Williams, die in den USA 1993

»Unternehmerin des Jahres« war: »Je näher Sie an Ihren Boß heran-kommen, desto mehr erkennen Sie, daß Sie seinen Job machen könn-ten.«

Power-Tip

Finden Sie mindestens ein Vorbild, das Sie imitieren können.

- Bringen Sie soviel Sie können über diese Person in Erfah-rung, und betrachten Sie diese Person so differenziert wie möglich.
- Fertigen Sie Aufzeichnungen über Ihre Beobachtungen an, und legen Sie schriftlich Ihre Modellierungsstrategie fest.
- Versuchen Sie herauszufinden, wie Ihr Vorbild in bezug auf jeden der fünf Lebensbereiche vorgeht: Gesundheit, Bezie-hungen, Finanzen, Lebenssinn und Emotionen.
- Finden Sie für jeden bedeutenden Bereich Ihres Lebens ein Vorbild.
- Modeling of Excellence bedeutet, daß Sie fortan bewußt Ihren Lernprozeß steuern. Sie werden damit der Designer Ih-rer Zukunft.

Dieses Kapitel ist der Schlüssel zur praktischen Umsetzung

In den ersten Kapiteln haben Sie gesehen, was nötig ist, um wohlha-bend zu werden. Nachdem Sie in Kapitel 5 Ihre Überzeugungen über-dacht haben, konnten Sie damit beginnen, Ihre finanzielle Freiheit zu erlangen. Mit Disziplin setzen Sie neue Verhaltensweisen in Gang. Mit neuen Gewohnheiten halten Sie diese Verhaltensweisen in Gang.

Gewohnheiten lassen Sie die wichtigen und richtigen Dinge automatisch und ohne Anstrengung tun. Der Schlüssel zu diesen Gewohnheiten aber sind die Menschen, mit denen Sie sich umgeben. Mit dem Coach, Ihren Vorbildern und dem Netzwerk von Experten haben Sie die drei entscheidenden Hilfen, die Ihre guten Gewohnheiten und die erforderliche Disziplin unterstützen.

Derjenige ist wirklich mächtig, der Macht über sich selbst hat. Oder wie Konfuzius sagte: »Wer andere besiegt, ist stark. Wer sich selbst besiegt, ist weise.«

Die Power-Ideen auf den Punkt

- Sie müssen sich eine Situation schaffen, die Sie zum Erfolg zwingt.
- Suchen Sie sich selber aus, von wem Sie sich beeinflussen lassen: Hören Sie nur auf Menschen, die erfolgreicher sind als Sie selbst.
- Es ist leicht, erfolgreich zu sein, wenn Sie sich mit erfolgreichen Menschen umgeben.
- Um ein Experten-Netzwerk aufzubauen, überlegen Sie immer, wie Sie dem anderen von Vorteil sein können.
- Wir brauchen eine Umgebung von Menschen, die uns hilft, der Beste zu sein, der wir sein können.

14

Sie können Geld säen

Die Befriedigung, die aus Wohlstand erwächst,
ist nicht im bloßen Besitzen oder
in verschwenderischen Ausgaben zu suchen,
sondern in seiner weisen Anwendung.

Miguel de Cervantes, Don Quijote

Möchten Sie wissen, wie Sie sicherstellen können, daß Sie Ihr Geld in vollen Zügen genießen? Letztendlich dreht sich in unserem Leben doch alles darum, erfolgreich und glücklich zu sein. Sie wissen jetzt, wie Sie Ihre Einstellung zu Geld ändern und welche Strategien Sie anwenden können, um Reichtum zu schaffen.

Während Erfolg bedeutet, daß Sie die Dinge bekommen, die Sie lieben, bedeutet Glück, daß Sie die Dinge auch genießen, die Sie bekommen haben.

Ihr Ziel ist es, Reichtum und Glück gemeinsam aufzubauen. Der Ansatzpunkt der nun beschriebenen Strategie mag Sie überraschen. Aber das Ergebnis wird Sie sogar völlig verblüffen.

Das Geld, das Sie verdienen, gehört Ihnen nicht allein

Wenn Sie die Lebensgeschichte erfolgreicher und glücklicher Menschen studieren, werden Sie immer feststellen, daß sie ihren Reichtum mit anderen geteilt haben. Diese Menschen haben eine tiefe Dankbarkeit empfunden für das, was sie erreicht haben, und waren sich ihrer Verantwortung bewußt.

Wohlgemerkt, ich behaupte nicht, daß alle Reichen verantwortlich mit ihrem Geld umgehen. Ich behaupte aber, daß alle Menschen, die reich und glücklich sind, sehr verantwortungsbewußt mit ihrem Geld umgehen.

Wer das Recht und die Möglichkeit hat, viel zu verdienen, der hat auch die Pflicht, sich um diejenigen zu kümmern, die weniger haben. Andrew Carnegie, der große Stahlmagnat, hat es auf den Punkt gebracht:»Ein Überfluß an Wohlstand ist ein heiliges anvertrautes Gut, das seinen Besitzer verpflichtet, es sein ganzes Leben lang zum Nutzen der Gesellschaft einzusetzen.«

Viele Menschen sind durchaus bereit, den Menschen zu helfen, die weniger haben als sie selbst. Vorher aber wollen sie zunächst selbst vermögend sein. Zuerst wollen sie sich selbst helfen. So funktioniert es aber nicht. Man kann nicht erst ernten wollen, bevor man sät.

Es war einmal ein geiziger Bauer, der kaufte sich einen neuen Acker. Bevor er weiter investierte, wollte er sicher sein, daß sich diese Investition auch lohnt.

Also setzte er sich vor den Acker und beobachtete ihn. Er sprach zu sich:»Wenn der Acker im Herbst eine gute Ernte bringt, so will ich nächstes Jahr auch Saatgut kaufen und säen. Aber erst einmal soll der Acker beweisen, daß er das verdient.« Der Bauer wurde natürlich arg enttäuscht.

In der Landwirtschaft ist dieser Grundsatz bekannt: Erst säen, dann ernten. Aber das war nicht immer so. Erst die Einsicht, daß man säen muß, bevor man erntet, ermöglichte den Übergang vom Jäger zum seßhaften Bauern.

Jeder Mensch erlebt im Zuge seiner Entwicklung ähnliche Herausforderungen: Er steht vor der Wahl, alles zu konsumieren oder zu sparen. Er kann alles für sich verwenden und so sein Saatgut aufbrauchen oder einen Teil seines Geldes nehmen und es säen.

Ganz gleich, in welcher Situation Sie sich befinden, für den größten Teil unserer Welt gelten Sie als reich. Zwei Drittel der Weltbevölkerung würden sofort mit Ihnen tauschen.

Aber wie kann man Geld säen?

Napoleon Hill hat 25 Jahre seines Leben damit zugebracht, das Leben der Megareichen zu untersuchen. Seinem Ratschlag in bezug auf Geld sollten wir Gehör schenken: »Glücklich ist derjenige, der gelernt hat, daß der sicherste Weg, um Geld zu bekommen, der ist, zuerst einmal Geld zu geben.«

Sie werden feststellen, daß reiche und glückliche Menschen nicht nur viel Geld gespendet haben, sondern auch sehr früh damit begonnen haben. Sie fingen zu einem Zeitpunkt ihres Lebens damit an, als sie es sich im Grunde genommen noch gar nicht leisten konnten. Kellogs, Carnegie, Walton, Rockefeller, Templeton – wenn Sie sich mit diesen Menschen beschäftigen, wird Ihnen auffallen, daß sie bereits frühzeitig eine große Dankbarkeit für alles verspürten. Aus dieser Dankbarkeit heraus haben sie begonnen zu spenden. Sie verspürten interessanterweise diese Dankbarkeit bereits, als sie noch kaum etwas besaßen.

Der zehnte Teil des Einkommens

Zur Zeit des Alten Testaments war es ein Brauch des Volkes Israel, den zehnten Teil aller Einnahmen zu spenden. Auch in der Landwirtschaft war es üblich, den zehnten Teil der Ernte wieder in den Boden einzugraben, um ihm nicht zuviel Kraft zu entziehen. Weiterhin wurde etwa ein Zehntel der Ernte aufbewahrt, um Saatgut für die nächste Ernte zu haben. Und schließlich ließ man ein Feld alle zehn Jahre für ein ganzes Jahr unbenutzt, so daß es sich erholen konnte.

Insbesondere wurde es aber zu einer Gewohnheit erfolgreicher Menschen, 10 Prozent ihres Einkommens an diejenigen weiterzugeben, die weniger haben. Sie werden oft feststellen, daß erfolgreiche Menschen im Geschäftsleben sehr harte Verhandlungspartner sind, auf der anderen Seite aber ein »weiches Herz« für Bedürftige haben.

Sicherlich wird Geld oft aus rein egoistischen Motiven gespendet.

So mag es auch Menschen geben, die Geld vorzugsweise öffentlich spenden, weil sie eine Werbewirkung erzielen wollen. Aber ist nicht letztendlich alles, was ein Mensch tut, egoistisch? Hilft er anderen nicht zum Teil auch immer deshalb, weil er sich dadurch selber besser fühlt? Diese Diskussion kann dem Bedürftigen allerdings relativ gleichgültig sein. Wenn er Geld bekommt, muß daran nicht unbedingt das Etikett hängen: »Gegeben aus edlen Motiven«.

Wer gibt, hat mehr Geld

Erstaunlicherweise haben die Menschen, die den zehnten Teil ihres Einkommens spenden, niemals Geldprobleme. Sie sind nicht nur glücklicher mit ihrem Geld, sondern sie haben tatsächlich mehr Geld.

Ich habe mich und andere oft gefragt, warum das so ist. Wie kommt es, daß jemand, der regelmäßig 10 Prozent seiner Einkünfte verschenkt, unter dem Strich wesentlich mehr Geld anhäuft als derjenige, der die ganzen 100 Prozent für sich behält? Wie können 90 Prozent mehr sein als 100 Prozent?

Es handelt sich hier sicherlich um ein Phänomen, für das es keine wissenschaftliche Erklärung gibt. Ich bin mir nicht sicher, ob es überhaupt rein logisch faßbar ist. Ich möchte aber einige Gedanken an Sie weitergeben, um dieses Wunder verständlicher zu machen.

Geben gibt ein gutes Gefühl

Etwas zu verschenken bereitet häufig mehr Freude, als selber etwas zu bekommen. Wer sich nur um sich selber kümmert, wird einsam, unglücklich und depressiv. Sich nur auf sich selbst zu konzentrieren macht einsam. Das führt schließlich dazu, daß viele Menschen ihre wahren Gefühle nur noch ihren Haustieren gegenüber zeigen können.

Das beste Mittel, um das Gefühl von Bedeutungslosigkeit und Sinnlosigkeit zu »heilen«, ist, sich einfach um einen anderen zu kümmern. Wer traurig und depressiv ist, konzentriert sich oft zu sehr auf sich selbst. Wer sich darauf konzentriert, anderen zu helfen, lenkt sich selbst von seiner Traurigkeit ab. Wer anderen hilft, hilft darum immer auch sich selbst.

Wer einen anderen Menschen mit seinem Boot ans andere Ufer rudert, ist auch selbst am anderen Ufer angelangt.

Wenn Sie geben, beweisen Sie, daß Geld bei Ihnen gut aufgehoben ist

Sie können sich nun beweisen, daß Sie mit Geld Gutes tun können. Sie können sich beweisen, daß Geld gut ist. Sie stärken diesen Gedanken in sich, wenn Sie mit Ihrem Geld irgend jemandem das Leben erleichtern und verschönern.

Sie beweisen sich auf diese Weise selber, daß Sie mit Geld verantwortlich umgehen können und daß Geld bei Ihnen gut aufgehoben ist, weil Sie damit Gutes tun.

Wenn Sie geben, signalisieren Sie Überfluß

Wenn Sie Geld geben, signalisieren Sie dem Universum: »Danke, ich habe mehr, als ich brauche. Darum kann ich abgeben.« Dieser Gedanke des Überflusses hilft Ihnen, zu Geld einen natürlicheren Bezug zu haben. Sie genießen Geld mehr, weil Sie es nicht zu wichtig nehmen.

Es ist Ihnen bewußter, daß Geld eine Form von Energie ist, die durch Ihr Leben fließt. Wer nur festhält, hindert diesen natürlichen Energiefluß. Je mehr Sie geben, desto mehr kann in Ihr Leben fließen. Und desto größer wird Ihr Vertrauen in die Tatsache, daß immer mehr Geld in Ihr Leben fließt.

Geld zu spenden ist somit ein Beweis Ihres Vertrauens in Sie selbst und in den Energiefluß des Universums. Indem Sie auf diese Art Ihr Vertrauen in sich und das Universum gestärkt haben, erwarten Sie, daß mehr Geld in Ihr Leben tritt. Sie erwarten Reichtum, und so wird

Reichtum für Sie zu einer Selbstverständlichkeit. Erinnern Sie sich: Unsere Erwartungen bestimmen, was wir tatsächlich erhalten.

Wer hilft, versteht, daß wir in einer vernetzten Welt leben

Es wäre sicherlich kein Zeichen von Weisheit, so zu leben, als wäre man alleine auf dieser Welt. Und sicherlich wäre eine solche Einstellung dem einzelnen und auch dem Ganzen wenig hilfreich. Um das Beste aus uns herauszuholen, brauchen wir andere. Und die anderen brauchen uns. Daraus erwachsen zwei einfache, aber tiefe Erkenntnisse: Wir erreichen zusammen einfach mehr. Und zweitens geht es jedem einzelnen besser, wenn es allen besser geht.

Wir können unser privates Glück nicht isoliert betrachten und den Zustand der Menschheit um uns herum ignorieren. Der Dalai Lama sagte dazu: »In der heutigen vernetzten Welt können Individuen und Nationen viele ihrer Probleme nicht mehr im Alleingang lösen. Wir brauchen einander. Wir müssen daher ein Gefühl universeller Verantwortung entwickeln. Es ist unsere individuelle und kollektive Pflicht, die menschliche Familie auf diesem Planeten zu schützen und zu erhalten und ihre schwachen Mitglieder zu stützen.«

Sogyal Rinpoche nimmt das Beispiel eines Baumes, um zu erklären, daß letztendlich niemand eine unabhängige Existenz besitzt: »Man findet heraus, daß sich der Baum in ein äußerst subtiles Netz von Beziehungen auflöst, das das ganze Universum umfaßt: Der Regen, der auf seine Blätter fällt, der Wind, der ihn wiegt, die Erde, die ihn nährt und hält, die Jahreszeiten und das Wetter, das Licht von Sonne, Mond und Sternen – alles ist Teil dieses Baumes. Alles trägt dazu bei, den Baum zu dem zu machen, was er ist. Er kann zu keinem Zeitpunkt von allem anderen getrennt werden.«

Das Wohlergehen der Gesamtheit beeinflußt uns stärker, als wir heute wissenschaftlich beweisen können. Aber daß wir andere beeinflussen und daß der Zustand der anderen uns beeinflußt, läßt sich nicht leugnen.

Wir alle wissen: Was wir ausstrahlen, erhalten wir zurück. Das gilt für so einfache Dinge wie ein Lächeln und Freundlichkeit. Wer die Welt liebt, den liebt die Welt. Und das gilt auch für Geld. Wer der Welt Geld gibt, dem gibt die Welt Geld zurück.

Nur wer gibt, übernimmt wahre Verantwortung

Verantwortung bedeutet die Fähigkeit zu antworten. Es ist unmöglich, sich als verantwortlicher Mensch davor zu verschließen, welche Not viele Menschen leiden und wie gut es uns im Gegensatz dazu geht.

Die Welt ist von Sorge verdunkelt. Die Ungleichheit der Verteilung bedroht das Glück und den Frieden. Selbst die Wege zu einer gerechteren Verteilung liegen im dunkeln und führen zum Streit. Jedes Wegzeichen, das aufleuchtet, ist darum wichtig. Die Welt braucht Menschen, die solche Zeichen sind. Vielleicht gibt sie aus diesem Grund diesen Menschen noch mehr Mittel, damit sie noch heller strahlen können.

Wer gibt, fühlt sich lebendig

Es gibt wenige Dinge, die einem Menschen ein solches Gefühl der Lebendigkeit und Energie vermitteln wie das Geben. Darum gibt es kaum eine bessere Medizin, als aus Dankbarkeit, und aus einem Gefühl der Verantwortung zu geben. Oder einfach aus Liebe zum Leben und zu den Menschen.

Glück setzt voraus, daß wir das genießen, was wir haben. Und der beste Weg dazu ist, verantwortlich zu handeln, zu antworten, indem wir etwas zurückgeben. Wir können Glück säen, indem wir spenden. Und wir können Geld säen. Das Konzept der Verantwortung setzt das Wunder, daß wir am Ende mehr haben, als wir gegeben haben, in Gang.

Sicherlich kann all dies die wahre Natur des Wunders nur streifen. Aber wie bei allen Wundern müssen wir nicht so sehr wissen, warum und wieso es geschehen ist. Wir können uns damit begnügen, daß wir die Ergebnisse betrachten. Und hier ist das Ergebnis, wenn Sie zehn Prozent Ihres Einkommens spenden:

Sie werden reich und glücklich. Sie bekommen, was Sie haben wollen, und Sie genießen es. Darum schlage ich vor, daß Sie es ausprobieren. Sie wissen ja:»Viele suchen nach den Wurzeln, während einige die Früchte pflücken.«Vielleicht werden auch Sie nie die Wurzeln zu diesem Wunder finden. Aber wenn Sie handeln und die zehn Prozent spenden, werden Sie die Früchte ernten.

Power-Tip

Spenden Sie einen festen Teil Ihres Einkommens.

- Es wird Sie selber davon überzeugen, daß Geld gut ist und daß Geld bei Ihnen gut aufgehoben ist.
- Wenn Sie sich dazu entschließen, notieren Sie Ihre Entscheidung und die Gründe dafür schriftlich.
- Machen Sie sich einen Plan, um Ihr Geld verantwortlich einzusetzen. Stellen Sie sicher, daß das Geld auch wirklich seinen Zweck erfüllt.
- Helfen Sie konsequent.
- Fangen Sie damit an, wenn Sie es sich eigentlich noch nicht leisten können.

Geld macht glücklich

Geld kann glücklich machen. Es wird Ihr Leben im wahrsten Sinne des Wortes bereichern. Aber das wird nur geschehen, wenn Sie handeln. Sie müssen etwas tun.

Sollten Sie zunächst nur quergelesen und die Übungen nicht gemacht haben, so blättern Sie zurück, und beginnen Sie von vorne. Überzeugen Sie sich davon, daß Geld glücklich macht.

Die Power-Ideen auf den Punkt

- Erfolg bedeutet, daß Sie die Dinge bekommen, die Sie lieben. Glück bedeutet, daß Sie die Dinge auch genießen, die Sie bekommen haben.

- Ein Überfluß an Wohlstand ist ein heiliges anvertrautes Gut, das seinen Besitzer verpflichtet, es zum Nutzen der Gesellschaft einzusetzen.

- Das beste Mittel, um das Gefühl von Bedeutungslosigkeit und Sinnlosigkeit zu »heilen«, ist, sich einfach um einen anderen Menschen zu kümmern.

- Wenn Sie Geld spenden, beweisen Sie sich selber, daß Sie mit Geld verantwortlich umgehen können und daß Geld bei Ihnen gut aufgehoben ist.

- Geld zu spenden ist ein Beweis Ihres Vertrauen in Sie selbst.

- Spenden bedeutet, Reichtum zu erwarten. Und unsere Erwartungen bestimmen, was wir letztendlich besitzen.

- Wer die Welt liebt, den liebt die Welt. Wer der Welt Geld gibt, dem gibt die Welt Geld zurück.

- Geben vermittelt den Menschen ein Gefühl von Lebendigkeit und Energie.

- Reich zu sein, ohne Verantwortung zu übernehmen, bedeutet, unglücklich zu sein.

Ausblick: Wie geht es jetzt weiter?

Wissen beseitigt die zwei Feinde des Aufbaus von Wohlstand:
Risiko und Angst.

Charles Givens, Wealth Without Risk

Sie kennen jetzt die Techniken und Strategien, um Ihr Leben und das
Leben der Menschen, die Sie umgeben, zu verändern. Wenn Sie das
Buch aus der Hand legen, haben Sie zwei Möglichkeiten: Sie können
das Gefühl haben, daß Sie etwas Nettes dazugelernt haben, und dann
so weitermachen wie bisher. Sie können aber auch eine konzentrierte
Anstrengung unternehmen, um Ihre Finanzen und Ihr Leben zu verändern. Sie können die Konzepte anwenden, um Wunder zu schaffen
und sich ein völlig neues Leben zu designen.

Cicero oder Demosthenes

In der Antike gab es zwei herausragende Redner: Cicero und Demosthenes. Wenn Cicero eine Rede beendet hatte, standen die Menschen
auf, applaudierten und riefen begeistert: »Was für eine wunderbare
Rede.« Wenn Demosthenes dagegen mit seiner Rede zum Ende kam,
dann riefen die Leute: »Laßt uns handeln! Laßt uns sofort anfangen!«
Und genau das taten sie dann auch.

Wenn Sie dieses Buch lesen und nur zu sich sagen: »Was für ein nettes Buch – wirklich interessante Ansatzpunkte und Techniken«, aber
nichts davon umsetzen, haben Sie und ich nur unsere Zeit verschwendet.

Jim Rohn sagte einmal: »Es gibt zwei Arten von Menschen. Beide lesen in einem Buch, daß Äpfel gut sind. Beide kennen den Spruch: ›Einen Apfel täglich und keine Krankheit quält dich.‹ Die einen sagen: ›Ich brauche mehr Hintergrundinformation.‹ Die anderen gehen zum nächsten Obstladen und kaufen einen Apfel.«

Der Ausspruch »Wissen ist Macht« ist falsch. Richtig ist: »Angewandtes Wissen ist Macht.« Darum überlegen Sie, welche der Power-Ziele Sie sofort übernehmen wollen.

Beginnen Sie jetzt eine neue einzigartige Reise, die selbst die kühnsten Träume, die Sie vielleicht einmal hatten, in den Schatten stellen wird. Denn genauso ist es mir ergangen, als meine Mentoren in mein Leben getreten sind und ich angefangen habe, mein Leben nach den in diesem Buch beschriebenen Prinzipien auszurichten. Machen Sie Ihr Leben zu einem Meisterstück.

Power-Tip

Werden Sie vermögend. Tun Sie alles, was dafür notwendig ist. Denn Geld macht glücklich. Und weil es Sie glücklich macht, muß es Ihr Ziel sein, wohlhabend zu sein.

- Wenn Sie Geld spenden, machen Sie andere und sich selbst glücklich.
- Wenn Sie Geld besitzen, gibt Ihnen das ein Gefühl, beschützt und sicher zu sein.
- Am Wachstum des Geldes, das in Ihr Leben fließt, erkennen Sie Ihren Wachstum als Persönlichkeit.
- Geld ermöglicht Ihnen ein Leben in Freiheit. Sie können tun, was Ihnen Spaß macht, Ihren Talenten entspricht und anderen nützt.
- Mit Geld können Sie Ihre eigenen und die Fähigkeiten anderer Menschen besser fördern.
- Nur wenn Sie Geld besitzen, verhindern Sie, daß Geld in Ihrem Leben zu wichtig wird. Sie setzen Geld einfach voraus.
- Geld unterstützt Sie, anstatt zum Hauptzweck zu werden.

- Sie können sich auf die für Sie wichtigen Dinge konzentrieren.
- Geld wird das Gute in Ihnen stärker zum Vorschein bringen, und es wird Ihre Ideen potenzieren.
- Balance ist nur mit Geld möglich. Mit Geld können Sie sich in Ruhe um die anderen Bereiche Ihres Lebens kümmern.
- Geld macht Ihr Leben spannender und abwechslungsreicher. Sie leben, wo Sie wollen, und Sie lernen kennen, wen Sie wollen.
- Mit Geld können Sie sich Ihre Zeit selber einteilen. Sie brauchen sich nicht von Notwendigkeiten leiten zu lassen, sondern können Ihrem Lebenssinn folgen.
- Geld bedeutet Macht, und dadurch haben Sie mehr Möglichkeiten, einen guten Einfluß zu nehmen und andere Menschen zu fördern.
- Mit Geld können Sie sich leichter mit den Menschen umgeben, die nicht zulassen, daß Sie sich jemals mit weniger zufriedengeben, als Sie haben können.

Stellen Sie sich einmal folgende Situation vor:

In sieben Jahren wird jemand in Ihrem Leben auftauchen. Er wird Ihren Schlüssel benutzen, um sich Zugang zu Ihrem Haus zu verschaffen. Und er wird all Ihre Dinge benutzen, Dinge, für die Sie hart gearbeitet haben und die Ihnen ans Herz gewachsen sind.

Diese Person wird Sie auf Schritt und Tritt verfolgen. Sie wird Sie während Ihrer Arbeit beobachten und Ihre Kontoauszüge lesen. Sie wird Ihre Pläne lesen, die Sie heute gemacht haben, und sie wird kontrollieren, ob Sie diese Pläne umgesetzt und übertroffen haben. Diese Person wird Ihnen in die Augen blicken, wenn Sie kritisch in den Spiegel schauen.

Diese Person sind Sie, die Persönlichkeit, die Sie geschaffen haben, indem Sie tatsächlich etwas getan haben. Die Frage ist nur: Was für eine Person ist das? Was glaubt sie, was tut sie, welche Glaubenssätze hat sie? Welche Freunde umgeben diese Person, wer liebt sie? Wo lebt sie und worauf ist sie stolz?

In welche Richtung gehen Sie im Moment? Am Anfang des Buches haben Sie sich die Frage gestellt: Wo werde ich in sieben Jahren sein, wenn ich nichts verändere? *Wollen Sie wirklich an den Ort, an den Sie unweigerlich gelangen, wenn Sie nicht die Richtung ändern?*

John Naisbitt sagte einmal: »Der beste Weg, um die Zukunft vorauszusagen, ist, eine klare Idee davon zu haben, was im Moment geschieht.« Seien Sie darum ehrlich zu sich selbst. Nachdem Sie das Buch zu Ende gelesen haben, nehmen Sie sich etwas Zeit, um über die Richtung nachzudenken, die Sie gehen.

Wollen Sie den Weg des konstanten Lernens und Wachsens gehen? Wenn dieses Buch dazu beigetragen hat, dann bin ich darüber sehr dankbar. Schreiben Sie mir – ich würde mich über Ihre Anregungen freuen. Vielleicht kann ich irgendwann über Ihre Erfolgsgeschichte berichten. Die Chance ist groß, daß wir uns irgendwann irgendwo begegnen. Die Menschen, die Wunder bewirken, sind vielleicht in der Minderzahl, aber weil sie sich so schnell bewegen, sind sie überall.

Bilden Sie ein Team, um auf dem Weg zum Wohlstand zu bleiben

Wenn Sie Ihre Entscheidung getroffen haben, schließen Sie sich einer Gruppe von Menschen an, die das Beste aus Ihnen herausholt. Menschen, die Wunder bewirken, weil sie alles tun, was nötig ist, um ihre Ziele zu erreichen. Menschen, die Resultate erzielen, die täglich wachsen und Sie unterstützen. Menschen, die niemals zulassen, daß Sie sich mit weniger zufriedengeben als mit dem Besten, das Sie sein können. Alleine durch die Nähe zu diesen Menschen fühlen Sie sich ständig aufgefordert, sich weiterzuentwickeln und zu wachsen. Die Nähe solcher Menschen ist das größte Geschenk, das Sie sich wünschen können.

Und die Nähe zu diesen Menschen macht Spaß. Wenn Sie jemanden nach seinen schönsten Erlebnissen im Leben fragen, so werden Sie sehr oft davon hören, was jemand tat, als er Teil eines Teams war. Teil eines Teams zu sein läßt Sie sich strecken und wachsen. Andere Menschen können Sie auf eine Art und Weise unterstützen und herausfordern, wie Sie es selber kaum könnten.

Geben Sie diese Information weiter

Und hier ist meine letzte Herausforderung an Sie: Geben Sie diese Information weiter. Sorgen Sie dafür, daß jeder erfährt, daß Wohlstand erreichbar ist.

Es gibt zwei gute Gründe, das zu tun: Erstens lehren wir immer genau das, was wir selber am meisten lernen mußten. Indem wir unsere Ideen mit anderen teilen, setzen wir uns selber wieder mit ihnen auseinander. Auf diese Weise erinnern wir uns ständig daran, was für uns so wichtig ist. Zweitens ist es unglaublich, welcher unerklärbare Reichtum und welches Glück daraus erwächst, einem anderen Menschen zu helfen, eine wirklich wichtige und positive Veränderung in seinem Leben vorzunehmen.

Sie wissen jetzt, was Sie tun müssen und wie Sie es tun können. Jetzt kommt der wichtigste Schritt: Handeln Sie. Handeln Sie so schnell wie irgend möglich. Tun Sie es für sich und für andere. Tun Sie mehr, als irgend jemand je von Ihnen erwarten könnte. So werden Sie der oder die Beste, der Sie sein können.

Ich glaube fest daran, daß wir alle eine Mission zu erfüllen haben und daß unser Leben einen Sinn hat. Es spielt keine Rolle, wo Sie gerade stehen. Wichtig ist, in welche Richtung Sie gehen.

Reichtum ist Ihr Geburtsrecht – vergessen Sie das nie! Ihnen gehört ein Platz an der Sonne. Machen Sie aus Ihrem Leben ein Meisterstück. Beweisen Sie sich und anderen, daß Sie in sieben Jahren wohlhabend werden können.

Mein persönlicher Wunsch für Sie

Ich möchte mich für jetzt von Ihnen verabschieden und Ihnen meinen persönlichen Wunsch für Sie mit auf den Weg geben:

Mögen Sie die Rechte in Anspruch nehmen, die Sie von Geburt an besitzen.

Mögen Sie Erfolg und Reichtum in Fülle haben, an Geist, Seele und Geld.

Mögen Sie ein Leben in Gesundheit, Glück und Frieden, mit stärkenden Beziehungen verbringen.

Mögen Sie den Sinn Ihres Lebens erfüllen, indem Sie die Dinge tun, die Ihnen Spaß machen, die Ihren Fähigkeiten entsprechen und die anderen nützen.

Mögen Sie an Ihren Talenten arbeiten, damit Ihre Talente Ihnen einen Platz auf diesem Planeten schaffen.

Mögen Sie konstant lernen und wachsen, um der Beste zu werden, der Sie sein können.

Mögen Sie Ihre Erfüllung darin finden, andere Menschen an Ihrem Glück und an Ihrem Reichtum teilhaben zu lassen.

Mögen Sie Ihre Geburtsrechte in Anspruch nehmen und aus Ihrem Leben ein Meisterwerk machen.

Lesenswerte Bücher zum Thema

Bandler, Richard/Grinder, John: *Reframing – ein ökologischer Ansatz in der Psychotherapie (NLP)*. Paderborn: Jungfermann, 1984

Barnhart, Tod: *Die fünf Schritte zum Reichtum*. Düsseldorf: Econ, 1996

Beike, Rolf/Schlütz, Johannes: *Finanznachrichten lesen – verstehen – nutzen*. Stuttgart: Schäffer Poeschel, 1996

Chilton, David: *The Wealthy Barber. Everyone's Commonsense Guide to Becoming Financially Independent*. Rocklin (California): Prima, 1996

Chopra, Deepak: *Die Körperzeit – Mit Ayurveda jung werden, ein Leben lang*. Bergisch-Gladbach: Lübbe, 1994

Clason, George S.: *The Richest Man in Babylon*. New American Library, 1997

Csikszentmihalyi, Mihaly: *Flow: Das Geheimnis des Glücks*. Stuttgart: Klett-Cotta, 1996.

Cutler, Peter: *How to Increase Your Personal Wealth*. London: Thorsons, 1992

Dominquez, Joe/Robin, Vicki: *Your Money or your Life. Transforming Your Relationship With Money and Achieving Financial Independence*. Penguin, 1992

Erlenbach, Erich/Gotta, Frank: *So funktioniert die Börse*. Frankfurt a. M.: Societäts-Verlag, 1997

Fehrenbach, Peter: *An Investmentfonds verdienen*. Feiburg i. Br.: Haufe, 1997

Fisher, Mark: *Das innere Geheimnis des Reichtums*. St. Goar: Edition Tramontane, 1988

Friedman, Milton: *Capitalism and Freedom*. Chicago: University of Chicago Press, 1982

Garner, Robert J., u. a.: *Ernst & Young's Total Financial Planner*. New York: Wiley, 1996

Givens, Charles: *Financial Self-Defence. How to Win the Fight for Financial Freedom*. Pocket Books, 1995

Givens, Charles: *Wealth without Risk for Canadians*. Stoddart, 1995

Handy, Charles: *Die Fortschrittsfalle. Der Zukunft neuen Sinn geben*. Wiesbaden: Gabler, 1995

Jeske, Jürgen/Barbier, Hans D.: *So nutzt man den Wirtschaftsteil einer Tageszeitung*. Frankfurt a. M.: Societäts-Verlag, 1997

Levinson, Jay/Godin, Seth: *Das Guerilla Marketing Handbuch. Werbung und Verkauf von A bis Z.* Frankfurt a. M.: Campus, 1996

Lynch, Peter/Rothchild, John: *Lynch III: Der Weg zum Börsenerfolg.* Kulmbach: Börsenbuch-Verlag, 1996

Machtig, Brett: *Wealth in a Decade.* Irwin, 1997

Pilzer, Paul Zane: *God Wants You to Be Rich.* New York: Simon & Schuster, 1995

Ries, Al/Trout, Jack: *Positioning. The Battle for Your Mind.* New York: Warner Books, 1993

Schramm, Petra: *Geldgeschäfte und Kapitalanlagen in alter Zeit.* Edition Rarissima, 1988

Smith, Adam: *Der Wohlstand der Nationen.* München: DTV, 1996

Stanley, Thomas J./Danko, William D.: *The Millionaire Next Door. The Surprising Secrets of America's Wealthy.* Longstreet Press, 1997

Trout, Jack/Rivkin, Steve: *New Positioning.* Düsseldorf: Econ, 1996

Umhauer, Gerd: *Im Club der Millionäre – Erfolgsstories der Mega-Reichen.* Landsberg: Moderne Industrie, 1992

Register

Seminare von Bodo Schäfer:

Ihr Weg zu finanzieller Freiheit. Das Ein-Tages-Seminar vermittelt Ihnen die Grundsätze über Geld und Erfolg.

Durchbruch zu finanziellem Erfolg. Das Drei-Tages-Erlebnis, um den Grundstein für Ihre finanzielle Freiheit zu legen.

Erkennen Sie: Was hat Sie bisher wirklich davon **abgehalten**, reich zu werden? – Sie erleben, wie Sie Ihre **Einstellung** zu Geld in kurzer Zeit ändern können – Wie Sie einen **Finanz-Coach** finden – Der **Trick** mit dem 1000-Mark-Schein – **Verdopplung des Einkommens** – **Schulden** schnell und sicher abbauen – Die 50/50 Regel – 17 Insider-Tips, wie Sie noch mehr **Geld von Banken** bekommen – Die Bedeutung der Persönlichkeitsentwicklung für den Aufbau von Wohlstand – Die entscheidenden **Tips zur Geldanlage**, die Ihnen die Banken niemals verraten – 6 konkrete **Finanzpläne** – Sie erhalten Ihren individuellen, ausführlichen, **computergefertigten** Lebensplan zur finanziellen Freiheit – Sie fertigen Ihren **Budgetplan** an – Neue zusätzliche **Einkommensmöglichkeiten** – Warum Geld zu spenden Sinn macht – Wie Sie Ihre **Kosten reduzieren** – Bei welchen Geldanlagen Sie wirklich **Sicherheit** haben – Wie Sie die **Inflation nutzen** – Der richtige **Umgang mit Banken** – Was Sie über Geld wirklich wissen müssen – Die 4 Disziplinen der Persönlichkeitsentwicklung – Wie Sie zum richtigen Zeitpunkt **Aktien und Fondsanteile** kaufen und verkaufen – Wie können Sie **reich werden**, ohne die anderen Bereiche des Lebens zu vernachlässigen? – Wie Sie eine Einstellung entwickeln, durch die **Sie Geld magisch anziehen** – Wie Sie eine Geldmaschine schaffen, die für Sie arbeitet –
Die **Einführung des Euros** ... ist für Sie eine einmalige **Chance** oder ein einzigartiges **Risiko**, viel Geld zu gewinnen oder zu verlieren – Ihre **Strategie entscheidet** – Was geschieht mit den Zinsen, der Inflation und den Preisen nach der Einführung des Euro?
Wie Sie mehr **Sicherheit** gewinnen – Sie entdecken: Reichtum ist Ihr **Geburtsrecht**, auch Sie haben die Möglichkeit, **Millionär** zu werden – Sie finden einen Weg, der Ihnen Unabhängigkeit garantiert.

Fordern Sie jetzt gleich ausführliche Informationen an!

Bodo Schäfer $eminars GmbH
Gewerbepark Dellbrück, Waltherstr. 80 – D-51069 Köln
Tel: +49 (0)221 – 68 31 30 – Fax: +49 (0)221 – 68 31 11
E-Mail: Info@bodoschafer.com
Internet: http://www.bodoschafer.com

campus concret

Werner Esser

SO ERHÖHEN SIE IHR NETTOEINKOMMEN
Die neuen Sparmöglichkeiten bei Steuern und Sozialabgaben strategisch nutzen

campus concret

1997. 235 Seiten mit Tabellen und Graphiken
DM 29,80/sFr 28,80/öS 218
ISBN 3-593-35692-9

Werner Esser zeigt Arbeitnehmern Schritt für Schritt, wie sie ihr Nettoeinkommen erhöhen können, sei es durch die Wahl einer anderen Krankenkasse, steuerfreie Zuwendungen vom Arbeitgeber, Abschluß einer Direktversicherung, Rente auf Kredit oder die geschickte Verteilung der Ausgaben bei einem Nebenjob. Zur sofortigen Umsetzung liefert das Buch Schemata und Tabellen zum Berechnen der Ersparnis. Allerdings sollte man nicht erst beim Ausfüllen der Steuererklärung damit anfangen, sondern sofort.

Campus Verlag · Frankfurt/New York

campus invest

1998. 2., aktualisierte Auflage
192 Seiten 60 Charts und Tabellen
DM 48,–/sFr 46,–/öS 350
ISBN 3-593-35917-0

Uwe Lang, Autor des Bestsellers *Der Aktienberater*, weist in seinem zweiten Buch nach, daß es für den »Normalanleger« ausreicht, sich eine Stunde im Monat mit seinem Depot zu beschäftigen. Die systematische Beobachtung vor allem der deutschen und amerikanischen Anleihezinsen am Monatsschluß gibt ihm verläßliche Kauf- und Verkaufssignale. Zwischen Oktober 1996 und September 1997 verhalf der Einsatz von MSM Anlegern zu Kursgewinnen von rund 50 Prozent. Nachgewiesen wird der nachhaltige Erfolg der getesteten Methode.

Campus Verlag · Frankfurt/New York